Handbuch Fisch & Meeresfrüchte

Zutaten – Küchenpraxis – Rezepte

Handbuch Fisch & Meeresfrüchte

Zutaten – Küchenpraxis – Rezepte

Büchergilde Gutenberg

Fotografie: Dorothee Gödert und Teubner Foodfoto

Inhalt

ZUTATEN 6

Mehr als 150 Fische und Meeresfrüchte sowie Produkte für die Seafood-Küche sind hier in Text und Bild beschrieben und in alphabetischer Reihenfolge geordnet leicht zu finden: von Aal und Abalone, auch als »Seeohr« bekannt, über verschiedene Austern, Flusskrebse und Garnelen, Hering und Heringsprodukte, Kaviar und Lachs bis zu Muscheln aller Art, Sardinen, Thunfisch, Tintenfisch. Dazu gibt es viele wertvolle Tipps für Einkauf, Lagerung und Verwendung.

KÜCHENPRAXIS 74

Im ausführlichen Kochschulteil werden alle wichtigen Techniken zum Kochen mit Fisch und Meeresfrüchten beschrieben und in detaillierten Stepfolgen gezeigt: zum Beispiel Austern öffnen, Fisch filetieren und richtig garen, Fischfarce oder Fonds herstellen, Flusskrebse ausbrechen, der Umgang mit Hummer und Languste, das Portionieren von Lachs oder die fachgerechte Zubereitung von Muscheln und Tintenfischen.

HINWEIS: Aufgrund der Überfischung der Weltmeere haben wir bei der Zusammenstellung dieses Buches auf Rezepte mit extrem gefährdeten und vom Aussterben bedrohten Fischen und Meeresfrüchten weitgehend verzichtet. Bitte informieren Sie sich beim World Wide Fund of Nature (www.wwf.de) und bei Greenpeace (www.greenpeace.de), und achten Sie beim Einkauf auf das Gütesiegel des Marine Stewardship Council (www.msc.org) für nachhaltigen Fischfang (siehe auch Seite 278).

REZEPTE 144

Über 150 Rezepte mit Fisch und Meeresfrüchten: feine Vorspeisen und Salate, wie Jakobsmuschelparfait oder Oktopussalat, raffinierte Suppen und Eintöpfe, wie Bouillabaisse oder Clam chowder, Hauptgerichte mit Süß- und Salzwasserfisch sowie mit Meeresfrüchten, wie Zander im Speckmantel, Rotbarbenfilets auf Rucola-Risotto oder Scampi-Spieß mit Safrannudeln.

Wenn nicht anders angegeben, sind die Rezepte für 4 Portionen berechnet.

EXTRA

ANHANG

Fische
und Meeresfrüchte von A–Z

Aal

Der **Flussaal** (*Anguilla anguilla*) ist ein Edelfisch. Sein festes Fleisch eignet sich zum Kochen, Braten oder Schmoren. Größere Aale werden meist geräuchert. Regionale Spezialitäten: Aal in Gelee (Norddeutschland), Aal grün (Berlin).

Abalonen

Abalonen heißen auch Seeohren. Das **Glatte Seeohr** (*Haliotis laevigata*) wird 15 bis 20 cm lang. Die Meeresschnecke hat ein ovales grünliches Gehäuse mit gelochtem Rand. Ihr Fuß kann gegart, aber auch roh verzehrt werden.

Alfoncino

Der **Alfoncino** (*Beryx splendens*) wird bis zu 1,4 kg schwer. Die rote Farbe von Kopf, Flossen und Rücken entwickelt sich erst nach seinem Tod. Sein helles Fleisch lässt sich braten, im Ofen garen und grillen.

Alse

Alsen (*Alosa alosa*) werden auch **Maifische** genannt und gehören zur Heringsfamilie. Die eher fettreichen Heringsfische kann man im Ganzen panieren und braten, die Filets lassen sich beispielsweise wie Forellenfilets zubereiten.

Äsche

Die **Äsche** (*Thymallus thymallus*) kommt meist etwa 30 cm lang und 250 g schwer in den Handel. Ihr mageres, nach Thymian duftendes Fleisch sollte gedämpft oder pochiert werden.

Anchovis → Sardellen

Anglerfisch → Seeteufel

Austern

Austern (*Ostreidae*) werden in großem Umfang in Europa, den USA, China und Japan gezüchtet. Charakteristisch sind ihre unregelmäßigen, schuppigen Schalen, die je nach Art eher rund oder länglich geformt sind.

Aufgrund ausgeklügelter Aquakulturtechniken sind frische Austern das ganze Jahr über in guter Qualität erhältlich, sonst wären die Wildbestände in Europa und Nordamerika vermutlich längst erschöpft.

Für kulinarische Zwecke und dementsprechend für die Züchtung haben zwei Gattungen die größte Bedeutung: die Gattung *Ostrea* (zu ihr gehören die **Europäischen Austern**), und die Gattung *Crassostrea*, die als **Felsenaustern** bezeichnet werden.

Beide Gattungen unterscheiden sich deutlich in der Schalenform: Bei Vertretern der Europäischen Auster sind beide Klappen kaum gewölbt – die Muscheln wirken dadurch insgesamt flacher. Bei den Felsenaustern ist die untere Schalenhälfte dagegen sichtbar stärker gewölbt als die obere, und ihre Grundform ist länglich. Werden sie während des Wachstums einer Strömung ausgesetzt, können sie sehr lang gestreckt werden.

Felsenaustern werden deutlich häufiger im Handel angeboten als andere Arten, denn sie wachsen schneller und stellen weniger Ansprüche an Wasserqualität und -temperatur. Aus diesen Gründen können sie zu günstigeren Preisen verkauft werden als *Ostrea*-Austern, die schwieriger zu farmen sind. Feinschmecker bevorzugen jedoch meist Europäische Austern, da ihr Fleisch im Vergleich zu Felsenaustern einen feineren Geschmack hat.

Die »**Belon**« gehört zu den bekanntesten Zuchtformen der **Europäischen Auster** (*Ostrea edulis*). Klassisch wird das Fleisch roh, eventuell mit etwas Limetten- oder Zitronensaft beträufelt, genossen. Es schmeckt aber auch gegart, etwa im eigenen Saft pochiert oder in der Schale gratiniert.

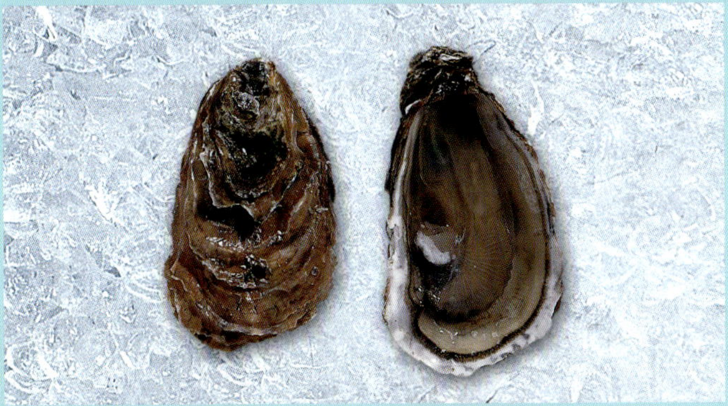

Die **Portugiesische Auster** (*Crassostrea angulata*) oder **Felsenauster** unterscheidet sich von der Europäischen Auster durch ihre längliche Form und die stark eingekerbte Schale. Ihr Geschmack ist etwas kräftiger als der der Europäischen Auster, daher ist sie nicht ganz so begehrt. In Spanien werden diese Austern am Atlantik und im Mittelmeer gezüchtet.

»**Sylt Spezial**« gehört trotz ihres einheimischen Namens zu den **Pazifischen Felsenaustern** (*Crassostrea gigas*). Sie wird im norddeutschen Wattenmeer gezüchtet. Auch Pazifische Felsenaustern werden überwiegend roh verzehrt. In den USA schätzt man sie auch gebraten, frittiert (sogar paniert) und in Suppen oder Eintöpfen.

Bärenkrebse

Der **Breitkopfbärenkrebs** (*Thenus orientalis*) ist in Australien beliebt. Das Schwanzfleisch von Bärenkrebsen ist außerordentlich wohlschmeckend und eignet sich zum Kochen, Braten und Grillen.

Barramundi

Der **Barramundi** (*Lates calcarifer*) kommt im Indopazifik vor und kann dort bis zu 2 m lang werden. In Australien wird er als Portionsfisch auch gezüchtet. Sein zartes weißes Fleisch schmeckt gegrillt oder aus dem Ofen besonders gut.

Bonito

Der **Pazifische Bonito** (*Euthynnus affinis*), jap. suma, wird vor allem in Südostasien gefischt. Das Fleisch dieses Mitglieds der Thunfischfamilie ist saftig und eignet sich gut zum Braten und Grillen.

Doraden

Der **Goldbrassen** (*Sparus aurata*), gut bekannt unter seinem französischen Namen »Dorade royale«, hat festes weißes Fleisch, ist äußerst schmackhaft und arm an Gräten. Fische in Portionsgröße lassen sich gut im Ganzen, beispielsweise im Ofen oder auf dem Grill, garen.

Graubarsche oder **Seekarpfen** (*Pagellus bogaraveo*), in Frankreich »Dorade rose« genannt, sind im Ostatlantik von Norwegen bis Mauretanien sowie im Mittelmeer verbreitet.
Ihr Fleisch ist weicher als das des Goldbrassen und zerfällt rasch, wenn es übergart wird.

Catfish → Wels

Dorsch → Kabeljau

Felchen

Der **Felchen** (*Coregonus lavaretus*), auch Renke genannt, ist ein höchst delikater Süßwasserfisch aus der Familie der Forellenfische. Er wird bevorzugt gebraten und geräuchert, aber auch gegrillt.

Flunder

Die **Ostseeflunder** (*Platichthys flesus*), in Norddeutschland auch Butt genannt, ist ähnlich populär wie die Scholle. Auch ihr Fleisch ist zart und mager, am besten schmeckt es sanft in Butter gebraten.

Flussbarsch

Der **Flussbarsch** (*Perca fluviatilis*) wird maximal 50, meist aber nur 25 cm lang. Er gilt als delikater Süßwasserfisch, der aber aufgrund der oftmals geringen Größe nicht sehr häufig im Angebot ist.

Flusskrebse

Der **Edelkrebs** (*Astacus astacus*) ist an seiner dunklen Färbung und an den breiten, massiven Scheren zu erkennen. Er wird hierzulande mittlerweile in Teichwirtschaft gezüchtet und ist qualitativ sehr hochwertig. Die Zubereitungsart der Wahl ist Kochen; das Fleisch schmeckt warm oder kalt hervorragend. Frische lebende Flusskrebse lassen sich, in feuchtes Küchenpapier gewickelt, 2 Tage im Gemüsefach des Kühlschranks lagern.

Flusskrebsschwänze sind gegart und ausgelöst im Handel. Sie sind eine ideale Zutat für Salate, Vorspeisen und viele andere Gerichte. Sie bieten sich als Ersatz für kleine oder mittelgroße Garnelen an.

Forellen

Die Forelle gehört zu den Lachsfischen. Im Vergleich zum Lachs hat sie eine weniger schlanke Körperform, einen höheren Schwanzstiel mit fast gerader Schwanzflosse und einen eher stumpfen Kopf. Forellen leben vorwiegend im Süßwasser. Die Bestände in natürlichen Gewässern sind jedoch stark zurückgegangen. In den meisten Fällen können sie nur durch Besatz, der in Aquafarmen gezüchtet wird, aufrechterhalten werden.

Die schwarz gefleckte **Meer-** oder **Lachsforelle** (*Salmo trutta trutta*) ist ein Wanderfisch, der vom Weißmeer bis Nordspanien vorkommt. Die Jungfische bleiben bis zu 5 Jahre im Süßwasser und wandern erst, wenn sie 15 bis 25 cm groß sind ins Meer. Dort bleiben sie nochmals etwa 5 Jahre, bis sie zum Laichen wieder in die Flüsse hinaufziehen. In Norwegen wird die Meerforelle erfolgreich in Aquakulturen gezüchtet. Zubereitung: Kleinere Exemplare lassen sich gut im Ofen garen; ansonsten wie Lachs zubereiten.

Die **Bachforelle** (*Salmo trutta fario*; im Bild oben, unterer Fisch) ist keine eigene Art, sondern eine im Süßwasser lebende Unterart der Lachsforelle. Sie bewohnt kühle und sauerstoffreiche Fließgewässer in ganz Europa bis zum Ural und in Kleinasien. Sie wird bis zu 40 cm lang. Zubereitung: pochieren, braten oder grillen.

Die **Seeforelle** (*Salmo trutta lacustris*) wird bis zu 1,40 m lang und bewohnt große, tiefe Seen im deutschen Voralpen- und Alpengebiet (bis in 1800 m Höhe), in Skandinavien, Schottland, Wales und Irland. Das Ablaichen erfolgt in den Zuflüssen, in Kiesgruben und in den Seen selbst.

Die **Regenbogenforelle** (*Oncorhynchus mykiss*; im Bild links, oberer Fisch) ist ein Wanderfisch. Von der ursprünglich aus Nordamerika stammenden Forelle gibt es seit 1880 in Europa zwei eingeführte Formen: die Stammform, die als Wanderfisch die Küstengewässer bewohnt, und eine Süßwasserform. Sie ernährt sich von Insekten und kleinen Fischen, wird bis zu 70 cm lang und bis zu 7 kg schwer. Diese Forelle gehört zu den wirtschaftlich wichtigsten Fischen. Gelegentlich wird die Regenbogenforelle auch als **Goldforelle** (Bild links, mittlerer Fisch) angeboten. Auch die bei uns als Lachsforelle gehandelten Fische sind in der Regel Regenbogenforellen, die besonders ernährt wurden und dadurch rotorangefarbenes (lachsfarbenes) Fleisch entwickeln. Sie sind jedoch qualitativ bei Weitem nicht mit den echten Lachsforellen (Meerforellen) zu vergleichen. Zubereitung: Alle Regenbogenforellen lassen sich hervorragend pochieren, braten oder grillen.

Garnelen

Fast 3000 Garnelenarten gibt es weltweit, aber vermutlich sind nur etwa 350 kommerziell interessant. Garnelen haben einen relativ schmalen, hinten zusammengedrückten, eingebogenen Körper mit langen Antennen (Fühlern). Die beinähnlichen Glieder am Schwanzstück sind meist kräftig entwickelt. Zusammen mit dem Schwanzfächer ist das gesamte Schwanzstück länger als der Panzer. Viele Garnelenarten sind grünbraun oder rosa bis braunrot. Die Farbe besteht aus einer hitzeunbeständigen blauen und einer hitzebeständigen roten Komponente – daher sind gegarte Garnelen rot. Generell unterscheidet man zwischen den größeren **Geißelgarnelen** (*Penaeoidea*), die vorwiegend in wärmeren Gewässern leben, und den **Echten Garnelen** (*Caridea*), die in den Kaltwasserzonen der Meere leben. Angeboten werden bei uns Garnelen frisch oder tiefgekühlt. Kaltwassergarnelen sind grundsätzlich von hoher kulinarischer Qualität. Bei Warmwassergarnelen kommt es auf die Herkunft an: Geißelgarnelen aus Brackwasser können einen sumpfigen Geschmack haben, was sich von außen nicht erkennen lässt. Zubereitung: kochen, dämpfen, braten oder grillen.

Garnelen werden nach der Größe sortiert gehandelt, weil eine Bezeichnung für diese Tiere international nicht einheitlich geregelt ist. Geeinigt hat man sich allerdings darauf, dass sehr große Exemplare mit dem Zusatz **»Riesen-«**, **»King«** oder **»Tiger«** verkauft werden. Als **Shrimps** werden bei uns Garnelen bezeichnet, bei denen mehr als 200 Stück ein Kilogramm ergeben.

Garnelensorten

Die **Blassrote Tiefseegarnele** (*Aristeus antennatus*) zählt zu den besten Geißelgarnelen.

Die **Furchengarnele** (*Penaeus kerathurus*) ist eine hochwertige Garnelenart aus Europa.

Die **Grüne Tigergarnele** (*Penaeus semisulcatus*) kommt als Tiefkühlware auf den Markt.

Die **Hauptmannsgarnele** (*Penaeus chinensis*) ist eine der besten Garnelen Asiens.

Die **Ostseegarnele** (*Palaemon adspersus*) ist durchsichtig und wird 7 bis 8 cm groß.

Die **Rote Riesengarnele** (*Plesiopenaeus edwardsianus*) hat scharfe Kanten am Rückenpanzer.

Die **Sägegarnele** (*Palaemon serratus*) ist qualitativ sehr hochwertig.

Die **Sandgarnele** (*Crangon crangon*), auch Granat/Nordseekrabbe, wird gekocht angelandet.

Die **Schiffskielgarnele** (*Penaeus monodon*), auch Tiger Prawn genannt, wird bis über 30 cm lang.

Haie

Der großgefleckte **Katzenhai** (*Scyliorhinus stellaris*) ist vor allem im Mittelmeerraum ein beliebter Speisefisch. Er hat schmackhaftes, festes Fleisch. In England kommt er enthäutet ohne Kopf und Schwanz als »Rock salmon« oder »Rock eel« auf den Markt, in Frankreich als »Saumonette«.

Der **Stachellose Dornhai** (*Dalatias licha*) wird regelmäßig in Italien angeboten, seltener dagegen in Griechenland. Verglichen mit Glatt- und Dornhai, ist sein Fleisch weniger gut in der Qualität.

Goldbrassen → Doraden

Graubarsch → Doraden

Hecht

Der **Hecht** (*Esox lucius*) ist an seinem schnabelähnlichen Kopf zu erkennen. Er wird bis 1,50 m lang und 35 kg schwer. Sein weißes Fleisch ist sehr wohlschmeckend. Spezialität aus Baden: Hechtklößchen.

Heilbutt

Der **Schwarze Heilbutt** (*Reinhardtius hippoglossoides*) wird bis 1,20 m lang. Sein Fleisch ist frisch und auch geräuchert eine Delikatesse. Trotzdem kommt es qualitativ nicht an das Fleisch des Weißen Heilbutts heran.

Der **Weiße Heilbutt** (*Hippoglossus hippoglossus*) ist der größte Plattfisch (bis zu 3 m Länge) und oft nur auf Bestellung zu bekommen. Heilbuttbäckchen gelten als besondere Delikatesse.

Heringe

Heringe bilden seit alters her eine wichtige Nahrungsquelle, und heute gelten frisch gefangene Heringe sogar als Delikatesse. Trotz Überfischung zählen Heringe immer noch zu den wichtigsten Fischereiprodukten.
Ganz frische Heringe haben glänzende Haut und Augen, dasselbe gilt für die Wangenteile des Kopfes. Diese werden bald rot (»rote Bäckchen«), dann ist der Hering zwar nicht mehr so frisch wie direkt vom Boot, aber immer noch von hoher Qualität. Verschwindet diese Rotfärbung wieder und wird die Haut gräulich, ist der Fisch alt – von solchen Fischen sollte man besser Abstand nehmen.

Der **Atlantische Hering** (*Clupea harengus harengus*) kommt im Nordatlantik von der Bretagne bis nach Grönland und Spitzbergen vor, auch in der Nord- und Ostsee sowie im Weißen Meer und in der Barentssee. Im Westatlantik lebt er vor Kanada und den nördlichen USA.
Der **Pazifische Hering** (*Clupea harengus pallasi*) ist mit dem Atlantischen nahe verwandt und äußerlich von diesem nicht zu unterscheiden. Sein Verbreitungsgebiet reicht vom Weißen Meer und der Barentssee bis zum Nordpazifik, wo er auf beiden Seiten der Beringstraße bis nach Japan bzw. Kalifornien vorkommt. Die Bestände sind durch Überfischung allerdings bereits stark dezimiert.
Zubereiten: Frische Heringe (»Grüne Heringe«) können in der Pfanne gebraten und wegen ihres hohen Fettgehalts auch in einem Fischgrillgitter auf dem Grillrost gegrillt werden.

Übrigens: Heringe mit Eiern nennt man »Rogner«, die mit Sperma werden als »Milchner« bezeichnet.

Auch gesalzen, mariniert oder geräuchert sind Heringe äußerst beliebt (siehe Bild Seite 22):
Als **Matjes** werden leicht gesalzene und durch natürliche Enzyme gereifte Jungheringe bezeichnet, bei denen Milch und Rogen noch nicht ausgebildet sind. Sie sind begrenzt haltbar.
Für **Salzheringe** werden frisch gefangene Vollheringe (ausgewachsene Tiere mit Milch und Rogen) meist noch an Bord eingesalzen. Vor der Verwendung müssen sie gewässert oder für einige Zeit in Milch gelegt werden, um ihnen überschüssiges Salz zu entziehen.
Ein populäres Katerfrühstück sind **Bismarckhering** und **Rollmops**. Bei beiden Zubereitungen handelt es sich um in süßsaurer Lake eingelegte Heringsfilets; zum Rollmops wird das Filet, indem es um ein Stück Gewürzgurke gewickelt wird.
Ein leicht gesalzener und dann geräucherter Hering heißt »**Bückling**«. Er ist auch als Rollmops-Variante im Handel.
Ein gewässerter und geräucherter Salzhering wird »**Lachshering**« genannt; sein Fleisch ist vergleichsweise fester als das vom Bückling.

Himmelsgucker

Der **Himmelsgucker** (*Uranoscopus scaber*) wird bis zu 35 cm lang. Er hat einen massiven Körper mit abgeflachtem Kopf und nach oben verlagerten Augen; dieser Besonderheit verdankt er auch seinen Namen. Klassischerweise wird das Fleisch des Himmelsguckers für Fischsuppen verwendet.

Huchen

Der **Huchen** (*Hucho hucho*) ist der eleganteste unter den Salmoniden und kann bis zu 50 kg schwer werden. Für Gourmets ist er zugleich der beste der Lachsfamilie. Der feine Geschmack seines Fleisches kommt am besten beim Dünsten, Pochieren oder sanften Braten in Butter zur Geltung.

Heringskönig → Petersfisch

Hummer

Der **Amerikanische Hummer** (*Homarus americanus*) wird hierzulande sehr viel häufiger angeboten als der Europäische. Im Unterschied zu diesem trägt der Amerikanische Hummer einen Dorn an der Unterseite des Stirnhorns, beim Europäischen Hummer ist die Unterseite dagegen glatt. Das delikate Fleisch aus Schwanz und Scheren sollte nicht zu stark gewürzt werden. Es eignet sich wie das des Europäischen Hummers zum Kochen, Braten oder Grillen.

Der **Europäische Hummer** (*Homarus gammarus*) ist mittlerweile selten geworden. Vor Irland werden aber noch stattliche Exemplare gefangen, die gute Preise erzielen. Seine Körperfarbe ist dunkel, teils auch blau. Sein Fleisch ist gekocht, gebraten oder gegrillt eine Delikatesse. Gekochte und tiefgekühlte Hummerschwänze eignen sich für Zubereitungen wie Cocktails oder Salate.

Juwelenbarsch

Der **Juwelenbarsch** (*Cephalopholis miniata*) zählt zu den tropischen Groupern. Bei uns wird er fälschlicherweise oft als »Erdbeerfisch« bezeichnet. Er ist ideal für Suppen und feine Schmorgerichte.

Kabeljau

Der **Kabeljau** (*Gadus morhua*) hat in der Zeit seiner Wanderung zum Laichen (er wird dann Skrei genannt) besondes delikates Fleisch. Kabeljau wird im Ganzen pochiert oder geschmort, Filets oder Koteletts werden meist gebraten.

Klippfisch und **Stockfisch** sind zwei Fischprodukte, die durch Trocknung hergestellt werden. Sie sind lange haltbar und müssen vor der Verwendung gut gewässert werden.

Kaisergranat

Der **Kaisergranat** (*Nephrops norvegicus*) hat ein sehr delikates Fleisch und wird hoch geschätzt. Verglichen mit der Gestalt von Garnelen, ist der Vorderkörper dieses rosafarbenen hummerähnlichen Krebses stark entwickelt. Typisches Merkmal sind die langen schlanken Scheren. Kaisergranate verderben rasch, daher sollte man beim Kauf frischer Ware besonders kritisch sein. Je stärker orange ein Tier gefärbt ist, desto länger liegt es schon; und ein fischiger Geruch darf auf keinen Fall wahrnehmbar sein.

Beim ungeschälten Kaisergranatschwanz fällt die Unterscheidung leicht: Er ist im Gegensatz zur Garnele breiter und seitlich nicht zusammengedrückt.

Kalmar → Tintenfische

Karpfen

Der **Graskarpfen** (*Ctenopharyngodon idella*) hat grätenreiches, wohlschmeckendes Fleisch, das sich besonders für Farcen eignet.

Der **Schuppenkarpfen** (*Cyprinus carpio*) ist die Karpfen-Stammform. Er unterscheidet sich in der Qualität kaum vom Spiegelkarpfen, nur das Schuppen der Fische ist mühsamer. Kleinere Exemplare bis etwa 1 kg kann man mitsamt den Schuppen grillen.

Der **Spiegelkarpfen** (*Cyprinus carpio*) ist eine Zuchtform des Karpfens. Er hat nur wenige und unregelmäßig verteilte Schuppen und wird traditionell an Silvester und Weihnachten serviert. Standardzubereitungen sind »Gebackener Karpfen« und »Karpfen blau«.

Kaviar

Kaviar

Herstellen kann man **Kaviar** prinzipiell aus dem Rogen jeder Fischart und Salz – abgesehen von solchen Arten, deren Rogen giftig ist wie bei den Keulenfischen, zu denen der berühmt-berüchtigte japanische Fugu zählt. Unbestrittener Spitzenreiter ist der Kaviar, der aus dem Rogen von drei verschiedenen Störarten – Beluga, Osietra bzw. Waxdick sowie Sevruga bzw. Sternhausen – hergestellt wird. Kenner sind sich einig, dass davon wiederum der russische am feinsten schmeckt (Kaviar vom Stör wird u. a. auch in China und in Kalifornien produziert). Vielleicht liegt dies daran, dass dort die besten Qualitäten nur so viel gesalzen werden, wie es für ihre begrenzte Haltbarkeit unbedingt nötig ist. »Malossol«, zu Deutsch »wenig Salz«, lautet die russische Bezeichnung dafür.

Moderne Kühl- und Transportmöglichkeiten machen es möglich, frischen Kaviar an jeden Ort der Welt zu schaffen. Doch frischer Kaviar ist empfindlich. Er sollte stets bei einer Temperatur von -2 °C gelagert werden. Keinesfalls sollten -4 °C unterschritten werden, denn dann würden Geschmack und Konsistenz der Körner verloren gehen. Weil die Lagerung eben nicht ganz einfach ist, hat sich pasteurisierter Kaviar in Gläsern durchgesetzt, der bei Kennern allerdings noch immer verpönt ist.

Neben dem echten Kaviar wird heute auch guter Ersatz angeboten, der überwiegend aus dem Rogen von Seehase, Lachs und Forelle hergestellt wird, und für strenge Vegetarier gibt es sogar Kaviarersatz aus Algen.

Kaviarsorten

Beluga-Kaviar – der feinste, teuerste und, mit 3,5 mm Durchmesser pro Korn, der größte Kaviar.

Forellen-Kaviar wird immer populärer. Er ist dem Lachs-Kaviar geschmacklich ebenbürtig

Keta-Kaviar wird der orange Rogen vom Lachs aus dem Pazifik genannt; groß und empfindlich..

Osietra-Kaviar ist für Kenner der Favorit. Man sagt ihm einen nussartigen Geschmack nach.

Roter Seehasen-Kaviar ist ursprünglich rosa bis gelblich, wird dann rot oder schwarz gefärbt.

Schwarzer Seehasen-Kaviar ist feinkörnig, fest und sehr salzig. Wird oft als Garnitur eingesetzt.

Sevruga-Kaviar ist dünnschalig und entsprechend empfindlich. Kenner loben sein Aroma.

Tobi-ko nennt man den Kaviar von Fliegenden Fischen. Nur in Spezialgeschäften erhältlich.

Vegetarischer Kaviar aus Algen ist in Schwarz und, als Wasabi-Kaviar, in Grün im Handel.

Kingklip

Der **Kingklip** (*Genypterus capensis*) wird vorwiegend vor den Küsten Südafrikas und Namibias gefangen. Der aalartige Fisch wird bis zu 15 kg schwer und fast 2 m lang. Sein Fleisch ist fest und sehr grätenarm. Beste Zubereitungsarten: grillen (in Alufolie) und sanft in Butter braten.

Kliesche

Die **Kliesche** (*Limanda limanda*) gilt oft zu Unrecht als weniger fein als die Scholle – in den Niederlanden und in England wird sie häufiger angeboten als hierzulande. Ihr mildes, delikates Fleisch eignet sich am besten zum schonenden Braten.

Klippfisch → Kabeljau

Knurrhähne

Der **Graue Knurrhahn** (*Eutrigla gurnardus*) reicht in punkto Geschmack nicht ganz an seinen roten Verwandten heran. Am besten schmeckt er gebraten; dafür sollte er zuvor gehäutet werden.

Der **Rote Knurrhahn** (*Trigla lucerna*) mit seinem festen weißen und wohlschmeckenden Fleisch ist ein geschätzter Speisefisch. Er wird gegrillt, gedünstet oder als Einlage in einer Fischsuppe verwendet. Knurrhahnfilets kann man außerdem braten. Doch besser schmecken sie, wenn sie erst abgekühlt und dann (z. B. in einer Tomatensauce) langsam wieder erwärmt werden.

Der **Seekuckuck** (*Aspitrigla cuculus*), einer der häufigsten Vertreter der Knurrhahn-Familie, gilt als der Beste seiner Art. Allerdings ist die Fleischausbeute aufgrund des großen Kopfes relativ gering. Sein angenehm festes Fleisch sollte gedünstet und im eigenen Sud, nur mit etwas Zitronensaft verfeinert, serviert werden.

Köhler

Der Köhler *(Pollachius virens)* iwird auch unter dem Namen »Seelachs« gehandelt. Er kommt von Spitzbergen bis zur Biskaya vor, auch an der Atlantikküste Nordamerikas, und hält sich in Bodennähe und im Freiwasser auf. Sein Fleisch hat einen ausgeprägten Geschmack und ist als Backfisch und in Fischstäbchen beliebt. Geräuchert und in Öl eingelegt, wird es als »Lachsersatz« angeboten.

Filets oder Tranchen vom Köhler bzw. Seelachs eignen sich besonders gut zum Braten, weil sich dabei das kräftige Aroma des festen Fleisches sehr gut entfalten kann.

Krake → Tintenfisch

Krabben

Die **Antarktische Königskrabbe** (*Lithodes santolla*) wird rund um die Spitze Südamerikas gefangen. Leider ist sie relativ schnell verderblich, weshalb sie über weite Entfernungen nicht lebend transportiert werden kann. Das wohlschmeckende Fleisch steckt (wie bei allen Königskrabben) in den langen dünnen Beinen. Auf den europäischen Markt kommt es überwiegend in Dosen, gelegentlich auch tiefgekühlt. Gekocht eignet es sich besonders für Cocktails, Salate und Vorspeisen.

Königskrabbenfleisch kommt als »King Crab Meat« vorwiegend in Konserven in den Handel. Ware aus Russland wird als »Kamchatka-Crabmeat« oder auch als »Chatka Crab« bezeichnet.

Die **Blaukrabbe** (*Callinectes sapidus*) gehört zu den geschmacklich besten Schwimmkrabben. Frische Exemplare gibt es aus mediterranen Beständen. In den USA verarbeitet man einen Teil des Fangs zu Konserven. Blaukrabben gelangen jedoch auch gekocht und tiefgekühlt (als »Softshell crabs«) in den Handel.

Die **Große Seespinne** (*Maja squinado*) wird frisch vermarktet; die bei uns erhältlichen Exemplare sind aus dem Atlantik. Die Große Seespinne hat einen stark bedornten Rückenpanzer und verhältnismäßig kleine Scheren. Ihr Fleisch ist sehr delikat, allerdings ist das Auslösen etwas mühsam. Meist wird sie in Salzwasser oder in einem gewürzten Sud gekocht.

Der **Taschenkrebs** (*Cancer pagurus*) hat kräftige Scheren, in denen, genau wie in den Beinen, besonders viel von seinem vorzüglichen Fleisch steckt. Auf den Markt kommt die Art lebend, aber auch als Konserve oder tiefgekühlt. Wie alle Krabben, so wird auch der Taschenkrebs erst gekocht und dann nach Rezept kalt oder warm weiterverarbeitet.

Lachs

Unter normalen Bedingungen zieht der Lachs zum Laichen weit flussaufwärts. Die Eiablage erfolgt zwischen November und Februar. Nach etwa 1 bis 5 Jahren im Süßwasser, je nach Standort, wandern die Junglachse ins Meer ab. Dort ernähren sie sich von Fischen und vor allem von Krebstieren, die letztlich den Geschmack und den Rötungsgrad des Lachsfleischs bestimmen.

Der Lachs war in den europäischen Küstengewässern, vom Weißmeer und von Island aus, im Nord- und Ostseegebiet bis Nordportugal in großen Mengen verbreitet. Heute sind dort die natürlichen Bestände stark dezimiert; lediglich in Alaska gibt es noch nennenswerte Wildbestände. Da die Nachfrage nach Lachs jedoch sehr groß ist, wird Lachs überwiegend in Aquakultur gezüchtet. Schon heute stammt der größte Teil des im Handel befindlichen Lachses nicht mehr aus Wildbestand, sondern aus Aquakultur. Allerdings hat dieser im Vergleich zum wild gefangenen Fisch einen weniger intensiven Geschmack. Wird er mit Gewürzen zubereitet, kann den Unterschied nur noch ein Kenner herausschmecken.

Der **Atlantische Lachs** (*Salmo salar* (im Bild oben) ist im kalten und kaltgemäßigten Nordatlantik sowie an der nordamerikanischen Atlantikküste heimisch.
Er wird bis 1,5 m lang und bis zu 36 kg schwer, das Durchschnittsgewicht liegt allerdings bei 3 bis 4 kg. Der Atlantische Lachs ist der Zuchtfisch schlechthin. Dank einer ausgeklügelten Fütterung können Geschmack und Farbe im Voraus bestimmt werden.

Der **Königslachs** (Onchorynchus tschawytscha) ist mit einem Durchschnittsgewicht von 4 bis 10 kg der größte unter den Pazifischen Lachsen. Er gilt als der mit Abstand feinste und beliebteste Pazifiklachs, was sich deutlich im Preis niederschlägt. Er kommt im gesamten Westpazifik vor und wird von Alaska bis Kalifornien gefangen. Darüber hinaus wurde der Königslachs auch mit Erfolg in neuseeländischen Gewässern eingebürgert.

Zubereitung: Meist wird Lachs gebeizt, gebraten, gegrillt, geräuchert, gedünstet oder in Folie gegart, doch auch roh, in hauchdünne Scheiben geschnitten, ist er ein Genuss.

Roh sind Zucht- und Wildlachs als **Filets** und **Koteletts** bzw. **Steaks** im Handel. Ob die Ware frisch ist, erkennt man am Geruch: Der Fisch darf nur nach Meerwasser oder Tang und auf keinen Fall unangenehm nach Fisch riechen.

Beim Graved Lachs (schwedisch: »eingegrabener Lachs«) handelt es sich um rohen Lachs, der mit Salz, Zucker, Kräutern und Gewürzen gebeizt wird. Klassisch werden dazu Senfsaucen mit leicht süßlicher Schärfe serviert.

Räucherlachs ist unter den Räucherfischen weltweit die Nummer eins. Meist ist das Ausgangsprodukt inzwischen Zuchtlachs aus Norwegen, Schottland oder Kanada. Von Feinschmeckern wird Wildlachs allerdings höher bewertet; der begehrteste und feinste ist der Atlantische Wildlachs mit einem Fettgehalt von etwa 14%.

Langusten

Die **Europäische Languste** (*Palinurus elephas*) kommt im Ostatlantik von Irland bis Marokko und im Mittelmeer vor. Sie kann eine Länge von bis zu 50 cm erreichen. In Geschmack und Verwendbarkeit können Langusten den Vergleich mit dem Hummer ohne Weiteres bestehen. Es fehlen lediglich die kräftigen Scheren, die beim Hummer ebenfalls einen nicht zu verachtenden Fleischanteil liefern. Langusten dagegen haben mächtige, oft körperlange Antennen – daran kann man sie problemlos vom Hummer unterscheiden.

Die **Mauretanische Languste** (*Palinurus mauritanicus*) ist mit der Europäischen vergleichbar, wird aber größer. Zubereiten lassen sich Langusten wie Hummer auch: Entweder kocht man sie einfach in Salzwasser oder aber in einer Court-Bouillon mit Wurzelgemüse (siehe Seite 104) und einem Schuss Essig.

Leng

Der **Leng** (*Molva molva*) ist ein preiswerter Konsumfisch, obwohl er nur als Beifang angelandet wird. Sein etwas grob strukturiertes Fleisch wird frisch meist als Filet und tiefgekühlt angeboten. Es eignet sich zum Braten und Frittieren.

Lumb

Der **Lumb** (*Brosme brosme*) wird vor allem vor der norwegischen Küste gefangen. Sein delikates weißes Fleisch, dessen Aroma an Hummer erinnert, ist meist als Filet im Handel und eignet sich für alle Zubereitungsarten.

Limande → Rotzunge

Loup de Mer → Wolfsbarsch

Makrele

Die **Atlantische Makrele** (*Scomber scombrus*) ist sehr fett und folglich leicht verderblich. Sie ist sehr vielseitig verwendbar: Zum Schmoren, Braten und Grillen sind die 300 bis 400 g schweren Portionsfische geradezu ideal.

Marlin

Der **Blaue Marlin** (*Macaira nigricans*) kommt im gesamten Atlantik vor. Er wird bis zu 5 m lang und wiegt 600 bis 900 kg. Sein Fleisch ist ideal zum Braten und Grillen.

Matjes → Heringe

Meeraal

Beim **Meeraal** (*Conger conger*) setzt der Flossensaum kurz hinter den Brustflossen an, dadurch kann man ihn vom Flussaal (→ Aal) unterscheiden. Sein Fleisch ist zwar nicht ganz so delikat wie das des Flussaals, eignet sich aber dennoch sehr gut zum Schmoren.

Meerengel

Der **Meerengel** (*Squatina squatina*) oder Engelhai sieht fast wie ein Rochen aus. Sein Fleisch eignet sich bestens zum Dünsten oder Pochieren. In Textur und Geschmack erinnert es an Krebstiere und wird daher im Mittelmeerraum auch zum Verlängern von Hummer- oder Krabbencocktails verwendet.

Merlan → Wittling

Muscheln

Muscheln

Mit etwa 8000 Arten sind Muscheln die zweitgrößte Gruppe innerhalb der Weichtiere. Ihr Gehäuse besteht aus zwei Schalen, die an einer Stelle, dem »Schloss«, passgenau ineinandergreifen und vom »Schlossband« zusammengehalten werden. Schließen muss die Muschel ihre Schale allerdings durch Muskelkraft. In geschlossenem Zustand bergen die Schalen den Körper der Muschel vollständig. Muscheln haben Kiemen, mit denen die Tiere nicht nur atmen, sondern auch Nahrung – und leider gleichzeitig Schadstoffe – aus dem Wasser filtern. Strenge Qualitätskontrollen sollen dafür sorgen, dass die bei uns auf den Markt kommenden Muscheln einwandfrei sind.

Muscheln dürfen nur frisch verzehrt werden. Untrügliches Zeichen für frische Muscheln aller Art ist, dass sie geschlossen sind. Beim Kochen dagegen müssen sich die Muscheln öffnen. Tun sie es nicht, sind sie ungenießbar und müssen weggeworfen werden. Muscheln kommen frisch, tiefgekühlt oder auch konserviert in den Handel.

Zubereiten: Muscheln können roh (z. B. für Sushi), gedämpft, gekocht, gebacken, gratiniert oder als Füllung verwendet werden. Ein Großteil der Schaltiere für die Küche stammt heute nicht mehr aus Wildbeständen, sondern aus Aquakultur.

Neben Austern spielen vor allem Herz-, Kamm-, Mies-, Schwert- und Venusmuscheln eine kulinarische Rolle. Alle Muscheln müssen vor der Verarbeitung gründlich gesäubert werden, am besten unter fließendem kaltem Wasser.

Muschelsorten

Die **Mittelmeer-Dreiecksmuschel** (*Donax trunculus*) ist eine eher kleine Muscheldelikatesse.

Neuseeländische Miesmuscheln (*Perna canaliculus*) heißen bei uns meist »Grünschalmuscheln«.

Die **Essbare Herzmuschel** (*Cerastoderma edule*) wird nur 5 cm lang, ist aber sehr schmackhaft.

Die **Jakobs-** oder **Pilgermuschel** (*Pecten jakobaeus*) hat aromatisches, festes weißes Fleisch.

Die **Japanische Teppichmuschel** (*Ruditapes philippinarum*) schmeckt roh oder gedämpft.

Die **Miesmuschel** (*Mytilus edulis*) ist die bei uns am häufigsten angebotene Muschel.

Die Schalenhaut der **Samtmuschel** (*Glycymeris glycymeris*) ist weich und samtig, daher der Name.

Die **Gerade Mittelmeer-Schwertmuschel** (*Ensis minor*) wird bei uns leider nur selten angeboten.

Die **Braune** oder **Glatte Venusmuschel** (*Callista chione*) hat einen ausgezeichneten Geschmack.

Neunauge

Das **Flussneunauge** *(Lampetra fluviatilis)* bleibt mit etwa 30 cm deutlich kleiner als das **Meerneunauge** *(Petromyzon marinus)*. Neunaugen werden meist gebraten und eignen sich auch gut zum Marinieren.

Oblada

Die **Oblada** *(Oblada melanura)* ist von der Biskaya bis Angola verbreitet, im Mittelmeer ist sie häufig, im Schwarzen Meer selten. Ihr Fleisch verträgt kräftiges Würzen.

Nordseekrabben → Garnelen

Oktopus → Tintenfische

Pangasius

Der **Pangasius** ist eine weißfleischige Welsart und wird in Aquakultur in Vietnam gezogen. Es gibt zwei Arten: *Pangasius bocourti* ist fettreich und wird in Asien angeboten; *Pangasius hypothalamus* ist fettarm und in Europa verfügbar.

Papageifisch

Der **Blauflecken-Papageifisch** (*Scarus ghobban*) hat aromatisches festes Fleisch. Kleine Exemplare eignen sich gehäutet zum Braten und Dünsten, größere für Eintöpfe und zum Schmoren.

Petersfisch

Der **Petersfisch** (*Zeus faber*) hat zartes weißes und delikates Fleisch. Pochieren oder Dämpfen bringen den feinen Eigengeschmack besonders gut zur Geltung. Nicht zu stark würzen!

Red Snapper

Der **Red Snapper** (*Lutjanus campechanus*) ist in den USA der begehrteste Snapper. Er hat weißes Fleisch und nur wenige große Gräten. Er eignet sich für alle Garmethoden und lässt sich gut füllen.

Rochen

Der **Nagelrochen** (*Raja clavata*) ist ein begehrter Konsumfisch. Mit seinem geringen Fettgehalt von nur 0,2 % gehört er zu den echten Magerfischen. Verzehrt werden die abgezogenen und entknorpelten Rochenflügel. Sie sollten nicht zu heiß gegart werden, damit ihr zarter Geschmack erhalten bleibt.

Pulpo → Tintenfische

Renke → Felchen

Rotbarsch

Der **Rotbarsch** oder **Goldbarsch** (*Sebastes marinus*) ist einer der beliebtesten Seefische. Sein festes rosa-weißes Fleisch wird meist als Filet angeboten. Es eignet sich für alle Zubereitungsarten.

Rote Meerbarbe

Die **Rote Meerbarbe** (*Mullus barbatus*) gilt als die beste unter den Meerbarben. Sie eignet sich besonders gut für Zubereitungsarten, bei denen ihr feines Aroma nicht überdeckt wird, etwa Dünsten.

Rotzunge

Die **Rotzunge** (*Microstomus kitt*) wird bei uns vor allem im Spätsommer angeboten. Das zarte Fleisch ist mager und schmeckt pochiert oder sanft in Butter gebraten besonders gut.

Saiblinge

Der **Bachsaibling** (*Salvelinus fontinalis*) wird, obwohl es in den meisten europäischen Ländern frei lebende Bestände gibt, kaum angeboten. Grund dafür ist wohl, dass die robustere Regenbogenforelle den Markt fast völlig erobert hat. Wie diese eignet sich der Bachsaibling zum Pochieren, Braten und Grillen. Nicht zu stark würzen!

Der **Seesaibling** (*Salvelinus alpinus salvelinus*) wird in Mitteleuropa nur lokal angeboten. Er hat sehr feines, festes und zart lachsfarbenes Fleisch. Gut zum Pochieren, Braten und Grillen geeignet.

Sardellen

Teilweise werden gesalzene Sardellen auch in Öl oder in Gewürztunken eingelegt als »**Anchovis**« angeboten. Diese sind milder als Sardellen in Salzlake; man braucht sie also nicht zu wässern oder in Milch einzulegen. Es genügt, sie abtropfen zu lassen. Als Begleitung zu Drinks bieten sich Sardellenrollen an, in deren Mitte sich beispielsweise Kapern, Oliven oder Paprikastücke finden.

Zubereitung

So beliebt die eingelegten und verarbeiteten Fischchen auch sind – man sollte es nicht versäumen, sie zumindest einmal auch frisch zuzubereiten. Frittiert oder gebraten sind sie nämlich eine echte Delikatesse. Meist müssen sie vor der Zubereitung ausgenommen oder filetiert werden. Mehr dazu finden Sie auf Seite 140.

Vorkommen

Die **Sardelle** (*Engraulis encrasicolus*) kommt von der Nordsee, wo sie eher selten ist, bis an die marokkanische Atlantikküste, einschließlich des Mittelmeers und des Schwarzen Meers vor. In dieser Region ist das Gericht »Hamsi« (panierte und gebratene Sardellen) sehr beliebt. Sardellen treten oft in sehr großen Schwärmen auf und werden mit Treibnetzen, Ringwaden und anderen Freiwassernetzen gefischt.

Meist werden **Sardellenfilets** eingesalzen und nach einer Reifezeit von 6 bis 12 Monaten in den Handel gebracht. Wer sie milder bevorzugt, sollte sie für etwa 1 Stunde in Wasser oder Milch einlegen und die Flüssigkeit dabei einige Male wechseln.

Produkte aus Sardellen

Aus eingesalzenen Sardellen wird Sardellenpaste hergestellt. Sie eignet sich als Brotaufstrich, wird aber auch zum Würzen und geschmacklichen Abrunden von Saucen verwendet.

Sardellen - Filets
in pflanzlichem Öl
SARDELLEN PASTE
SARDELLEN PASTE
aromatisch

Sardinen

Die **Sardine** (*Sardina pilchardus*) ist mit ihrem würzigen und relativ fettreichen Fleisch ein idealer Grillfisch. Ansonsten werden Sardinen eingesalzen und als Konserven in den Handel gebracht. Nur die Exemplare bis 15 cm Länge werden als Sardinen bezeichnet, größere werden »**Pilchards**« genannt.

Schellfisch

Der **Schellfisch** (*Melanogrammus aeglefinus*) erreicht eine Höchstlänge von 1 m und wird bis zu 12 kg schwer. Er kommt als Frischfisch (Angelschellfisch), aber auch in Filetform tiefgekühlt oder geräuchert (»smoked haddock«) auf den Markt. Schellfisch eignet sich gut zum Pochieren, zum Braten und zum Garen in Folie.

Scampi → Kaisergranat

Schleie

Die **Schleie** (*Tinca tinca*) zählt zu den Karpfenfischen. Der mittelfette Süßwasserfisch kann wie → Karpfen zubereitet werden; seine Filets kann man wie Forellenfilets dünsten oder braten.

Scholle

Die **Scholle** (*Pleuronectes platessa*) ist der populärste Plattfisch Europas. Frische Scholle ist ideal zum Braten. Beim Einkauf sollten Sie sich die Augenseite ansehen, sie verrät, wie frisch die FIsche sind.

Schwertfisch

Der **Schwertfisch** (*Xiphias gladius*) wird 2 bis 3 m lang; sein schwertförmig verlängerter Oberkiefer, das »Schwert«, kann dabei bis zu einem Drittel der Gesamtlänge ausmachen. Sein festes Fleisch ist ideal zum Braten und Grillen.

Seehase

Der **Seehase** (*Cyclopterus lumpus*) ist vor allem als Lieferant von Eiern begehrt: Die kleinen schwarzen Perlen dienen als Kaviar-Ersatz. Doch auch sein zartes Fleisch schmeckt – vor allem geräuchert – sehr gut.

Seehecht

Der **Seehecht** (*Merluccius merluccius*) ist bei uns in Form von Filets und Koteletts bekannt. Er eignet sich zum Braten und Schmoren und verträgt dabei auch eine kräftige Würzung.

Seeigel

Der **Kletterseeigel** (*Paracentrotus lividus*) zählt zu den Stachelhäutern. Zum Verzehr geeignet sind nur die orangefarbenen Gonaden. Man isst sie meist roh, nur gelegentlich warm, z. B. in Pastasaucen.

Seeteufel

Der **Seeteufel** (*Lophius piscatorius*) gehört als »Lotte« oder »Baudroie« weltweit zum festen Repertoire der Gourmet-Restaurants. Weil er zu den Knorpelfischen gehört, ist er praktisch grätenfrei.

Seezunge

Die **Seezunge** (*Solea vulgaris*), ist als »Dover Sole« und als Synonym für feinsten Fisch bekannt. Sie eignet sich vor allem zum Pochieren, Dämpfen, Dünsten, Braten und für die Zubereitung im Ofen.

Seelachs → Köhler

Seeohr → Abalone

Seespinne → Krabben

Sprotten

Sprotten (*Sprattus sprattus*) schmecken frisch vorzüglich, was bei uns jedoch weitgehend unbekannt ist. Besser kennt man die kleinen Fische geräuchert als »Kieler Sprotten«; sie kommen meist aus der Eckernförder Bucht oder der Ostsee.

Kieler Sprotten haben im Gegensatz zu Heringen in den Herbst- und Wintermonaten die beste Qualität.

Seewolf → Steinbeißer

Sepia → Tintenfische

Shrimps → Garnelen

Steinbeißer

Der **Steinbeißer** (*Anarhichas lupus*) ist auch als **Gestreifter Seewolf** oder **Katfisch** bekannt. Er wird frisch oder tiefgekühlt gehandelt, entweder im Ganzen (ohne Kopf), in Form von Filets und in Scheiben und eignet sich besonders gut zum Braten.

Steinbutt

Der **Steinbutt** (*Psetta maxima*) ist einer der begehrtesten und wertvollsten Speisefische des Atlantiks. Im Mittelmeerraum wurde er bereits im Altertum von den Griechen und Römern als Delikatesse geschätzt. Er eignet sich für alle Zubereitungsarten.

Stint

Der **Stint** (*Osmerus eperlanus*) hat einen eigenartigen, etwas an Gurken erinnernden Geruch, weshalb er nicht jedermanns Sache ist. Gebraten, paniert oder frittiert schmeckt er aber gut.

Stör

Der **Waxdix** (*Acipenser gueldenstaedti*), besser auch unter seinem Zweitnamen Osietra bekannt, ist auf das Schwarze Meer beschränkt. Dort stellt er den Hauptanteil der Störfänge; wird frisch und geräuchert angeboten.

Surimi

Surimi wird meist aus Alaska-Pollack hergestellt. Das fast geruchs- und geschmacksfreie Produkt wird in Stäbchenform und in Stücken sowie in Form von Garnelen oder Krabbenscheren angeboten.

Thunfisch

Thunfische (*Thunnidae*) haben einen mehr oder weniger lang gestreckten Körper, der nur entlang der Seitenlinie und an Brust und Rücken bis zum Ende der ersten Rückenflosse mit Schuppen (»Korselett«) besetzt ist. Sie sind aufgrund ihres stark entwickelten Blutgefäßsystems Warmblüter. Thunfische haben im Körper eine höhere Temperatur als das Wasser – bei Erregung sogar zwischen 6 und 12 °C mehr. Sie sind in allen Meeren verbreitet. Die meisten Arten laichen während der Sommerzeit und begeben sich dazu in küstennahe Gebiete, wo sie viel gefangen werden. Anschließend legen die geselligen Tiere bei der Nahrungssuche große Entfernungen zurück, zum Teil über die Ozeane. Den Winter verbringen Thunfische in Regionen bis zu 180 m Tiefe.

Die hohe Nachfrage nach Thunfisch, die u. a. durch die Beliebtheit an Sushi bedingt ist, übersteigt das Angebot bei weitem. Das treibt nicht nur die Preise entsprechend in die Höhe, sondern gefährdet vor allem auch die Bestände dieser Fischart extrem; im Mittelmeer ist z. B. der **Rote oder Blauflossenthun** (*Thunnus Thynnus*; im Bild oben) aufgrund von Überfischung vom Aussterben bedroht.

Thunfischfleisch ist relativ fettarm und ideal zum Braten und Grillen; roh wird es z.B. für Sushi verwendet. Damit Thunfischfleisch beim Garen nicht austrocknet, muss es mit Öl bestrichen oder in Sauce geschmort werden.

»Latume« heißt das Sperma der männlichen Tiere, auf Sizilien eine geschätzte Spezialiät, deren Geschmack allerdings gewöhnungsbedürftig ist.
Für → Thunfischkonserven wird überwiegend Skipjack-Thunfisch bzw. Bonito verarbeitet, dieser Fisch ist nicht mit dem → Weißen Thunfisch zu verwechseln.

Der **Weiße Thunfisch** (*Thunnus alalunga*) ist wegen seines feinen, hellen und wohlschmeckenden Fleisches sehr begehrt; es lässt sich hervorragend braten und grillen. Wird auch zu → Thunfischkonserven verarbeitet. Im Südatlantik sind seine Bestände stark gefährdet.

Der **Rote Thun** wird fast ausschließlich in Form von Filets oder Scheiben angeboten. Er hat ein relativ fettarmes Fleisch und wird beim Braten oder Grillen leicht etwas trocken. Das feste Fleisch wird vorzugsweise für Carpaccio und Sushi verwendet.

Mojama de atùn heißen in Spanien die in Salzlake eingelegten und dann luftgetrockneten Filetstücke vom Roten Thun. Sie werden meist als Tapas gereicht.

Thunfischkonserven

Thunfischkonserven sind ideal für den Vorrat. Am häufigsten wird dafür der Skipjack-Thun (*Katsuwonus pelamis*) verwendet, dessen Bestände nicht bedroht sind, aber auch Thunfischfilet vom Weißen Thunfisch wird zu Konserven verarbeitet. Der Bonito del Norte (*Sarda sarda*) bzw. Unechter Bonito gehört zu den echten Makrelen – dieser Fisch findet ebenfalls Verwendung für Konserven.

Tilapia

Einige Fische aus der Familie der **Buntbarsche** (*Cichlidae*) werden unter dem Namen **Tilapia** zusammengefasst. Tilapien werden vor allem in den USA, in Asien und in Afrika gezüchtet. Die Filets eignen sich für alle Zubereitungsarten.

Tintenfische

Die **Kopffüßer** (*Cephalopoda*) gehören zu den Weichtieren (*Mollusca*) und leben im Meer. Zu den kulinarisch wichtigen Kopffüßern zählen Sepien, Kalmare und Kraken. Sie alle werden oft – zoologisch nicht ganz korrekt – als **Tintenfische** zusammengefasst. Bei allen ist der Kopf mit den großen Linsenaugen deutlich vom Körper abgesetzt. Im Mund befinden sich außer der Raspelzunge (*Radula*), die nur noch als raue Zunge beim Verschlingen der Beutetiere hilft, zwei Kiefer, die wie ein Papageienschnabel aussehen. Mit ihnen können die Tiere ihre Beute – hauptsächlich Muscheln, Krebse und Fische – zerteilen. Der Mund ist von sehr beweglichen, oft mit Saugnäpfen besetzten Armen umgeben, die zum Ergreifen der Beute und zum Tasten und Kriechen benutzt werden. An der Bauchseite des sackförmigen Körpers befindet sich eine geräumige Mantelhöhle, in die der Darm, die Harn- und Geschlechtswege münden und in der sich auch die Kiemen befinden. Durch die nach vorn geöffnete Mantelhöhle strömt das Atemwasser ein und durch ein enges Rohr, den Trichter, wieder aus. Geschieht dieses Ausstoßen ruckartig, kann sich das Tier durch den dabei entstehenden kräftigen Rückstoß sehr schnell fortbewegen. Während dies meist nur zur Flucht genutzt wird, haben viele Arten zur langsameren Fortbewegung auch Flossen an den Seiten des Rumpfes.

Fast alle Cephalopoden besitzen eine Farbstoffdrüse, den Tintenbeutel. Naht ein Angreifer, produziert diese in die Mantelhöhle mündende Drüse eine schwarzbraune Flüssigkeit, die beim Rückstoßschwimmen aus dem Trichter ausgestoßen wird. Sie verteilt sich wie eine Wolke um das Tier und macht es für den Feind unsichtbar. Oft ahmt die ausgestoßene Farbwolke sogar die Form der Tintenfische nach. Zudem enthält die Haut der meisten Kopffüßer bewegliche Farbzellen, die es den Tieren ermöglichen, die Farbe zu wechseln – eine Fähigkeit, die sowohl beim Werben um den Partner als auch zur Tarnung eingesetzt wird. Eine äußere Schale haben die meisten der heute lebenden Kopffüßer nicht.

Von den wenigen noch vorkommenden Arten mit einem Gehäuse ist das in der Südsee lebende **Perlboot** (*Nautilus*) am bekanntesten. Die meisten der heute lebenden Kopffüßer haben dagegen eine Schale (Schulp oder Fischbein genannt), die im Innern des Körpers liegt.

Die kulinarisch wichtigen Kopffüßer, die alle Zweikiemer sind, werden nach der Anzahl ihrer Arme unterschieden: Danach gibt es achtarmige (*Octobrachia*) und zehnarmige Kopffüßer (*Decabrachia*), die außer den acht meist gleich gestalteten Armen noch zwei längere Fangarme haben.

Tintenfische

Kalmare
Der **Gemeine Kalmar** (*Loligo vulgaris*) kann als Sushi oder Sashimi roh verzehrt werden. Bei der Zubereitung gibt es zwei Möglichkeiten: kurz kochen, braten, grillen oder frittieren oder aber länger schmoren; die Körperbeutel (Tuben) eignen sich auch zum Füllen.

Moschuskrake
Der **Moschuskrake** (*Eledone moschata*) ist deutlich kleiner als der Gemeine Krake (siehe unten). Moschuskraken sind vor allem in Italien sehr beliebt. Kleine Moschuskraken sind sehr zart und müssen daher nicht weich geklopft werden. Sie schmecken gekocht, gefüllt, geschmort und auch vom Grill.

Oktopus
Der **Gemeine Krake** (*Octopus vulgaris*) kann eine Armlänge bis zu 1 m erreichen. Kraken werden meist gekocht oder geschmort, manchmal auch gebraten oder gegrillt. Damit das feste Fleisch zart und nicht zäh wird, benötigt es eine relativ lange Garzeit.

Sepia

Die **Gemeine Sepia** (*Sepia officinalis*), auch als **Gemeiner Tintenfisch** bezeichnet, hat eine ovale bis runde Körperform und ein Zebrastreifenmuster auf dem Rücken.
Bei Sepien gilt: je kleiner, desto zarter ihr Fleisch. Das Fleisch größerer Tiere wird gelegentlich auch weich geklopft. Sepien können gegrillt oder gebraten werden. Manchmal werden sie gefüllt und im Ofen gegart. In Italien liebt man Sepien auch geschmort.

Sepiole

Die **Sepiole** (*Sepiola sp.*) wird nur etwa 5 cm groß, ihre innere Schale ist stark zurückgebildet. Sepiolen sind zarter als Sepien und können daher im Ganzen zubereitet werden. Sie schmecken gefüllt, gekocht, gebraten oder auch vom Grill.

Trommelfisch

Der **Trommelfisch** oder **Schwarze Umberfisch** (*Pogonias cromis*) kann 50 bis 60 kg schwer werden. Im Handel ist er nur in grätenfreien Scheiben oder Stücken, die sich für alle Zubereitungsarten eignen.

Viktoria(see)barsch

Der **Viktoria(see)**- oder **Nilbarsch** (*Lates niloticus*) wird meist in ostafrikanischen Seen gefangen. Die Filets eignen sich gut zum Braten, sie sind zart, fest und von ausgezeichnetem Geschmack.

Wels

Der **Wels** (*Silurus glanis*) hat einen lang gestreckten Körper und schleimige Haut. Sein Fleisch ist weiß, fast grätenlos und eignet sich gut zum Braten oder Grillen.

Wittling

Der **Wittling** (*Merlangius merlangus*) gehört für Fischkenner zum Feinsten aus dem Meer, obwohl er nicht zu den Edelfischen gerechnet wird. Sein zartes weißes Fleisch hat ein feines Aroma und ist ideal zum Pochieren und Braten.

Wolfsbarsch

Der **Wolfsbarsch** (*Dicentrarchus labrax*) wird bis zu 1 m lang und ist ein ausgezeichneter Speisefisch. Er ist für alle Zubereitungsarten geeignet, sollte aber sparsam gewürzt werden, um das dezente Aroma nicht zu überdecken.

Zander

Der **Zander** (*Stizostedion lucioperca*) lebt in größeren Seen und Flüssen. Er eignet sich gut zum Füllen. Delikat schmeckt er auch gegrillt, gebraten und unter einer Salzkruste gegart.

Küchenpraxis

von Austern bis Tintenfisch

Austern vorbereiten

Für Feinschmecker ist die Auster die »Königin der Muscheln«. Egal, ob man sie nun pur aus der Schale schlürft oder in gegarter Form genießen möchte, zuerst muss das delikate Muschelfleisch aus den steinharten Schalen gelöst werden.
Wie das am besten gelingt, ist in der Bildfolge unten und im Bild rechts beschrieben und gezeigt.

Austern öffnen

Um an das begehrte Muschelfleisch von Austern zu gelangen, benötigen Sie in jedem Fall ein spezielles Austernmesser, auch Austernbrecher genannt. Im Handel gibt es verschiedene Modelle, empfehlenswert ist ein kurzes, stabiles Spezialmesser mit spitzer Klinge.
Profis halten die Auster zum Öffnen mit einem Küchentuch fest, doch Ungeübtere sollten, um Verletzungen zu vermeiden, besser einen speziellen Stechschutzhandschuh aus Metallgeflecht tragen.
Zunächst einmal werden die Austern unter fließendem kaltem Wasser gründlich abgebürstet und abgespült. Dann sticht man mit dem Austernmesser am Scharnier der Auster ein, dreht das Messer leicht und durchtrennt dabei den Schließmuskel im vorderen rechten Bereich. Zwar gibt es noch andere Arten, eine Auster zu öffnen. Doch bleiben bei dieser klassischen Methode, beide Schalenhälften unverletzt und ein Absplittern von Schalenteilen wird weitgehend vermieden.

Frischetests

Experten erkennen Austern am Geruch. Ein anderer Frischetest basiert auf der Tatsache, dass frische Austern in kurzer Zeit Wasser produzieren: Nach dem Öffnen der Auster sollte man sofort das Wasser aus der Schale weggießen und kurz warten – schwimmt die Auster nach 10 Minuten wieder im eigenen Meerwasser, ist sie in Ordnung.
Darüber hinaus können Sie die Frische auch noch wie folgt prüfen: Träufeln Sie einen Tropfen Essig oder Zitronensaft auf den schwarzen Saum des Muschelrands – reagiert die Auster darauf, indem sie den Saum leicht bewegt, ist sie frisch.

Zubereitungen

Puristen schlürfen rohe Austern am liebsten mit Zitrone und Brot dazu. Wem der Geschmack zu intensiv ist, der kann die Muscheln auch pochieren, als Gratin zubereiten oder z. B. mit Speck umwickeln und braten.

Die Auster mit der gewölbten Seite nach unten festhalten und mit dem Austernmesser am Scharnier einstechen.

Das Scharnier durchtrennen und das Messer zwischen den beiden Schalenhälften rings um die Auster führen.

Die obere, flache Schalenhälfte etwas anheben; die Muschel mit der Klinge lösen. Dann die obere Schale abnehmen.

Fisch vorbereiten

Rundfische schuppen

Die meisten fangfrischen Fische muss man vor der Zubereitung schuppen; zuvor werden die Flossen abgeschnitten.

Wie ein Rundfisch geschuppt wird, zeigt die Bildfolge unten am Beispiel eines Wolfsbarschs. Wenn Sie einen ganzen Fisch beim Fischhändler kaufen, können Sie ihn auch darum bitten, das Schuppen für Sie zu übernehmen. Einen Fisch sollte man vor dem Ausnehmen schuppen; ein Fischschupper erleichtert das. Alternativ kann man auch den Rücken eines stabilen Kochmessers dafür verwenden.

Fische am besten unter fließend kaltem Wasser oder über einigen Lagen Zeitungspapier schuppen, dann verteilen sich die Blättchen nicht über den ganzen Raum.

Rundfische ausnehmen

Es gibt verschiedene Möglichkeiten, Rundfische auszunehmen. Vom Bauch her (siehe Bildfolge rechts), vom Rücken her (siehe Bildfolge Seite 80) und durch die Kiemen (diese Methode wird nur sehr selten angewandt; im Folgenden wird darauf nicht näher eingegangen). Jede Methode hat ihre Vorteile: Vom Bauch her ausgenommene Fische lassen sich gut filetieren, während sich vom Rücken her ausgenommene sehr gut füllen lassen. Am häufigsten nimmt man Fische durch die Bauchhöhle aus.

Innereien vorsichtig entfernen

Die an der Leber hängende Galle darf beim Ausnehmen eines Fisches nicht verletzt werden, denn die dann austretende Gallenflüssigkeit würde den Fisch ungenießbar machen.

Nach dem Ausnehmen ist noch die Niere in der Bauchhöhle des Fisches, die wie ein Schlauch eng am Rückgrat anhaftet (siehe letztes Bild in der Bildfolge rechts). Zwar müsste sie aus kulinarischer Sicht nicht entfernt werden, aus ästhetischen Gründen ist es jedoch empfehlenswert. Dafür mit einem spitzen Messer die weiße Schutzhaut zuerst aufritzen, dann die Niere herauskratzen und schließlich unter fließendem Wasser alle Reste herausspülen.

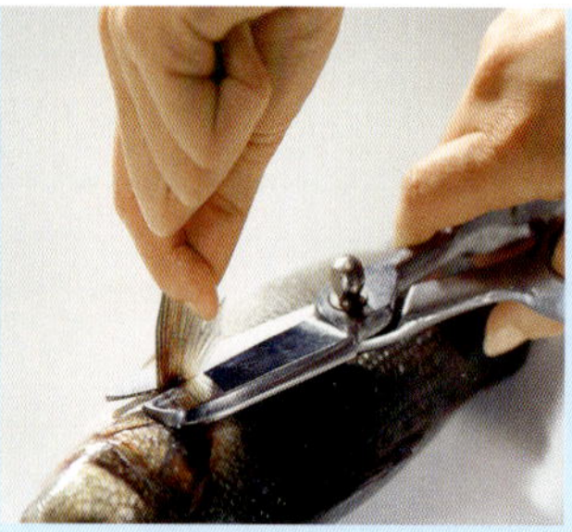

Fisch schuppen Mit der Küchenschere die Brustflossen, die Bauch- und Rückenflosse sowie die Afterflosse entfernen.

Anschließend den Fisch am Schwanzende mit einer Hand mit einem Küchentuch anfassen und gut festhalten.

Mit einem Fischschupper oder mit dem Rücken eines stabilen Kochmessers den Fisch zum Kopf hin schuppen.

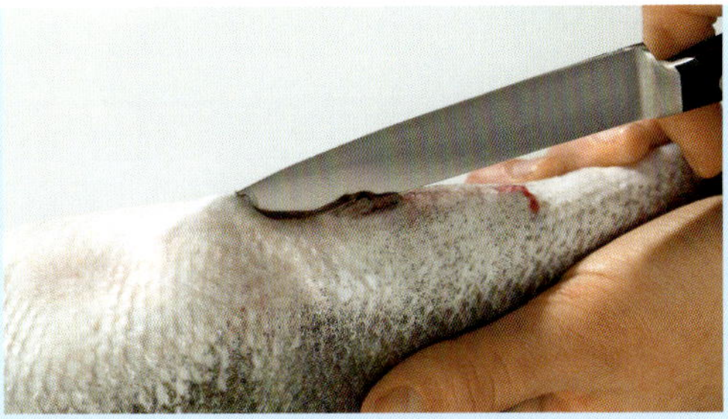

Fisch durch den Bauch ausnehmen Den geschuppten Fisch von der Afteröffnung zum Kopf hin an der Bauchhöhle aufschneiden.

Die Eingeweide beim Aufschneiden nicht verletzen. Die Bauchseiten des Fisches auseinanderziehen: Die Innereien sind jetzt gut zu erkennen.

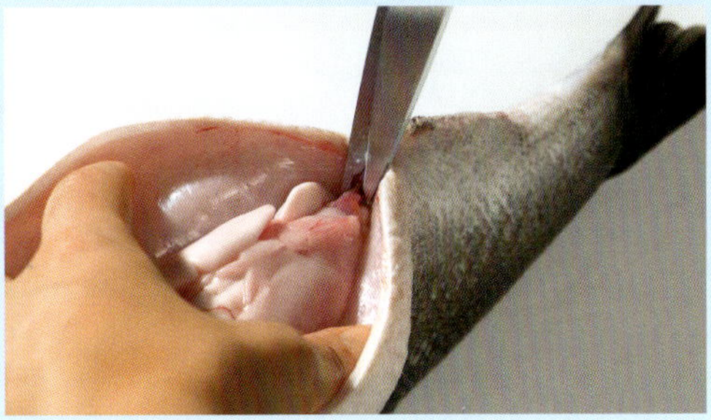

Die Eingeweide mit der Küchenschere oder mit den Fingern an der Afteröffnung lösen – dabei die schwarz-grün gefärbte Galle nicht verletzen.

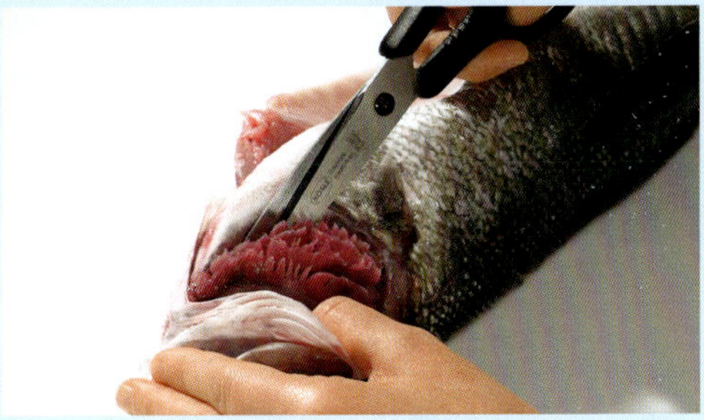

Die Kiemen mit der Küchenschere an einer Ansatzstelle abschneiden und anschließend vorsichtig herausziehen.

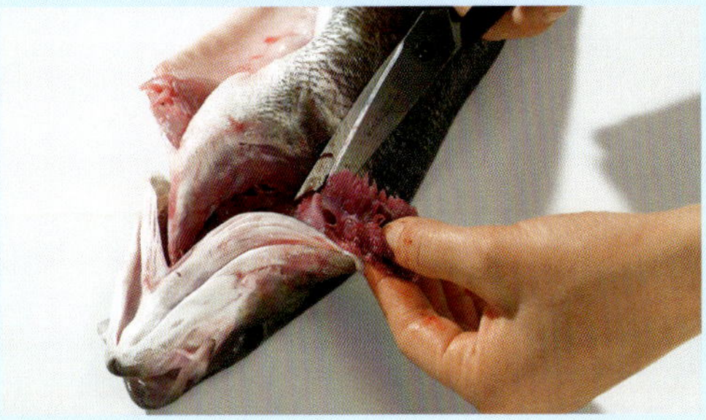

Die Kiemen an der zweiten Ansatzstelle abschneiden. Den soweit ausgenommenen Fisch unter fließendem Wasser gründlich säubern.

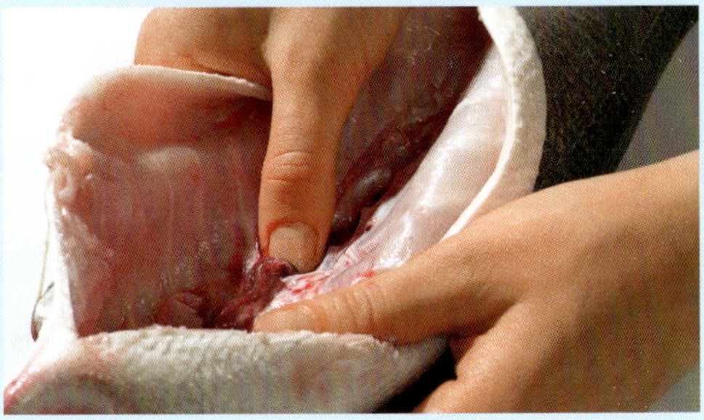

Zum Schluss die Bauchhöhle des Fisches auswaschen, dabei mit dem Daumennagel die dunkelrote Niere herausschaben.

Fisch vorbereiten

Rundfische durch den Rücken ausnehmen

Für das Ausnehmen und gleichzeitige Entgräten durch den Rücken bieten sich Fische an, die ihrer Größe nach für ein Zwei-Portionen-Gericht geeignet sind. Die Methode ist zwar etwas aufwendig, aber für einige Zubereitungen unumgänglich. So lassen sich z. B. durch den Rücken ausgenommene Fische gut füllen. Für diese Methode benötigen Sie eine Fischschere, ein Messer, ein Sägemesser und eine Pinzette. Das Ergebnis sind zwei grätenlose Filets, die nur noch von Kopf und Schwanz und an der Bauchseite zusammengehalten werden. Vor dem Ausnehmen den Fisch schuppen (siehe Seite 78).

Rundfisch füllen

Ein durch den Rücken ausgenommener Fisch lässt sich bestens füllen (siehe letztes Bild der Bildfolge unten). Damit die Füllung nicht austritt, den Fisch in kurzen Abständen mehrmals mit Küchengarn umwickeln und die Fäden auf der Rückseite des Fischs verknoten (siehe rechts).

Flossen abschneiden, dann mit einem Messer über dem Rückenflossenansatz der Länge nach bis auf die Mittelgräte einschneiden.

Den gleichen Schnitt unter dem Rückenflossenansatz machen, das Mittelstück mit dem Daumen dabei leicht nach oben drücken.

Beim Freilegen der Filets die Bauchhöhlengräten möglichst nicht durchtrennen; sonst müssen sie aus den Filets gezupft werden.

Die Bauchhöhle etwas aufspreizen und die freiliegende Mittelgräte direkt vor dem Schwanz mit der Küchenschere abschneiden.

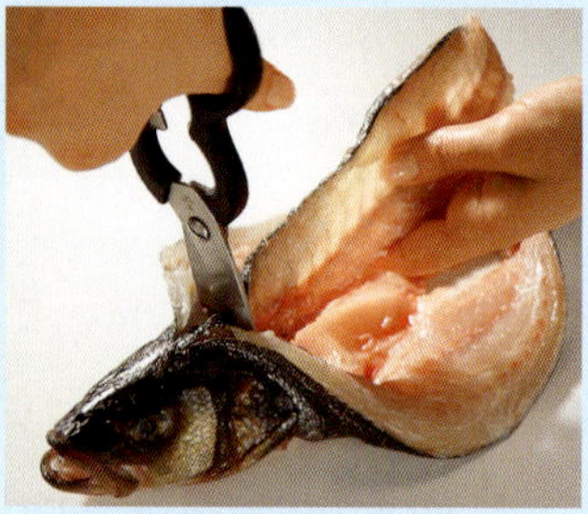

Nun das lose Ende der Mittelgräte herausziehen; die Mittelgräte so nah wie möglich am Kopf mit der Schere abschneiden.

Eine Farce (siehe z. B. Seite 98) mit einem Löffel in die Bauchöffnung des Fisches füllen. Den Fisch nach Rezept fertigstellen.

Fisch vorbereiten

Rundfisch filetieren

Fischfilets werden fertig ausgelöst und frisch oder tiefgefroren angeboten. Doch wer Wert auf wirkliche Frische legt, sollte beim Fischhändler einen ganzen frischen Fisch kaufen. Der ist darüber hinaus oft auch noch preiswerter als bereits küchenfertige ausgelöste Filets.

Soll ein kleinerer Rundfisch (z. B. Zander, Wolfsbarsch oder Forelle) weder im Ganzen gefüllt noch ungefüllt gegrillt oder gebraten werden, muss man ihn filetieren. Nur große Fische, wie Lachs, lassen sich quer in Scheiben (Koteletts) schneiden. Zum Filetieren sollte man den Fisch mit einem Küchentuch festhalten, um ihn besser im Griff zu haben.

Bevor Sie den Fisch durch den Bauch ausnehmen und von Kopf, Bauch-, Rücken- sowie Afterflossen mit einer Schere befreien, wie auf Seite 79 beschrieben, sollten Sie ihn gründlich waschen – sowohl außen als auch innen. Anschließend den Fisch gut mit Küchenpapier abtrocknen und dann auf eine trockene Unterlage mit der Bauchseite nach vorne hinlegen. Nun lässt sich der Fisch filetieren, wie in der Bildfolge rechts gezeigt und beschrieben.

Die ausgelösten Fischfilets haben durchschnittlich etwa die Hälfte des Bruttogewichts des ausgenommenen Fischs. Der Rest entfällt auf die sogenannten Parüren, auch Abgänge genannt, wie Kopf, Skelett, Flossen oder Haut. Diese Abschnitte sollten Sie nicht wegwerfen, sondern für einen Fischfond verwenden (siehe Seite 100–102). Als Faustregel gilt: je größer der Fisch, desto höher der Filetanteil.

Kleine Gräten aus den Filets entfernen

Bevor Sie die ausgelösten Filets weiter zubereiten, sollten Sie sie von noch eventuell vorhandenen kleinen Gräten befreien – die Gräten lassen sich am leichtesten mit einer Grätenpinzette aus den Filets ziehen. Statt der Grätenpinzette kann man die Gräten aber auch gut mit einer kleinen Zange aus dem Baumarkt entfernen.

Streichen Sie sanft mit dem Finger über die Innenseite der Filets, um die noch im Fisch verbliebenen Gräten zu finden.

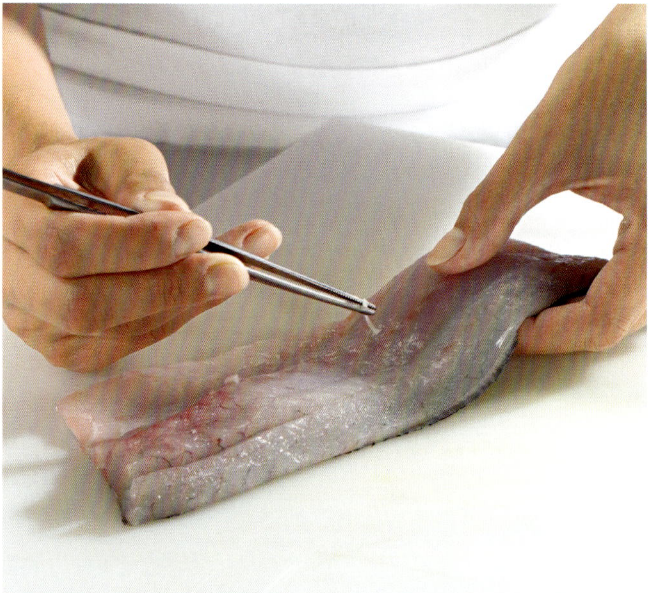

Mit einer speziellen Grätenpinzette lassen sich größere und kleinere Gräten leicht aus den Fischfilets ziehen.

Fisch wie auf Seite 79 beschrieben durch den Bauch ausnehmen; den Fischkopf abtrennen.

Den Fisch mit der flachen Hand festhalten, direkt neben der Rückenflosse längs einschneiden.

Zuerst am Rücken entlang nur bis zur Mittelgräte einschneiden. Dabei das Filet etwas abheben.

Dann das Messer am Kopfende unter das obere Filet schieben; zum Schwanz hin abtrennen.

Um das untere Filet auszulösen, wieder vom Kopfende her bis zur Mittelgräte einschneiden.

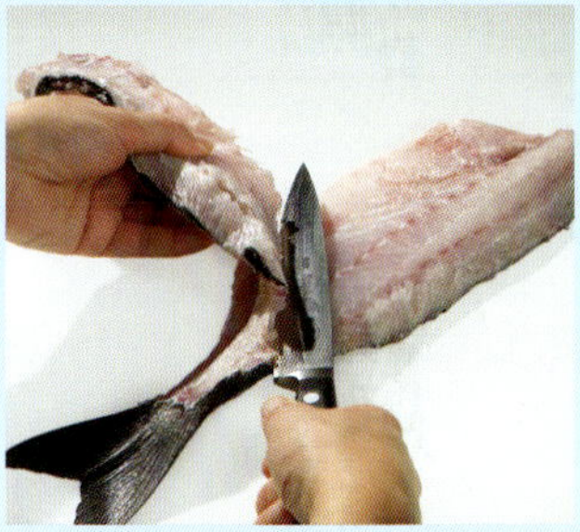

Vom Kopfende her die Mittelgräte Stück für Stück freilegen; diese mitsamt Schwanz abheben.

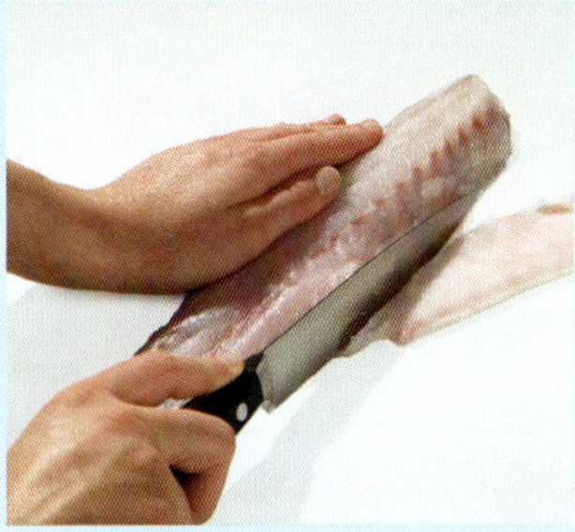

Bauchhöhlengräten entfernen. Restliche Gräten mit einer Grätenzange herausziehen.

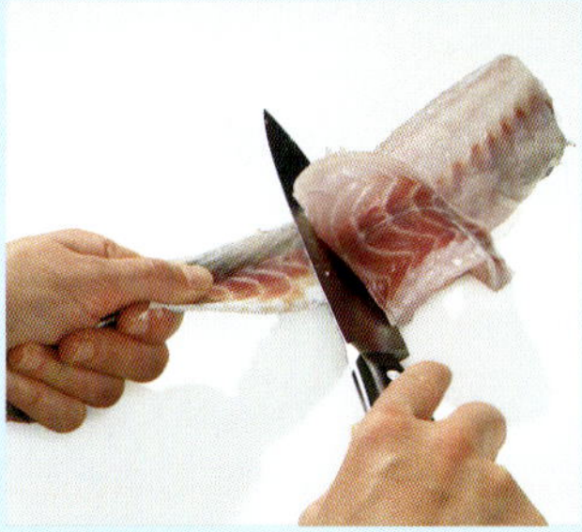

Das Filet vom Ende her von der Haut schneiden. Dabei das Hautende gut festhalten.

Das zweite Filet ebenso häuten. Jetzt hat man zwei sauber parierte Filetstücke und die Parüren.

Fisch vorbereiten

Fisch panieren

Beim Ausbacken (Frittieren, siehe Seite 86) oder Braten in heißem Fett garen ein ganzer Fisch oder Teile davon, beispielsweise Koteletts oder Filets, sowie Meeresfrüchte rasch und gleichmäßig. Eine Panade schützt das zarte Gargut vor allzu starker Hitze, indem sie schnell eine feste Kruste bildet, sobald das Frittier- oder Bratgut in das heiße Fett gegeben wird. Dadurch bleibt das zarte Fischfleisch saftig und aromatisch. Außerdem sorgt die Panade durch ihre Würze und feine Kruste für Extragenuss.

Mehlieren

Die einfachste und auch puristischste Form des Panierens ist das Mehlieren, d. h., das Wenden des Panierguts in Mehl. Dafür wird der Fisch oder werden die Fischteile zuerst gewürzt, anschließend auf einem großen Teller oder auf einer Platte im Mehl gewendet und dann das überschüssige Mehl abgeklopft (siehe Bild unten). Das Mehlieren bietet sich für ganze kleine und kleinere Fische an, die gebraten werden sollen.

Panieren

Das Mehlieren ist auch der erste Schritt beim Panieren mit Ei und Semmelbröseln (siehe Bildfolge rechts oben). Panaden können ganz nach Geschmack variiert werden. Statt Semmelbröseln können gehackte Nüsse, Cornflakes, Gemüsewürfel (siehe Bildfolge rechts Mitte) oder Kräuter (siehe Bildfolge rechts unten) verwendet werden. Würzen oder marinieren sollte man das Paniergut stets vor dem Panieren, ebenso sollte man es gut mit Küchenpapier trocken tupfen, damit die Panade auf dem Paniergut haften bleibt.

Tipp Größere Fische oder Fischfilets sollte man vor dem Panieren an dickeren Stellen leicht einschneiden (ziselieren), damit sie gleichmäßig garen.

Zum Mehlieren ganzer Fische oder größerer Filetstücke sollten Sie einen entsprechend großen Teller verwenden. Überschüssiges Mehl einfach mit den Fingern behutsam vom Fisch abklopfen.

Klassische Panade Ein Ei in einem tiefen Teller mit der Gabel kräftig verquirlen und das zuvor mehlierte Paniergut portionsweise darin wenden.

Zuletzt das Paniergut in Semmelbröseln (eventuell mit Mandeln oder Nüssen gemischt) wenden. Die Panade gut andrücken.

Gemüsepanierung 250 g fein gewürfeltes Suppengrün (Lauch, Knollensellerie, Möhre) 1 Minute in kochendem Wasser garen. Abgießen, abschrecken.

Gemüsewürfelchen in einem Tuch trocken tupfen. Mit gehackter Petersilie oder gehacktem Kerbel mischen und wie Brösel zum Panieren verwenden.

Kräuterpanierung 200 g trockene Weißbrotkrumen in einen Mixer geben. 60 g gemischte Kräuter (z. B. Petersilie, Dill, Basilikum) waschen, gut trocken schleudern, grob hacken und hinzufügen.

Die Weißbrotkrumen mit den Kräutern im Mixer fein zerkleinern und anschließend auf einen Teller geben. Wie Brösel zum Panieren verwenden.

Fisch garen

Welche Garmethode für welchen Fisch?

Zum Garen von Fisch bieten sich sanfte Garmethoden wie Pochieren, Dämpfen und Dünsten an, aber auch das Braten in der Pfanne, Frittieren und Grillen. Gut geeignet ist ebenso das Garen im Ofen (siehe auch Seite 88/89).

Pochieren

Darunter wird langsames Garziehen in viel Flüssigkeit (z. B. in Fischfond, Court-Boullion oder Salzwasser) verstanden. Die Temperatur muss dabei unterhalb des Siedepunkts bleiben. Die Zugabe von Salz ist wichtig, damit der Fisch nicht auslaugt. Faustregel: Kleine Fische in heiße, große in kalte Flüssigkeit legen. Gut geeignet für ganze Fische mit Haut.

Dämpfen

Das Garen im heißen Dampf bietet sich für ganze Fische an, die weniger als 1 kg wiegen, und für Filets. Man benötigt einen Topf mit passendem Siebeinsatz und fest schließendem Deckel oder einen professionellen Dampfgarer. In der asiatischen Küche werden Dämpfkörbchen aus Bambus verwendet.

Dünsten

Das Garen im eigenen Saft unter Zugabe von wenig Fett und Flüssigkeit im geschlossenen Topf ist besonderes gut für Filets und kleinere Fische geeignet.

Braten in der Pfanne

Ideal für Fische, die nicht mehr als etwa 400 g wiegen, und für Fischfilets. Bei dieser Garmethode kommt es darauf an, den Fisch möglichst nur kurz und auf den Punkt genau zu garen. Durch die starke Hitze zieht sich das Fischfleisch zusammen und bleibt unter der Kruste saftig.

Frittieren

Beim Garen im heißen Fett sollte der Fisch von einer schützenden Hülle umgeben sein (z. B. Panade, Mehl oder Teig) – nur so bleibt sein Fleisch saftig. Größere Fischstücke bei 160 °C, kleinere ganze Fische (z. B. Sardellen) bei 180 °C frittieren. Zum Frittieren stets hoch erhitzbares Fett verwenden wie Erdnussöl oder Kokosfett.

Grillen

Die älteste Garmethode, die es gibt, ist auch für (ganze) Fische geeignet. Ob über Holzkohle, auf dem Elektro- oder unter dem Backofengrill, durch die starke Strahlungshitze gerinnt das Eiweiß in den äußeren Schichten und bildet einen Schutzmantel, unter dem Saft und Aroma eingeschlossen bleiben. Fisch immer auf bzw. unter den gut vorgeheizten Grill legen.

Ganze Fische, Filets und Koteletts können im Ofen gegart werden. Das Gargut muss dabei durch einen Belag oder durch Beschöpfen vor direkter Strahlungshitze geschützt werden.

Beim **Pochieren** oder **Garziehen** wird der Fisch in eine gewürzte Flüssigkeit gelegt, die auf keinen Fall mehr kochen sollte.

Beim **Dämpfen** entfaltet die feuchte Hitze ihre ganze Wirkung: Der Fisch wird schonend und aromareich gegart.

Beim **Dünsten** soll das Gargut möglichst im eigenen Saft garen. So bleibt das Aroma erhalten, und das Fischfleisch wird sehr zart.

Beim **Braten** spielt große Hitze eine Doppelrolle: Sie schließt die Poren, sorgt für eine leckere Kruste und hält das Fischfleisch saftig.

Beim **Frittieren** schützt eine Hülle empfindliches Gargut vor allzu großer Hitze. So wird es außen kross und bleibt innen saftig.

Beim **Grillen** ist starke Strahlungshitze notwendig – sie erzeugt die Röststoffe mit dem unverwechselbaren Aroma.

Fisch garen

In Papier und Folie

Wird Fisch in Pergament- und Backpapier, Alu- und Bratfolie im Ofen gegart, trocknet er nicht aus. Zum einen, weil das zarte Fischfleisch vor direkter Hitzeeinwirkung bewahrt wird und zum anderen, weil während des Garens keine Flüssigkeit entweichen kann – der Fisch gart im eigenen Saft und in feuchter Atmosphäre, was ihn zart, saftig und geschmacksintensiver macht. Vor allem ganze Fische bieten sich für diese Garmethode an. Für schwere Exemplare verwendet man am besten extrastarke Alufolie oder einen Bratschlauch. Back- oder Pergamentpapier sollte in mehreren Lagen übereinandergelegt oder das Papierpäckchen auf ein Stück doppelt gefaltete Alufolie gesetzt werden. Auch Filets können in Papier oder Folie gegart werden. Wegen ihrer relativ kurzen Garzeit ist ihr Gargrad dann jedoch schwieriger abzuschätzen als z. B. beim »offenen« Garen, wie dem Braten oder Dünsten.

Bratschlauch füllen

Bratfolie wird als Schlauch angeboten, den man am besten fast doppelt so lang wie das Gargut zuschneiden sollte. Anschließend eine Seite des Bratschlauchs verschließen. Dafür ein Ende zusammendrehen, mit Küchengarn oder Folienband abbinden, dann das Schlauchende über die Bindestelle nach oben umklappen und nochmals mit Garn oder Band fixieren. Fisch und evtl. weitere Geschmackszutaten in die einseitig zugebundene Folie füllen; die andere Seite ebenso verschließen. Das Folienpaket mit einer Nadel mehrmals einstechen, auf den kalten Gitterrost legen und in den heißen Ofen schieben (die Folie verträgt bis zu 250 °C). Die eingestochenen Löcher sorgen dafür, dass der beim Garen entstehende Dampf abziehen kann und die Folie nicht platzt. Wichtig: Der Bratschlauch darf die Ofenwände nicht berühren.

Alufolie und Papier füllen

Fisch mittig auf Papier oder Alufolie legen; Folie oder Papier über dem Fisch zusammenfassen und am oberen Ende mehrfach schmal umknicken. Die beiden Seiten nach oben klappen und mehrfach umknicken; evtl. mit Büroklammern (aus Metall!) fixieren. Während des Garens wird die Flüssigkeit aus dem Fisch und anderen Zutaten abgegeben, einem Dünstfond ähnlich. Zugleich entwickelt sich Dampf, der die Folie aufbläht und dafür sorgt, dass der Fisch gleichmäßig gart.

Zum Garen in Papier oder Folie eignen sich vor allem ganze Fische. Die Päckchen lassen sich sehr gut vorbereiten, und der Fisch muss anschließend nur noch rechtzeitig im Backofen gegart werden.

Garen in Alufolie

Den ausgenommenen Fisch (hier Hecht) innen und außen mit Salz und Pfeffer würzen, die Geschmackszutaten je nach Rezept hinzufügen.

Den Fisch so in Alufolie wickeln, dass kein Saft herausfließen kann. Den Backofen auf 200 °C vorheizen und den Fisch auf dem Gitterrost im heißen Ofen 20–25 Minuten (oder nach Rezept) garen.

Garen im Bratschlauch

Den Bratschlauch fast doppelt so lang wie das Gargut zuschneiden und an einem Ende verschließen. Den Fisch mit den Geschmackszutaten in den Schlauch legen und diesen sorgfältig verschließen.

Den Bratschlauch mit einer Nadel oben mehrfach einstechen. Das Paket auf den kalten Gitterrost legen und zum Garen in den 200 °C heißen Backofen schieben.

Fisch garen

In der Salzkruste

Das Garen von Fisch in Salzkruste ist seit jeher in Frankreich, Spanien und Italien beliebt. Bei dieser Garmethode ist der Fisch vor der direkten Hitze geschützt, weil die Kruste ihn hermetisch einschließt, sodass keine Flüssigkeit entweichen kann und das volle Aroma erhalten bleibt. Das Ergebnis ist ein besonders saftiger und zarter Fisch mit intensivem Aroma.

Die Salzmasse herstellen

Um einen mittelgroßen Fisch (z. B. eine Lachsforelle) vollständig in Salzmasse zu hüllen, benötigen Sie etwa 2 kg Salz (möglichst grobes Meersalz), 2 Eiweiß und 100–150 ml Wasser. Salz, Eiweiße und Wasser zu einer weichen, formbaren Masse verrühren (siehe Bildfolge unten Mitte).

Den Fisch mit Salzmasse umhüllen

Sehr leicht lässt sich der Fisch in die Salzmasse einhüllen, indem Sie aus Alufolie eine Fischform herstellen. Dafür Alufolie mindestens sechsfach aufeinanderlegen, bis ein langer, etwa 5–7 cm breiter stabiler Streifen entsteht. Aus dem Alustreifen die Fischkontur formen, indem man ihn senkrecht um den Fisch herumlegt und wieder abhebt (siehe Bild unten links). Die Alu-Fischform auf ein geöltes Backblech setzen, einen Teil der Salzmasse hineinfüllen und diese auf dem Boden innerhalb der Kontur mit einem Löffel verstreichen. Den Fisch darauflegen, Kräuterzweige dazugeben und alles mit der restlichen Salzmasse bedecken (siehe Bild unten rechts). Nun den Fisch nach Rezept in der Salzkruste im heißen Ofen garen.

Tipps Normalerweise ist die Zugabe weiterer Gewürze bei dieser Garmethode nicht nötig; ein paar frische Kräuter sorgen allerdings für Extra-Aroma. Während des Garvorgangs gelangt nur wenig Salz an den Fisch – ein Versalzen des Fisches brauchen Sie also nicht zu befürchten, und zusätzliches Salzen nach dem Garen ist überflüssig. Die Salzmasse sollte nicht zu fest sein, sie würde dann nicht zusammenhalten. Ist sie hingegen zu weich, würde zu viel Salz an das Gargut abgegeben.

Einen stabil gefalteten Streifen Alufolie um den Fisch legen, um so eine Fischkontur zu formen.

Salz und Eiweiße mischen; nach und nach so viel Wasser unterrühren, bis eine relativ weiche Masse entsteht.

Die Salzmasse in der Fischkontur glatt streichen. Fisch darauflegen, mit Kräutern belegen und mit Salzmasse bedecken.

Fisch garen

Fisch in Pastetenteig

Ein Fisch in Teighülle kann schonend im eigenen Saft garen, dabei seinen Geschmack voll entwickeln und sich mit dem Aroma der anderen Zutaten auf das Köstlichste verbinden. Hinzu kommt, dass der Teig die Aromen in sich aufnimmt. Das Ergebnis ist zartester Fisch unter würzig-knuspriger Kruste.

Pastetenteig herstellen

Für einen Pastetenteig, der zum Umhüllen eines mittelgroßen Fisches reicht, benötigen Sie 500 g Mehl, 250 g Butter, 1 Ei und etwas Salz. Aus diesen Zutaten unter Zugabe von 2 EL kaltem Wasser einen Knetteig herstellen. Den Teig zu einer Kugel formen, in Frischhaltefolie wickeln und ungefähr 2 Stunden im Kühlschrank ruhen lassen.

Den Fisch mit Teig umhüllen und verzieren

Während der Teig im Kühlschrank ruht, den Fisch (z. B. einen Wolfsbarsch) innen und außen waschen und trocken tupfen. Mit Salz und Pfeffer würzen und mit Kräutern füllen. Die Hälfte des Teiges auf einer bemehlten Arbeitsfläche zu einem 2–3 mm dicken Oval ausrollen – das Oval muss groß genug sein, um den Fisch darin einzuwickeln, wie in der Bildfolge rechts beschrieben. Nachdem der Fisch im Pastetenteig eingehüllt, mit Schuppen, Auge und Streifen verziert worden ist, noch Bauchflossen und Rückenflosse anbringen (siehe Bild unten). Zum Schluss die Teigverzierungen mit Eigelb bestreichen.

Den Fisch in Pastetenteig im vorgeheizten Ofen zuerst 10 Minuten bei 220 °C, dann 20 Minuten bei 180 °C backen.

Tipp Anstelle von selbst hergestelltem Pastetenteig können Sie fertigen Blätterteig verwenden.

Den küchenfertigen Fisch (z. B. Wolfsbarsch) auf den ausgerollten Teig legen. Teigrand so abschneiden, dass er beim Einschlagen nicht überlappt.

Den restlichen Teig schmal und ebenfalls nur 2–3 mm dick ausrollen; ein Stück davon in Fischform schneiden.

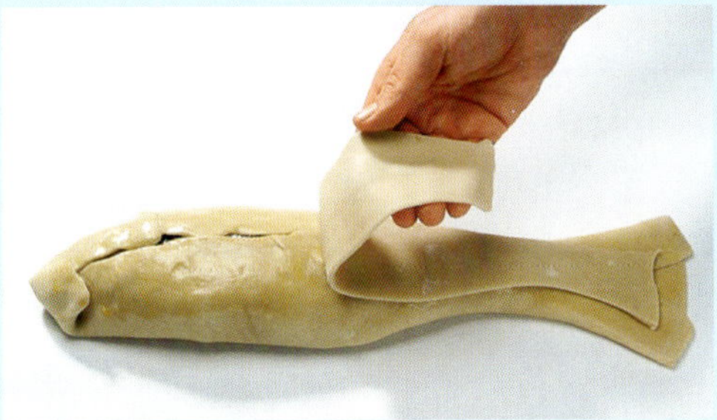

Das große Teigstück über den Fisch schlagen und mit verquirltem Eigelb bestreichen, dann die Naht mit der fischförmigen Teigplatte verdecken.

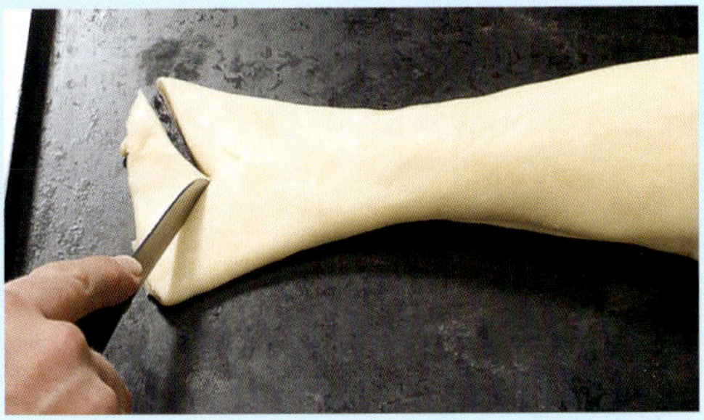

Den Fisch umgedreht auf ein gefettetes Backblech legen. Den Teig am Schwanzende ausschneiden und Rillen einmodellieren.

Runde »Schuppen« aus dem restlichen Teig ausstechen und die Teighülle (bis auf den Kopf) mit Eigelb bestreichen. Die Teigkreise vom Schwanz zum Kopf hin als Schuppenmuster auflegen.

Aus dem restlichen Teig zwei gezackte Teigstreifen ausradeln, ein Auge sowie Rücken- und Bauchflossen formen. Auge und Teigstreifen auf den Fisch auflegen, dabei mit Eigelb befestigen.

Gegarten Fisch filetieren

Es ist gleichgültig, ob man gegarten Fisch bereits in der Küche zerlegt oder vor den Gästen. Entscheidend ist, die Filets rasch auszulösen und möglichst alle Gräten zu entfernen.

Legen Sie bei Portionsfischen am besten zunächst nur die erste Hälfte vor, entfernen Sie dann die Gräten, und halten Sie den Rest warm. Man kann aber auch den ganzen Fisch auf dem Teller servieren, allerdings muss er dann gleich gegessen werden.

In den Bildern unten, rechts und auf Seite 97 wird das Zerlegen eines Rundfischs (am Beispiel einer blaugekochten Lachsforelle) für 2 Personen Schritt für Schritt gezeigt. Gegrillte Fische werden normalerweise im Ganzen pro Portion serviert und mit der knusprigen Haut verspeist.

Räucherfisch zerlegen

Beim Zerlegen von Räucherfisch geht man genauso vor wie bei einem blaugekochten oder gegrillten Fisch. Bei einem Rundfisch werden zuerst die Rückenflossen, dann die übrigen Flossen entfernt. Nach dem behutsamen Abziehen der Haut werden die Filets gelöst. Eine Ausnahme bildet geräucherter Aal mit seiner ledrigen Haut. Dieser wird zunächst in Stücke geschnitten, diese werden dann jeweils einzeln gehäutet, vom Rücken her geteilt und zuletzt von der Mittelgräte befreit.

Fisch-Vorlege- und Fisch-Essbesteck

Ein Fisch-Vorlegebesteck kann beim Zerlegen größerer Fische gute Dienste leisten, denn mit der großen Schaufel des Vorlegemessers und der ebenfalls großen Gabel lassen sich auch große Filets leicht lösen und ohne Probleme transportieren, wie im letzten Step der Bildfolge rechts zu sehen. Das im Vergleich zum Fisch-Vorlegebesteck sehr viel kleinere Fisch-Essbesteck ist zum Zerlegen von Portionsfischen völlig ausreichend.

Vom gegarten Fisch mithilfe eines Fisch-Essbestecks die Rückenflosse herausziehen – sie sollte leicht zu lösen sein.

Die Haut des Fisches mit dem Messer des Fisch-Vorlegebestecks am Rücken entlang einschneiden, dann am Kopf- und Schwanzende durchtrennen.

Die Fischhaut mit der Fischgabel am Kopfende über das Fischmesser klappen und durch Aufrollen über die Messerklinge in Richtung Schwanz vorsichtig abziehen.

Anschließend mit dem großen Fischmesser behutsam das obere Filet hinter dem Kopf lösen, ohne dabei die Mittelgräte (Rückgrat) zu durchtrennen.

Nun das obere Filet vorsichtig mithilfe des Fisch-Vorlegebestecks auf der gesamten Länge von der Mittelgräte lösen, möglichst in einem Stück.

Das gelöste obere Filet mithilfe des Fisch-Vorlegebestecks von der Mittelgräte abheben, auf eine vorgewärmte Platte geben und warm stellen.

Um das untere Fischfilet auszulösen, mit dem Fischmesser behutsam unter die Mittelgräte fahren und den Fischschwanz auf der gesamten Länge vom unteren Filet trennen.

Schwanz, Mittelgräte mit anhängenden Gräten und Kopf in einem Stück vom unteren Filet abheben – dabei am besten am Schwanzende beginnen und das Filet hinter dem Kopf abtrennen.

Das untere Filet ebenfalls mithilfe des Fisch-Vorlegebestecks mit der Haut nach oben auf die Platte legen. Die Haut mithilfe des Fischmessers abziehen.

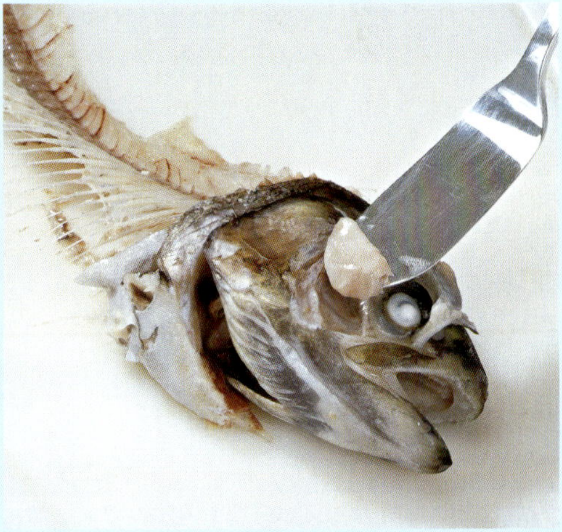

Den Fischkopf gut festhalten. Mit dem Fischmesser die beiden Kiemendeckel jeweils von hinten etwas anheben und die Bäckchen herauslösen.

Fischfarce zubereiten

Eine edle Fischfarce mit ihrer feinen Konsistenz ist ideal zum Füllen von Gemüse, aber auch hervorragend als Basis für Nocken oder Klößchen geeignet.

Fischfleisch fein zerkleinern

Für eine Fischfarce sollten Sie generell nur absolut frische Zutaten verwenden. Befreien Sie den Fisch von sämtlichen Gräten und schneiden Sie das Fischfleisch in kleine Stücke. Diese sollten vor der Weiterverarbeitung im Tiefkühlgerät gut durchgekühlt werden (die Fischstücke dürfen dabei durchaus leicht anfrieren), damit sie sich beim anschließenden Zerkleinern nicht zu stark erwärmen und die Farce eine gute Bindung erhält. Weil die Bindung einer Farce ausschließlich vom fischeigenen Eiweiß stammt, muss so viel Eiweiß wie möglich freigelegt werden, um eine optimale Bindung zu erzielen. Dies erreicht man, indem man das Fischfleisch vorher durch den Fleischwolf dreht und dadurch stark zerkleinert.

Zutaten und Geräte kühlen

Die zweite Voraussetzung für eine gute Bindung der Farce ist die ausreichende Kühlung aller Zutaten und Geräte, denn Eiweiß ist extrem wärmeempfindlich. Wärme entsteht schon allein dadurch, dass das Fischfleisch durch den Fleischwolf gedreht oder mit dem Mixer fein zerkleinert wird und ebenso, wenn die Farce später mit weiteren Zutaten verrührt wird. Das extrem empfindliche Eiweiß kann bereits bei recht geringer Wärme gerinnen und damit seine Bindekraft verlieren. Wenn aber Fleischwolf, Geräte sowie die Zutaten gut gekühlt sind und in einer Metallschüssel auf gestoßenem Eis gearbeitet wird, ist die zarte Konsistenz der Farce garantiert.
Sobald sich die Farce fühlbar erwärmt, tragen portionsweises Zerkleinern und ggf. auch das Kühlen der Arbeitsgeräte und Zutaten während des Arbeitsvorgangs, ebenfalls zum perfekten

Um Fischklößchen zu formen, mit einem angefeuchteten Löffel etwas Masse abstechen und mithilfe eines zweiten Löffels diese zu einem Klößchen formen.

Gelingen bei. Die Temperatur am besten immer wieder mit einem Speisenthermometer prüfen.

Wie eine feine Fischfarce genau zubereitet wird, ist in der Bildfolge unten Schritt für Schritt beschrieben. Rezepte mit verschiedenen Fischfarcen finden Sie beispielsweise auf den Seiten 158, 159 und 238.

Probeklößchen garen

Um Konsistenz und Geschmack der fertigen Farce zu prüfen und gegebenenfalls zu korrigieren, sollten Sie zunächst Probeklößchen zubereiten. Dafür etwas Farce auf einen angefeuchteten Teelöffel nehmen, glatt streichen und mit dem Zeigefinger vom Löffel direkt in siedendes Wasser streifen. Nach 3–4 Minuten sind die Probeklößchen gar. Jetzt können Sie testen, ob das Klößchen zart genug ist. Falls es zu fest sein sollte, ein wenig geschlagene Sahne zur Farce geben und unterheben, dadurch wird die Farce lockerer.

Das zerkleinerte Fischfleisch in einer Schüssel auf Eiswürfel stellen. Etwas Sahne unterrühren.

Die Masse portionsweise im Mixer fein pürieren, sofort wieder in die Schüssel auf Eis umfüllen.

Die Masse durch ein feines Sieb streichen, um grobe Bestandteile (z. B. Grätenreste) zu entfernen.

Die Fischmasse mit Salz und weißem Pfeffer abschmecken. Noch etwas Sahne unterrühren.

Nun leicht angeschlagene Sahne unterziehen. Die Farce soll luftig, cremig und fast blütenweiß sein.

Zum Testen mit zwei angefeuchteten Löffeln ein Klößchen formen; im Fond gar ziehen lassen.

Fonds herstellen

Ob zum Garziehen, für Saucen oder Suppen: In der Fischküche ist ein aus Karkassen (oder auch Parüren), Gemüse und Gewürzen gekochter Fond unverzichtbar. Geeignet dafür sind Karkassen von weißfleischigen Fischen wie Stein- oder Glattbutt, Zander, Scholle oder Seezunge.
Wer nur Filets verarbeitet, kann Karkassen beim Fischhändler kaufen. Wichtig für einen guten Fischfond sind absolut frische Fische und ein junger, spritziger Wein mit ausreichend Säure, aber nicht zu ausgeprägtem Geschmack.
Fischfond sollte nur 20–30 Minuten köcheln, nach einer längeren Kochzeit schmeckt er leimig und wird unbrauchbar. Wer wenig Zeit hat, kann auf fertigen Fond aus dem Glas zurückgreifen.

Fischfond

Ergibt etwa 2,5 l
1 kg Fischkarkassen
120 g Schalotten
80 g Lauch (nur der weiße Teil)
80 g Fenchel
100 g Petersilienwurzeln
80 g Stangensellerie
3 EL Öl
500 ml trockener Weißwein (z. B. Chardonnay)
1 Lorbeerblatt
2–3 Zweige Thymian
½ TL weiße Pfefferkörner, grob zerdrückt

1 Die Karkassen grob zerkleinern und die Kiemen aus den Köpfen entfernen. Die Karkassen in einer Schüssel unter fließend kaltem Wasser wässern und abtropfen lassen.

2 Schalotten schälen und würfeln. Gemüse putzen oder schälen und zerkleinern. Den Fischfond wie in der Bildfolge rechts beschrieben zubereiten. Den fertigen Fischfond erkalten lassen und entfetten. Entweder sofort weiterverwenden oder, wie unten im Bild links beschrieben, portionsweise einfrieren.

Glace de poisson

Eine Fischfond-Reduktion, die man zum Würzen von Saucen oder zu dünn geratenen Fonds einsetzen kann. Für »Glace de poisson« einen Fischfond zubereiten und diesen dann auf ein Viertel einkochen lassen. Kann gut eingefroren (siehe unten Bild rechts) und bis zu 3 Monate im Tiefkühlvorrat gelagert werden.

Fischfond einfrieren

Fischfond am besten immer gleich in größerer Menge herstellen, um mehrere Portionen im Tiefkühlvorrat griffbereit zu haben.

Glace de poisson in Eiswürfelschalen füllen und einfrieren; die gefrorenen Würfel in Gefrierbeutel geben. Nach Bedarf zum Nachwürzen verwenden.

Das Öl in einem großen Topf erhitzen. Die Karkassen darin unter Wenden 3–4 Minuten anschwitzen.

Schalotten und Gemüse hinzufügen und alles unter Wenden dünsten, bis die Schalotten glasig sind.

Den Wein zur Karkassen-Mischung gießen; langsam zum Kochen bringen und den Wein etwas einkochen lassen.

Anschließend alles mit 2 l kaltem Wasser aufgießen. Lorbeerblatt, Thymianzweige und Pfefferkörner dazugeben.

Den Fond aufkochen und 20–30 Minuten köcheln lassen, dabei wiederholt abschäumen.

Ein Sieb mit einem Passiertuch auslegen, den Fischfond hineinschöpfen und ablaufen lassen.

Fonds herstellen

Lachsfond

Ergibt etwa 900 ml
700 g Lachskarkassen (ohne Kopf und Haut)
100 g weiße Zwiebeln
150 g Lauch (nur der weiße Teil)
100 g Stangensellerie
100 g Champignons
10 weiße Pfefferkörner
250 ml trockener Weißwein (z. B. Chardonnay)
100 ml Noilly Prat
5 Stängel Petersilie
2 Lorbeerblätter

1 Karkassen 20 Minuten kalt wässern, anschließend in einem Sieb gut abtropfen lassen. Zwiebeln schälen und vierteln, Lauch und Sellerie putzen, waschen und in Scheiben schneiden. Pilze putzen und zerkleinern.

2 Einen Topf erhitzen, Zwiebeln und Lauch unter Rühren darin anrösten, Pilze und Sellerie hinzufügen und mitrösten. Die Karkassen dazugeben und alles zugedeckt 5 Minuten rösten. Pfefferkörner, Wein und Noilly Prat in den Topf geben. Die Flüssigkeit um ein Drittel reduzieren. 750 ml Wasser angießen. Petersilie und Lorbeerblätter zusammenbinden, hinzufügen. Alles bei schwacher Hitze noch 30 Minuten köcheln lassen. Fond durch ein grobmaschiges Sieb gießen, dabei leicht ausdrücken. Dann noch einmal durch ein mit einem Tuch ausgelegtes Sieb schütten. Auskühlen lassen; eventuelles Fett abschöpfen.

Fischconsommé

Ergibt etwa 1 l
je 50 g Möhre, Schalotten, Lauch und Staudensellerie
2 Knoblauchzehen
2–3 Zweige Thymian
1 Stängel Petersilie
1 Lorbeerblatt
10 weiße Pfefferkörner
2 Wacholderbeeren
200 g Fischfilet von mageren Fischen (z. B. Rotbarsch, Pollack), fein durchgedreht
4 Eiweiß
5–6 Eiswürfel
1,25 l kalter Fischfond (siehe Seite 100)

1 Gemüse und Schalotten schälen und klein würfeln. Knoblauch schälen, mit den Kräutern, Gewürzen und Fisch in einen Topf füllen. Eiweiße dazugeben, alles verrühren, bis das Eiweiß Bläschen bildet. Eiswürfel unterrühren. Kalten Fischfond dazugießen und alles gründlich miteinander verrühren. Zugedeckt 20 Minuten durchziehen lassen.

2 Anschließend die Mischung im Topf bei mittlerer Hitze zum Kochen bringen, dabei ständig mit einem Kochlöffel rühren. Nicht mehr rühren, sobald die Masse aufkocht. Hitze reduzieren; alles 12–15 Minuten köcheln lassen. Eiweiß und Fischeiweiß binden die Trübstoffe und steigen als Schaum nach oben. Fond durch ein mit einem Passiertuch ausgelegtes Sieb schöpfen, damit die Consommé klar bleibt.

Räucherfischfond

Ergibt etwa 350 ml
50 g weiße Zwiebel
100 g Tomaten
50 g Champignons
2 Stängel Petersilie
1 Zweig Dill
1 Lorbeerblatt
1 EL Sonnenblumenöl
Karkassen von 2 geräucherten Forellen
350 ml Fischfond

1 Zwiebel schälen, Tomaten waschen und von Stielansätzen befreien, die Pilze putzen. Alles in Stücke schneiden. Petersilie, Dill und Lorbeerblatt zu einem Bouquet garni binden.

2 Das Öl in einem Topf erhitzen. Die Zwiebelstücke mit dem Gemüse und den Pilzen darin glasig dünsten. Karkassen hinzufügen, Fischfond angießen und das Bouquet garni dazugeben.

3 Den Fond aufkochen lassen, dann den Topf vom Herd nehmen und den Topfinhalt etwa 30 Minuten ziehen lassen. Den fertigen Fond durch ein mit einem Passiertuch ausgelegtes Sieb gießen.

Fonds herstellen

Court-Bouillon zum Pochieren

Ergibt etwa 3 l
100 g Möhren
50 g Petersilienwurzel
1 Schalotte
120 g Lauch
50 g Salz
1 Stängel Petersilie
2 Zweige Thymian
1 Lorbeerblatt
2 Wacholderbeeren
15 leicht angedrückte weiße Pfefferkörner

1 Die Möhren, Petersilienwurzel und Schalotte schälen. Den Lauch putzen und gründlich waschen. Möhren und Petersilienwurzel in Scheiben, die Schalotte in Ringe und den Lauch in feine Streifen (Julienne) schneiden.

2 Das zerkleinerte Gemüse in einen großen Topf füllen, 3 l Wasser dazugießen. Salz, Petersilienstängel, Thymianzweige, Lorbeerblatt und Wacholderbeeren hinzufügen. Das Wasser aufkochen und 15 Minuten köcheln lassen. Die angedrückten Pfefferkörner in den Topf geben und alles noch 5 Minuten garen.

Fond zum Blaukochen

Ergibt etwa 3,5 l
Zutaten wie bei der nebenstehenden Court-Bouillon
100 ml feiner Weinessig

Den Fond genauso zubereiten, wie links beschrieben, jedoch mit Zugabe von Weinessig.

Tipp Fische, deren Haut von glasklarem Schleim überzogen ist, färben sich in einem Fond mit Essig intensiv blau. Wichtig ist, die Haut der Fische nicht zu verletzen, indem man die Fische so wenig wie möglich anfasst.

Garsud für Portionsstücke

Ergibt etwa 3,5 l
500 ml Milch
60 g Salz
1 Bio-Zitrone, in Scheiben geschnitten

1 Die Milch in einen großen weiten Topf gießen. 3 l Wasser sowie das Salz und die Zitronenscheiben dazugeben. Die Flüssigkeit aufkochen lassen.

2 Jeweils nur 2 ungehäutete Fischstücke gleichzeitig in den Sud legen, damit er nicht zu stark abkühlt; die Fischstücke bei schwacher Hitze gar ziehen lassen. Der Sud soll stets köcheln.

Tipp Dieser Pochierfond ist besonders für Fischstücke wie Tranchen und Darnen (aus dem Mittelstück der Fische geschnittene dicke Scheiben) geeignet.

Der Fond zum Blaukochen unterscheidet sich nur durch die Zugabe von Essig von der Court-Bouillon mit Gemüse.

Schön weiß bleibt der Fisch, wenn er in einer Mischung aus Milch, Salzwasser und Zitronenscheiben sanft pochiert wird.

Flusskrebse kochen

und ausbrechen

Zum Kochen von Krebsen brauchen Sie einen großen Topf und viel Flüssigkeit, am besten eine Court-Bouillon (siehe Seite 104). Sollen die Krebse anschließend in der Pfanne weitergegart werden, genügt eine Kochzeit von 3–4 Minuten. Werden sie nur in Flüssigkeit gekocht, ist eine Garzeit von 5–6 Minuten notwendig. Nach dem Kochen sollten die Flusskrebse in Eiswasser abgeschreckt werden, um ein Weitergaren zu verhindern.

Wollen Sie eine größere Menge Flusskrebse servieren, wie es beispielsweise bei einem skandinavischen Krebsessen üblich ist, kochen Sie sie portionsweise. Dabei müssen Sie darauf achten, dass die Flüssigkeit jeweils wieder sprudelnd aufkocht, bevor die nächste Portion Krebse hineingegeben wird. Anschließend lassen sich die Krebse leicht ausbrechen, wie in der Bildfolge rechts gezeigt.

Die Schalen der ausgelösten Flusskrebse können Sie als Basis für eine aromatische Krebsbutter oder für die Zubereitung eines Krebsfonds verwenden.

Krebsbutter

Die Schalen der gekochten Krebse sehr fein zermörsern und abwiegen – Sie benötigen die gleiche Menge an Butter wie an Krebsschalen. Die Butter mit den zerstoßenen Krebsschalen in einen Topf geben und bei schwacher Hitze aufschäumen lassen; mit Salz und Cayennepfeffer abschmecken.

Die flüssige Butter durch ein Sieb in einen Topf mit kaltem Wasser streichen. Sobald sie erstarrt ist und sich auf dem Wasser abgesetzt hat, lässt sich die Krebsbutter leicht abheben. Oder die zerstoßenen Krebsschalen mit weicher Butter verkneten und die entstandene Masse durch ein feinmaschiges Sieb streichen. Das spart das Erhitzen und Abkühlenlassen.

Vorgegarte und ausgelöste Krebsschwänze kann man in Butter in der Pfanne braten.

Den Flusskrebs am Kopfteil festhalten und den Krebsschwanz mit einer Drehbewegung abziehen.

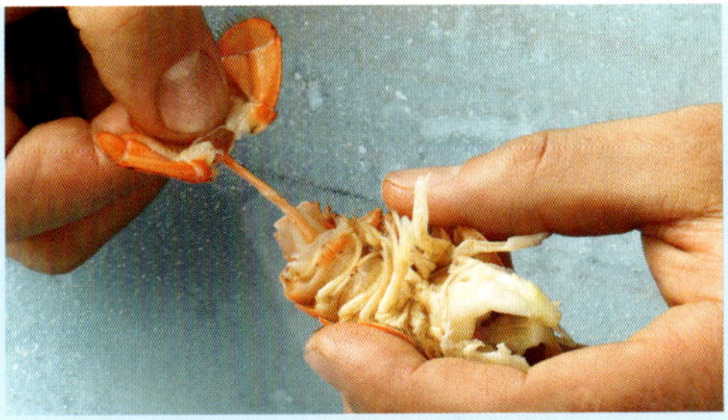

Den Schwanzfächer mit den Fingern vom Schwanzteil abdrehen und den anhängenden Darm vorsichtig herausziehen.

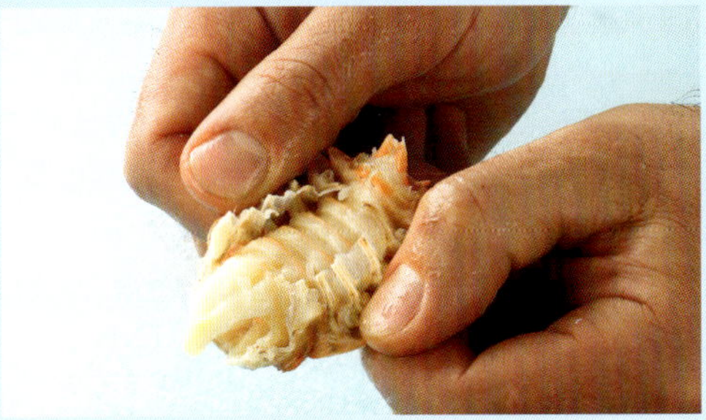

Den Panzer mit den Fingern aufbiegen, bis die dünnere Unterseite zerreißt und das Schwanzfleisch herausfällt.

Den Brustpanzer festhalten und das Unterteil mit Kiemen und Innereien abheben. Schild (Nase) und Scheren hängen noch zusammen.

Den Brustpanzer festhalten und die Scheren mit den Fingern vorsichtig vom Kopfteil abdrehen. Dieses kann gereinigt als »Krebsnase« für Dekorationszwecke verwendet werden.

Ein zerlegter Flusskrebs. Beim Auslösen des Scherenfleischs hilft ein Krebsbesteck: mit dem Loch in der Klinge die Scheren abbrechen und mit der zweizinkigen Gabel das Fleisch herausziehen.

Forelle rundbinden

und blaukochen

Blaukochen bedeutet, Fische wie Forellen, deren Haut von einer glasklaren Schleimschicht umhüllt sind, schonend in einem Sud (Rezept siehe Seite 104) gar ziehen zu lassen bzw. zu pochieren. Um eine schöne, gleichmäßige Färbung zu erreichen, ist es wichtig, dass die empfindliche Schleimschicht auf der Fischhaut intakt bleibt. Das bedeutet, den Fisch beim Vorbereiten nur so wenig wie unbedingt nötig und so vorsichtig wie möglich anzufassen: Forellen deshalb nur vorsichtig ausnehmen und die Kiemen nicht entfernen.

Nun kann man den Fisch, so wie er gewachsen ist, in den Fond legen und garen. Man kann ihn aber auch auf unterschiedliche Weise zu einem Ring binden, wie in der Bildfolge rechts gezeigt.

Warum rundbinden?

Forellen vor dem Garen rundzubinden, kann aus zweierlei Gründen geschehen: Zum einen werden die Fische dadurch in eine zum Servieren ansprechende Form gebracht, zum anderen aber passt ein rundgebundener Fisch in einen kleineren runden Topf – für all diejenigen, die keinen großen Fischkessel im Schrank haben, ist dies eine gute Lösung, Fisch blauzukochen.

Wenn man den Fisch nicht rundbinden will, wie rechts beschrieben, empfiehlt sich zum Pochieren größerer Fische ein länglicher Fischkessel.

Blaukochen mit »Frischekontrolle«

Vorsicht: Fische, die erst kurz vor der Zubereitung getötet worden sind (also ganz frisch sind), biegen sich im heißen Sud. Manchmal soll durch das Rundbinden Frische vorgetäuscht werden. Verlassen Sie sich besser auf folgendes untrügliches Frischemerkmal: Die Haut frischer Fische reißt nach dem Blaukochen leicht auf.

Eine blaugekochte rundgebundene Forelle wirkt besonders beeindruckend auf dem Teller.

Um eine Forelle rundzubinden, mithilfe von zwei Zahnstochern einen doppelten Faden durch Schwanz und Kiemen ziehen.

Anschließend beide Fadenenden an einem Zahnstocher festknoten, dabei Kopf und Schwanz zusammenziehen.

Rundbinden ohne Zahnstocher: Dafür einen dickeren Faden mithilfe einer größeren Nadel durch Kiemendeckel und Schwanz ziehen.

Den Faden unter dem Fisch verknoten, dabei Kopf und Schwanz zusammenziehen.

Garnelen vorbereiten

Zwar kann man kleinere Garnelen auch mit der Schale verspeisen, wie das etwa in Südostasien üblich ist. Hierzulande werden jedoch selbst die kleinsten Garnelen vor dem Verzehr geschält oder »gepult«, wie es bei den Nordseekrabben heißt.

Das Schälen an sich ist einfach und kann gut mit den Fingern erledigt werden. Hilfreich bei größeren Tieren ist eine spitze Schere zum Aufschneiden der Schale. Wie dies im Einzelnen funktioniert, zeigen die Bildfolgen unten und auf der nächsten Seite unten.

Garnelen schälen und entdarmen

Ob Garnelen vor oder nach dem Garen geschält werden sollen, hängt von der weiteren Zubereitung ab. Beim Kochen, Braten oder Grillen schützt die Schale das Fleisch vor dem Austrocknen und verleiht zusätzliches Aroma. Sollen die Garnelen in einer Teighülle frittiert werden, empfiehlt es sich dagegen, sie vorher zu schälen.

Das Entfernen des Darms (erkennbar ist dieser in Form eines

Zum Schälen die Garnele mit den Fingern an Kopf und Schwanz fassen; Schwanzteil abdrehen; Kopfteil wegwerfen oder für einen Fond verwenden.

Den Garnelenschwanz mit einer kleinen spitzen Schere auf der Bauchseite mittig einschneiden.

Anschließend die Schale, bis auf den Schwanzfächer, mit den Fingern vorsichtig ablösen und entfernen.

Den Darm entfernen (1. Methode): Den Darm am herausragenden Ende fassen und mit den Fingern vorsichtig herausziehen, er darf dabei nicht reißen.

schwarzen Fadens an der Bauchunterseite) ist bei sehr kleinen Garnelen, wie Nordseekrabben kaum möglich und auch nicht nötig. Bei größeren Exemplaren kann der Darm allerdings noch Sand enthalten und sollte darum unbedingt entfernt werden.

Tiefkühlware auftauen

Tiefgekühlte Garnelen lässt man langsam, am besten über Nacht, in einem Sieb im Kühlschrank auftauen. Auf diese Weise kann das Auftauwasser gut ablaufen und kommt mit den empfindlichen Meeresfrüchten nicht in Berührung.

Haben Sie einmal sehr wenig Zeit, gibt es auch noch folgende Schnell-Methode: Die tiefgekühlten Garnelen in einen Gefrierbeutel geben, den Beutel verschließen und in eine Schüssel mit lauwarmem Wasser legen. Auch dabei bleiben Geschmack und Aroma weitestgehend erhalten; am schonendsten ist ohne Zweifel das langsame Auftauen.

Die Garnelen zum Auftauen direkt in warmes Wasser zu legen oder heiß abzuspülen, ist nicht zu empfehlen, da die Krustentiere dabei auslaugen und erheblich an Geschmack verlieren. Einmal aufgetaut, dürfen sie auch nicht wieder tiefgekühlt werden. Dies gilt insbesondere für die Riesengarnelen (King prawns), die zu uns ausschließlich tiefgekühlt gelangen und die – einmal aufgetaut – zum sofortigen Verbrauch bestimmt sind.

Gefrorene Garnelen garen

Garnelen brauchen vor dem Garen nicht unbedingt aufgetaut zu werden: Sie können die ungeschälten Garnelen auch tiefgekühlt in einen Topf mit kochendem Salzwasser oder kochender Court-Bouillon geben. Den Topf schließen, damit die Flüssigkeit schnell wieder aufkocht und die Garnelen 10 Sekunden kochen lassen. Den Topf vom Herd nehmen und die Krustentiere noch 20 Minuten in der heißen Flüssigkeit ziehen lassen. Alternativ kann man gefrorene Garnelen auch direkt ins stark erhitzte Öl geben, die Hitze etwas reduzieren und die Garnelen unter Wenden braten, bis sie gar sind.

Den Darm entfernen (2. Methode): Den geschälten Garnelenschwanz auf der Rückenseite mit einem scharfen Messer leicht einschneiden.

Anschließend den Darm mit der Messerspitze leicht anheben und vorsichtig herausziehen.

Garnelen vorbereiten

Garnelen zu Schmetterlingen schneiden

Aufgeklappte oder zu Schmetterlingen geschnittene Garnelen sehen auf Vorspeisenplatten, Salaten oder anderen Gerichten sehr dekorativ aus. Damit die Krustentiere wie Schmetterlinge auf ein Gericht gesetzt werden können, müssen sie entsprechend aufgeschnitten werden. Wichtig ist, die Garnelen zuvor bis auf den Schwanzfächer zu schälen (siehe Seite 110). Anschließend lassen sie sich wie in der Bildfolge unten beschrieben leicht aufschneiden. Nach Wahl können Sie rohe oder gegarte Garnelen schälen und zu Schmetterlingen aufschneiden. Längs aufgeschnittene rohe Garnelen können gebraten oder frittiert werden, dabei klappen die Tiere wie Schmetterlingsflügel auf (siehe Bild rechts) und können anschließend mit den Schwanzfächern nach oben dekorativ auf ein Gericht gesetzt werden.

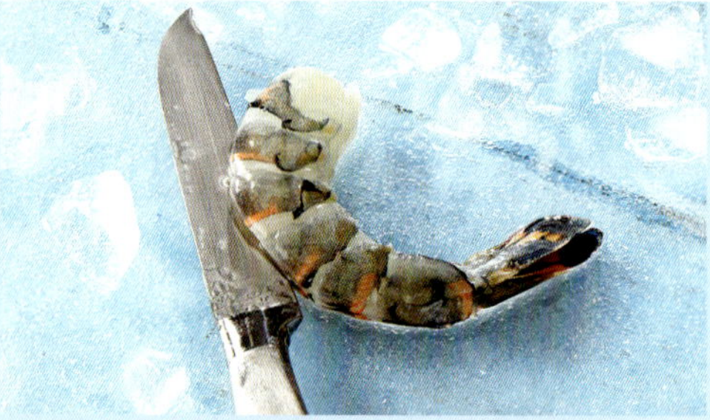

Die bis auf den Schwanzfächer geschälten Garnelenschwänze auf der Rückenseite mit einem scharfen Messer mit Wellenschliff leicht einschneiden.

Die Garnelenschgwänze auf der Bauchseite ebenfalls vorsichtig einschneiden.

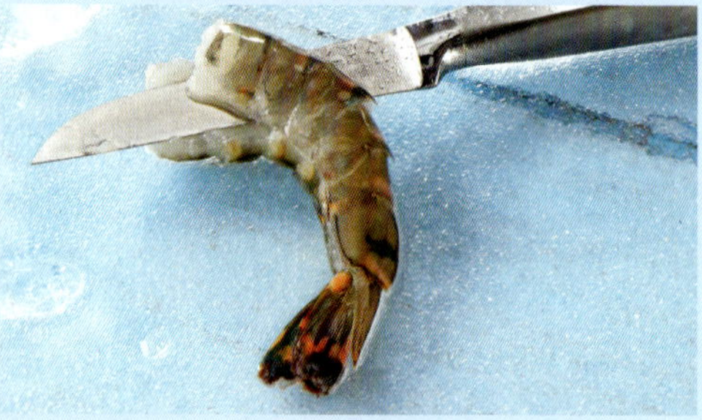

Anschließend die Garnelenschwänze mit dem Messer bis zum Schwanzfächer mittig durchtrennen, so dass sie nur noch am Schwanzfächer zusammenhalten.

Nun die Garnelenschwänze zu Schmetterlingen aufklappen, den Darm entfernen und die Garnelen nach Rezept braten oder frittieren.

Hummer garen und zerteilen

Hummer sind empfindlich. Wie bei den meisten Meeresfrüchte verflüchtigen sich Aroma und Geschmack schnell, wenn die Tiere nicht entsprechend behandelt werden. Dies gilt gerade für Hummer. Damit die exquisiten Krustentiere so schmecken, wie sie sollen, gibt es einige grundsätzliche Dinge zu beachten: Hummer immer lebend kaufen, am besten bei einem Händler, der über ein Seewasserbecken verfügt. Wählen Sie im Zweifel lieber zwei mittelgroße Tiere als einen sehr großen Hummer, denn das Schwanzfleisch der kleineren ist zarter.

Zwar können Hummer 1–2 Tage ohne Wasser überleben, doch wenn Sie beim Händler Hummer sehen, die nur mit Tüchern feucht gehalten werden, erkundigen Sie sich, wie lange die Tiere schon dem Becken entnommen sind. Im Zweifel lassen Sie sich die Vitalität vorführen: Hebt man einen Hummer am Rückenpanzer hoch, bewegt er Schwanz und Scheren. Tut er das nicht, ist das Tier entweder stark unterkühlt oder bereits deutlich in Mitleidenschaft gezogen.

Nach dem Kauf sollten Sie den Hummer in der Transportkiste bis zur Zubereitung kühl aufbewahren: am besten bei 2–4 °C im Kühlschrank; in das Tiefkühlgerät gehört er nicht.

Hummer garen

Um einen Hummer zu garen, können Sie in einem großen Topf 5 l Court-Bouillon (siehe Seite 104) zubereiten oder die entsprechende Menge Salzwasser aufkochen. Den lebenden Hummer – mit dem Kopf voraus – in die sprudelnd kochende Flüssigkeit gleiten lassen. Nach etwa 2 Minuten ist der Hummer tot. Anschließend kann man ihn im Sud fertig garen (man rechnet für die ersten 500 g 12 Minuten, für alle weiteren 500 g nochmals je 5 Minuten Garzeit) oder den Hummer aus dem Garsud nehmen und nach Rezept anderweitig garen.

Den gegarten Hummer können Sie nun entweder im Ganzen servieren (Hummerzange und Hummergabel nicht vergessen) oder, wie in der Bildfolge unten und rechts beschrieben, zerteilen. Wird ein ganzer, unversehrter Hummerschwanz benötigt, etwa für Medaillons, gehen Sie vor, wie auf Seite 118 beschrieben.

Den gekochten Hummer mit den Händen am Brustpanzer festhalten und nacheinander die Scheren abdrehen.

Mit einem großen Messer in die Vertiefung hinter dem Kopf einstechen und den Schwanz mittig halbieren.

Hummer umdrehen und auch den Kopf zwischen den Augen mittig durchtrennen. Nun lässt sich der Hummer auseinanderklappen.

Die grünliche Leber aus der vorderen Hummerhälfte löffeln. Antennen und Beine abdrehen.

Mit den Fingern den Darm fassen und vorsichtig aus dem offen liegenden Darmkanal entfernen.

Die Beine mit dem Messerrücken anschlagen und mit der Hummergabel das Fleisch herausziehen.

Scherenfleisch auslösen: Dafür den kleinen Scherenfinger nach oben wegbiegen und -ziehen.

Die Schere festhalten und das untere Scherenglied im Gelenk von der Schere abdrehen.

Das untere Scherenglied im Gelenk auseinanderziehen und das innenliegende Fleisch auslösen.

Das große Scherenstück hochkant halten und mit dem Messerrücken kräftig anschlagen.

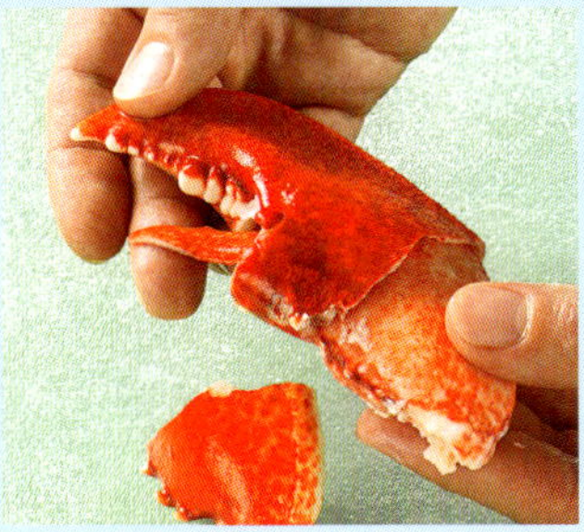

Das angeschlagene Panzerstück abbrechen, das Scherenfleisch etwas lockern und herausziehen.

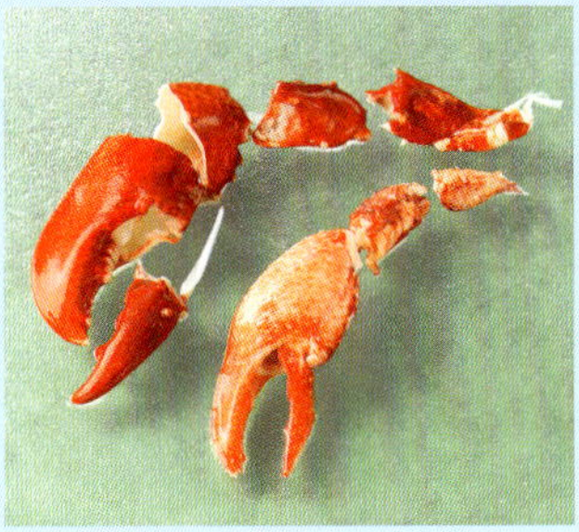

Hier sehen Sie die Schalenteile und das zugehörige ausgelöste Hummerfleisch einer Schere.

Hummer in Stücke teilen

(zum Weitergaren)

Für Gerichte wie Hummer Newburg oder Geschmorter Hummer (siehe Seite 374 und 377) wird ein Hummer nur kurz in kochender Flüssigkeit getötet und dann so zerlegt, wie in der Bildfolge unten und rechts gezeigt. Die Stücke werden dann nach Rezept weitergegart und zubereitet.

Typisch für den getöteten, aber noch rohen Hummer ist seine Farbe: Das Tier ist noch dunkel, weist aber schon eine leichte Rotfärbung auf. Nur wenn der Hummer zwar getötet, innen aber noch roh ist, können Sie den weiblichen Tieren den weichen grün-schwarzen Hummerrogen (der Corail) entnehmen, um daraus Corailbutter herzustellen. Bei gekochten Hummern ist dies nicht möglich, da der Corail rot und fest ist.

Corailbutter

Sie wird vor allem zum Würzen von Hummerspeisen verwendet. Wichtig ist, dass Corailbutter mitgegart wird, denn der Corail ist noch roh. Für Corailbutter den Corail mit Butter im Verhältnis 1:2 mit einer Gabel vermischen. Corailbutter zur Rolle formen, in Alufolie wickeln und im Kühlschrank fest werden lassen.

Den in kochender Flüssigkeit getöteten Hummer am Rückenpanzer festhalten und von Hand die erste Schere abdrehen.

Die zweite Schere ebenfalls mit einer drehenden Bewegung vom Körper lösen.

Mit einem stabilen Messer in die Körpermitte des Hummers stechen und den Kopf durchtrennen.

Die austretende Flüssigkeit auffangen und den Magensack von Hand herausziehen.

Den dunklen Corail entfernen und z. B. für eine Corailbutter (siehe links) verwenden.

Die Leber aus beiden Hälften löffeln; beiseitestellen und eventuell für eine Sauce verwenden.

Das Schwanzteil festhalten und mit einem kräftigen scharfen Messer vom Rumpf abtrennen.

Die beiden Untergelenke der Scheren mit einem Messer seitlich etwas anschneiden.

Die Untergelenke mit dem Messer im Drehpunkt von den großen Scheren abtrennen.

Die beiden großen Scheren seitlich mit einem kräftigen Schlag des Messers anschneiden.

Die Scheren nun einmal quer einschneiden oder mit dem Messerrücken aufklopfen.

Den Hummerschwanz mit einem scharfen Messer quer in etwa 2 cm breite Scheiben schneiden.

Die Beine mit dem Messer von den Vorderhälften mit leichtem Druck abtrennen.

Hummerschwanz auslösen

Für manche Zubereitungen, wie das Braten in der Pfanne von Hummer-Medaillons oder ganzen, eventuell aufgeschnittenen Hummerschwänzen, benötigt man einen unversehrten ausgelösten Hummerschwanz.

Je nach Rezept muss dieser zuvor gegart oder nur kurz gekocht worden sein. Wie das Auslösen des Hummerschwanzfleischs gelingt, ist in der Bildfolge unten beschrieben. Dafür ist noch nicht einmal ein Messer nötig.

Zum Grillen und Braten kann man auch längs aufgeschnittene Hummerschwänze im Panzer verwenden, die nicht fertig gegart sind. Diese zuerst auf der Fleisch- und dann auf der Panzerseite braten bzw. grillen (siehe großes Bild rechts).

Feine Saucen zu Hummer(schwanz)

Wie auch immer gegart, eine Sauce passt immer gut zu Hummer(schwanz). Klassiker wie Sauce Béarnaise und Sauce Hollandaise, aber auch eine mit Dill verfeinerte Mayonnaise oder eine Remoulade bieten sich dafür an. Ebenso die folgende Buttersauce.

Buttersauce

1 Schalotte schälen und fein würfeln. Mit je 2 EL Weißweinessig und Wasser in einen kleinen Topf geben; aufkochen lassen. Die Flüssigkeit bei schwacher Hitze auf 1 EL reduzieren, dann durch ein Sieb in einen anderen Topf gießen. Bei schwacher Hitze nach und nach etwa 100 g kalte Butter in Stückchen darunterschlagen, bis die Sauce dick und cremig ist. Die Sauce mit Salz, Pfeffer und Zitronensaft abschmecken. Die Menge reicht für etwa 500 g Hummerschwanz.

Noilly-Prat-Sauce

1 Schalotte schälen und fein würfeln. 100 ml Weißwein und 30 ml Noilly Prat mit der Schalotte in einer Kasserolle aufkochen lassen. 400 ml Fischfond dazugießen und die Flüssigkeit auf ein Drittel einkochen lassen. 250 g Sahne hinzufügen und die Mischung bei möglichst schwacher Hitze unter Rühren aufkochen, dann 5–10 Minuten köcheln lassen, bis sie sämig ist und die gewünschte Konsistenz erreicht hat. Die Sauce durch ein Sieb gießen und 20 g kalte Butter in Stückchen darunterschlagen. Mit dem Stabmixer aufschlagen und mit Salz, Cayennepfeffer und Zitronensaft abschmecken.

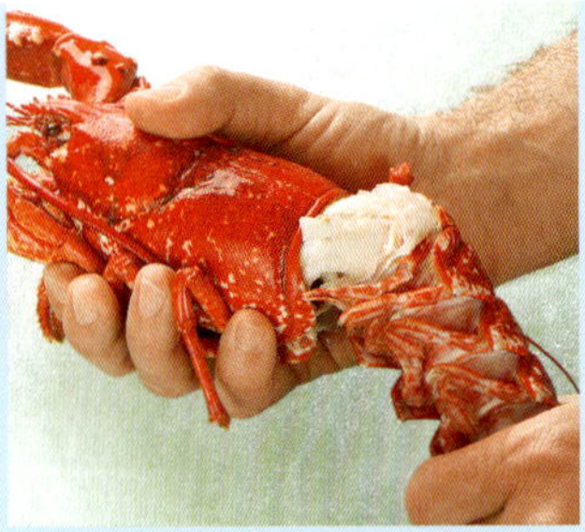

Den gegarten Hummer mit einer Hand am Brustpanzer festhalten, mit der anderen den Schwanz herausdrehen.

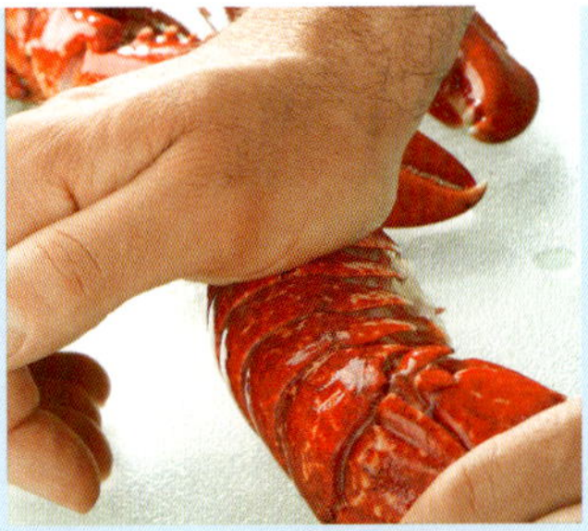

Hummerschwanz etwas auf die Seite drehen. Durch seitliches Drücken mit dem Handballen den Schwanz anknacken.

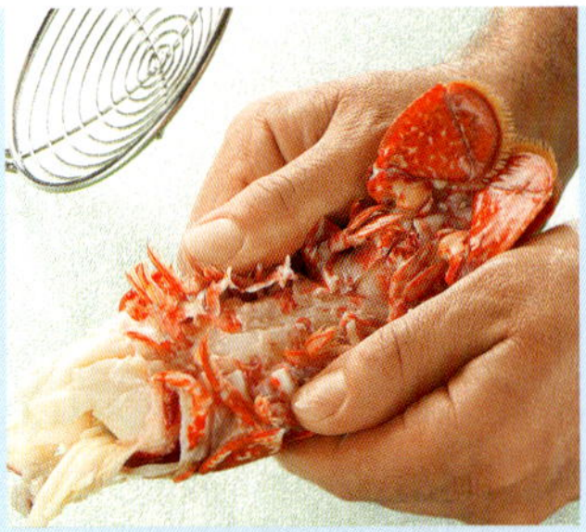

Panzer von der Unterseite her aufbrechen. Fleisch möglichst in einem Stück auslösen; den Panzer dazu stückweise ablösen.

Hummerfond zubereiten

Für etwa 1 l
Karkassen von 1 gekochten Hummer (Hummergewicht 1 kg)
250 g Möhren
50 g Stangensellerie
50 g Lauch
50 g Schalotten
2 Knoblauchzehen
2 Tomaten
2 EL Öl
20 ml Cognac
20 g Butter
1 Lorbeerblatt
1 Gewürznelke
3 zerdrückte Wacholderbeeren
1 Zweig Estragon
1 Zweig Thymian
50 g Tomatenmark

1 Alle Karkassenteile gründlich mit kaltem Wasser abspülen und in einem Sieb gut abtropfen lassen. In der Zwischenzeit Möhren, Sellerie und Lauch putzen oder schälen und in Scheiben oder Würfel schneiden. Schalotten und Knoblauch schälen, beides klein würfeln und die Tomaten achteln.

2 Die Hummerkarkassen zerkleinern und portionsweise anbraten, wie im Bild unten und im ersten Bild der Bildfolge rechts gezeigt. Die angebratenen Karkassen wieder in Wok oder Pfanne geben und mit dem Cognac ablöschen; beiseitestellen.

3 In einem Topf die Butter zerlassen und das vorbereitete Gemüse mit den Schalotten, dem Knoblauch und den Tomaten darin andünsten, wie im zweiten Bild rechts gezeigt.

4 Den Hummerfond wie auf dem dritten bis fünften Bild rechts gezeigt zubereiten. Den fertigen Fond vom Herd nehmen und durch ein mit einem Passiertuch ausgelegtes Sieb laufen lassen, wie im sechsten Bild gezeigt. Zum Schluss das Tuch hochschlagen und die Enden leicht zusammendrehen, um so auch den letzten Rest Fond aus den Karkassen herauszupressen.

Tipp Fonds wie Hummer- oder Fischfond lassen sich gut auf Vorrat herstellen und portionsweise in kleinen Mengen einfrieren. In diesem Fall empfiehlt es sich, den Grundfond nicht zu salzen, damit er nicht zu salzig wird, wenn man ihn reduziert.

Die gewaschenen und gut abgetropften Hummerkarkassen mit einem kräftigen, scharfen Messer in kleine Stücke schneiden oder im Mörser grob zerstoßen.

Das Öl im Wok oder in einer hohen Pfanne erhitzen und die Karkassen darin portionsweise anbraten. Alle Karkassen wieder in Wok oder Pfanne geben.

Das Gemüse in einem Topf unter Rühren kurz andünsten, dann Gewürze und Kräuter hinzufügen und das Tomatenmark einrühren.

Die Gemüsemischung 2 Minuten ziehen lassen, anschließend die angebratenen Hummerkarkassen hinzufügen und alles gut vermischen.

Mit so viel kaltem Wasser aufgießen, dass die Mischung gerade eben bedeckt ist. Alles aufkochen lassen, dabei öfter umrühren.

Den Fond etwa 45 Minuten köcheln lassen, dabei den aufsteigenden Schaum mehrmals mit einem Löffel abschöpfen.

Den fertigen Hummerfond nach und nach durch ein mit einem Passiertuch ausgelegtes Sieb ablaufen lassen, anschließend gut ausdrücken.

Kaisergranate ausbrechen

Frisch müssen sie sein, denn Kaisergranate, Langoustinos oder Scampi – wie die edlen Krustentiere in Frankreich und Italien heißen – sind sehr empfindlich und verderben leicht, wenn sie nicht permanent auf +2 °C gekühlt werden. Garantiert frisch sind diese Krustentiere, wenn ihre Färbung eher ziegelrot als orange und das Muskelfleisch glasig ist. Im Zweifelsfall hilft die Geruchsprobe: Wenn Sie beim Riechen am Spalt zwischen Rückenpanzer und Hinterleib einen fischigen Geruch bemerken, sollten Sie vom Kauf Abstand nehmen oder sich besser für Tiefkühlware entscheiden.

Tiefkühlware

Tiefkühlware ist in der Regel von guter Qualität, erhältlich sind meist die tiefgekühlten Schwänze. Tiefgekühlte Kaisergranatschwänze müssen stets langsam, am besten in einem Sieb, im Kühlschrank aufgetaut werden (genau wie Garnelen, siehe Seite 111).

Ob frisch oder tiefgekühlt, das delikate Fleisch dieser Krustentiere sitzt vor allem im Schwanzteil, die Scheren sind kulinarisch kaum von Bedeutung.

Geringe Fleischausbeute

Die Fleischausbeute ist beim Kaisergranat nicht besonders groß: 1 kg frische Kaisergranate ergeben lediglich 300 g verwertbare Schwänze mit Schale, ausgelöst sind es sogar nur 200 g Schwanzfleisch. Kalkulieren Sie deshalb entsprechend großzügige Mengen.

Kaisergranate, auch Langoustinen oder Scampi genannt, werden frisch und tiefgekühlt angeboten. Tiefgekühlt sind meist nur die Schwänze erhältlich.

Kaisergranat an Kopf und Schwanz fassen und das Schwanzteil vorsichtig vom Körper abdrehen.

Den Panzer mit Daumen und Zeigefinger zusammendrücken, bis er aufbricht.

Den Panzer mit den Fingern auf der Unterseite ganz aufbrechen und das Fleisch auslösen.

Das Schwanzfleisch leicht ein-, aber nicht durchschneiden und den Darm (erkennbar als schwarzer Faden) herausziehen.

Kalmar vorbereiten

Der Körperbeutel des Kalmar eignet sich bestens zum Füllen. Aber auch gebraten, gegrillt oder geschmort schmeckt dieser Tintenfisch wunderbar.

Baby-Kalmare (Calamaretti) sind meist küchenfertig erhältlich. Falls Sie sie im Ganzen kaufen, ist das aber kein Problem, denn sie werden genau wie die größeren Kalmare vorbereitet.

Die Bildfolge unten und rechts zeigt die fachmännische Vorbereitung Schritt für Schritt. Spülen Sie den Kalmar zunächst unter kaltem Wasser gründlich ab, häuten Sie ihn und ziehen Sie die Fangarme (Tentakel) mit Kopf und Eingeweiden aus dem Körperbeutel. Das lässt sich alles leicht von Hand erledigen. Dann müssen nur noch die Fangarme vom Kopf abgetrennt und die Kauwerkzeuge sowie das transparente Fischbein entfernt werden. Um die Tinte zu verwenden, einfach den Tintenbeutel in ein kleines Gefäß ausdrücken. Beim Garen ist zu beachten, dass der Kalmar entweder nur 1–2 Minuten starke Hitze oder aber längere Zeit schwache Hitze (z. B. zum Schmoren) verträgt. Sonst wird er hart, zäh und gummiähnlich.

Den Kalmar zuerst unter kaltem Wasser abbrausen, dann gut abtropfen lassen.

Anschließend mit den Fingern die rötliche gefleckte dünne Haut fassen und vom Körperbeutel abziehen.

Die Fangarme mit dem Kopf und den anhängenden Eingeweiden aus dem Körperbeutel ziehen.

Die Fangarme knapp vor den Augen so abtrennen, dass sie durch einen Ring verbunden bleiben.

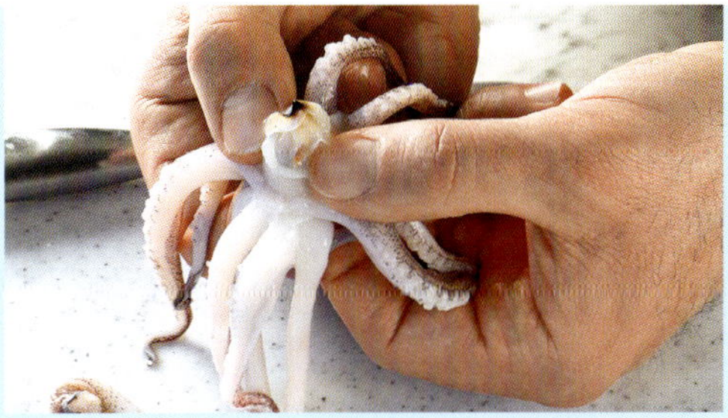

Die Kauwerkzeuge mit den Fingern von unten aus den durch einen schmalen Ring verbundenen Fangarmen herausdrücken.

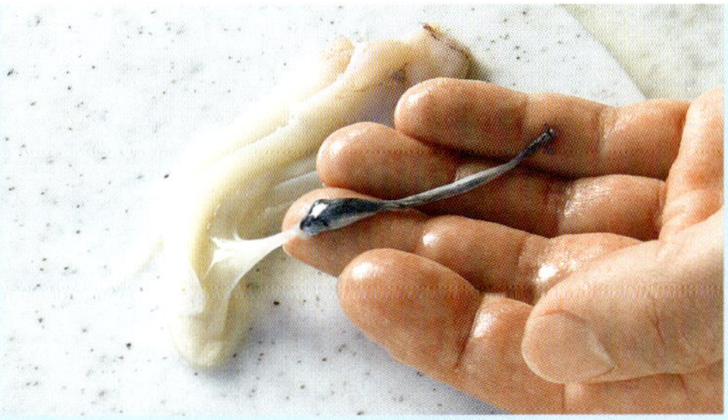

Falls die Tinte benötigt wird, den schmalen Tintenschlauch von den Innereien abtrennen.

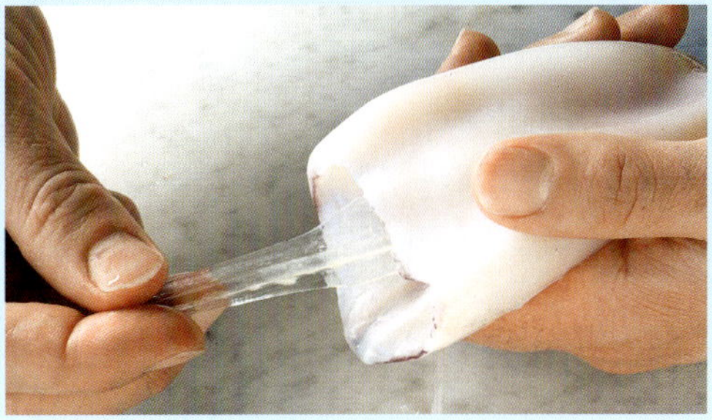

Das transparente Fischbein (auch Schulp) aus dem Körperbeutel des Kalmars ziehen und wegwerfen.

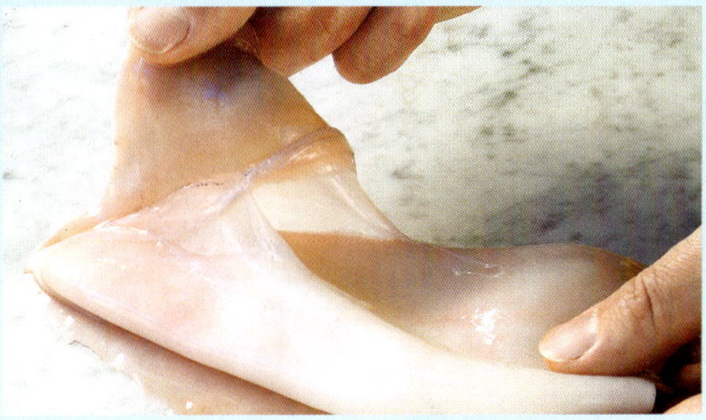

Die Flossen von Hand vom Körperbeutel abziehen und gründlich abspülen.

Körperbeutel und Fangarme gut waschen und je nach Rezept klein schneiden oder ganz lassen.

Den Körperbeutel ganz lassen und z. B. füllen oder in Ringe schneiden und diese eventuell in einer Teighülle frittieren.

Kraken vorbereiten

Ob als feiner Salat oder in Rotwein geschmort – vor allem in den Küchen der Mittelmeerländer werden Kraken schön weich und zart zubereitet.

Zartmacher-Techniken

Erfahrene Fischer schlagen die Tiere gleich nach dem Anlanden auf den harten Asphalt oder an den Fels, immer und immer wieder. Bis zu einer Stunde und mehr kann diese Prozedur in Anspruch nehmen, dann sei er weich, sagen die Fischer – und hängen die Kraken anschließend auf einer Wäscheleine zum Trocknen auf. Andere wiederum schwören auf Korken im Kochwasser, dadurch, so versichern sie, würde auch der zäheste Vertreter seiner Art butterzart. Und auch das Tiefkühlen ist für manche die Methode der Wahl, nach zwei Tagen im Tiefkühlfach könne man den Kraken bedenkenlos kochen.

Bei uns bietet sich das Klatschen auf den Asphalt weniger an, zumal Kraken beim Fischhändler oft bereits in Stücke geschnitten angeboten werden. In diesem Fall können Sie sich mit einem Fleischklopfer behelfen. Dafür wickeln Sie den Kraken oder die Tentakel in ein Küchentuch und klopfen das Fleisch mit der flachen Seite des Klopfers auf einer Arbeitsplatte weich, ohne dabei die Saugnäpfe zu verletzen. Falls Sie die Korkenmethode ausprobieren möchten, geben Sie nur 3–4 Weißweinkorken mit ins Kochwasser, damit der Korkgeschmack nicht zu dominant wird.

Kraken küchenfertig vorbereiten

Wenn Sie einen ganzen Kraken beim Fischhändler kaufen, gilt es, diesen küchenfertig vorzubereiten. Wie dies im Einzelnen gelingt, ist in der Bildfolge rechts gezeigt und beschrieben.

Zuerst muss der Körperbeutel von den Fangarmen getrennt und Innereien und Kauwerkzeuge entfernt werden. Das anschließende Häuten ist bei kleinen Exemplaren nicht unbedingt nötig. Bei größeren Tieren ist die Haut des Körperbeutels dagegen oft ledrig zäh, daher empfiehlt sich bei ihnen das Häuten durchaus. Wenn man die Fangarme häuten möchte, sollte man sie zuvor mit grobem Meersalz einreiben, so lässt sich die Haut besser entfernen.

Bevor der Krake küchenfertig vorbereitet wird, diesen mitsamt den langen, mit einer doppelten Reihe Saugnäpfen besetzten, Fangarmen unter kaltem Wasser gründlich abspülen, dann auf eine Arbeitsfläche legen.

Mit einem scharfen Messer den Körperbeutel knapp hinter den Augen abschneiden.

Die Augenpartie abschneiden, dann die Innereien aus dem Körperbeutel ziehen und entfernen.

Den Körperbeutel festhalten und mit der anderen Hand die rötlich-graue Haut abziehen.

Den Körperbeutel umstülpen und innen und außen gründlich mit kaltem Wasser ausspülen.

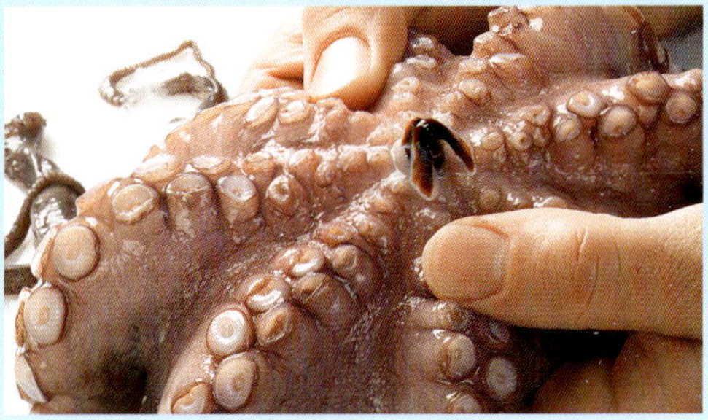

Die Kauwerkzeuge mit den Fingern aus der Mitte der Fangarme herausdrücken und mit dem weichen Gewebe entfernen.

Die Fangarme (Tentakel) ringsum kräftig mit grobem Meersalz einreiben, wenn sie gehäutet werden sollen.

Den Kraken gut mit den Fingern festhalten und die Haut vom Fleisch abziehen (an den Fangarmen kann sie auch verbleiben).

Lachs vorbereiten

Ein küchenfertiger Lachs bzw. Fisch ist in der Regel ausgenommen und geschuppt. Soll er nicht im Ganzen zubereitet werden, muss also portioniert oder filetiert werden. Das Portionieren bietet sich vor allem für große Fische an. Wird ein Fisch jedoch nicht portioniert und auch nicht im Ganzen verwendet, muss man ihn filetieren.

Lachs portionieren

In den beiden Bildern unten wird gezeigt, wie man einen großen Lachs in gleichmäßige Portionen zerteilt, und zwar so, dass die Scheiben an der Bauchseite noch zusammenhängen. Zuerst wird der Kopf vom Fisch abgetrennt, wie im Bild unten links gezeigt. Danach den Fisch in portionsgerechte Scheiben schneiden, wie im Bild unten rechts gezeigt. Das Schwanzstück, das nicht mit portioniert wird, anderweitig verwenden (z. B. für einen Fischfond, siehe Seite 100). Auf diese Weise kann man alle großen Rundfische portionieren.

Lachs filetieren

Um einen küchenfertigen Lachs zu filetieren, so vorgehen, wie in der Bildfolge auf der rechten Seite gezeigt. Haut und Gräten, die dabei anfallen, nicht wegwerfen, sondern beispielsweise für einen Fischfond (siehe Seite 100) verwenden.

Die ausgelösten Lachsfilets kann man in größere Stücke schneiden, die anschließend gedämpft, gebraten oder pochiert werden. Wer mag, kann das rohe ungehäutete Lachsfilet auch auf skandinavische Art beizen (siehe Rezept Graved Lachs, Seite 170).

Lachs portionieren

Um einen küchenfertigen großen Lachs in Koteletts (Portionsstücke) zu schneiden, zunächst mit einem scharfen, kräftigen Messer den Kopf des Fisches sauber abtrennen.

Anschließend den Fisch, vom Kopfende zum Schwanz hin, mit dem Messer in 2–3 cm dicke Scheiben schneiden. Das Schwanzstück kann man anderweitig verwenden.

Lachs filetieren

Zum Filetieren zunächst den Kopf vom Lachs abtrennen (siehe Bild linke Seite unten), dann den Lachs am Rücken aufschneiden. Dafür entlang der Mittelgräte schneiden und die Bauchhöhlengräten dabei durchtrennen.

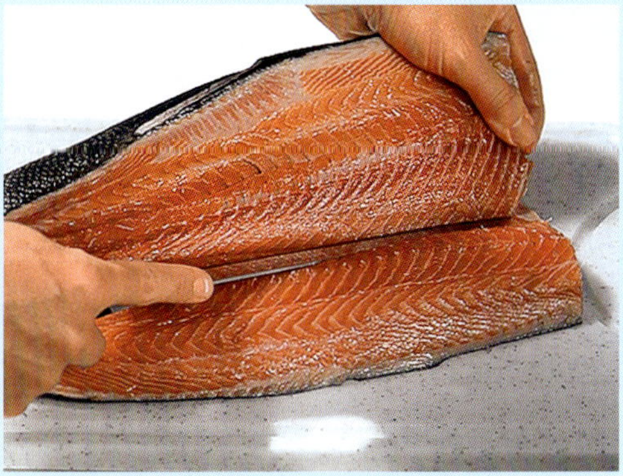

Anschließend auch die andere Seite ganz durchtrennen, indem man das Messer unter die Bauchhöhlengräten führt. Die Mittelgräte abheben. Die im Fischfilet verbliebenen kleinen Gräten mit einer Pinzette herausziehen.

Wenn das Lachsfilet gehäutet werden soll (je nach Rezept), die Lachsseiten mit einem Messer mit langer Klinge von der Haut schneiden.

Das gehäutete Lachsfilet mit der Hautseite nach oben auf die Arbeitsfläche legen. Das Fleisch links und rechts vom tranigen Mittelstreifen etwas einschneiden und den Streifen vorsichtig abziehen.

Languste garen

Langusten werden, genau wie Hummer und Flusskrebse, meist lebend verkauft und müssen vor der eigentlichen Zubereitung getötet werden, indem sie in kochendes Wasser gegeben werden. Um die zum Teil sehr langen Langusten (sie können eine Größe von 40 cm oder mehr erreichen) zu garen, benötigt man einen großen, ovalen Fischtopf mit Einsatz; ein großer Topf mit mindestens 10 l Fassungsvermögen geht aber auch. Idealerweise sollte der Topf einen gut schließenden Deckel haben, dann kocht das Wasser schneller und die Langusten sind in sehr kurzer Zeit getötet.

Der Garsud

Der einfachste Sud besteht aus einer Mischung von 2 EL Salz auf 1 l Wasser. Ebenso bietet sich eine Court-Bouillon (siehe Seite 104) mit oder ohne Wurzelgemüse an, wobei keines der Gemüse geschmacklich hervorstechen darf. Auch sollte man die Court-Bouillon zusätzlich mit einem Schuss Essig aromatisieren. Wer Langusten (oder Hummer oder Flusskrebse) pur genießen will, sollte auf einen Fischfond (siehe Seite 100) zurückgreifen, in dem man die Krustentiere zuerst kocht und anschließend sanft gar ziehen lässt.

Languste kochen

Langusten werden im Prinzip wie Hummer gegart (siehe Seite 114). Soll der Langustenschwanz seine gerade Form beim Garen behalten, um das Schwanzfleisch anschließend in Medaillons zu schneiden, muss die Languste vor dem Kochen fixiert werden, wie in der Bildfolge rechts gezeigt. Dafür bindet man sie auf einem mit Alufolie überzogenen Holzbrett mit Küchengarn fest. Die Alufolie verhindert eine Übertragung des Holzgeschmacks auf das Tier. Gegart wird die Languste dann in sprudelnd kochender Court-Bouillon (siehe drittes Bild der Bildfolge rechts). Für ein Tier von etwa 3 kg rechnet man 5 l Court-Bouillon und etwa 30 Minuten Garzeit. Nach dem Töten, also nach etwa 2–4 Minuten, sollte die Flüssigkeit nur noch leicht köcheln.

Wer keinen langen Fischkessel zum Kochen von Langusten besitzt, kann sie auch in einem großen Kochtopf in reichlich Court-Bouillon garen.

Die Languste mittig auf ein mit Alufolie überzogenes Holzbrett setzen und mit Küchengarn mehrfach festbinden.

Die Antennen seitlich entlang des Körpers nach hinten legen und ebenfalls mit Küchengarn vorsichtig fixieren.

In einem großen langen Fischkessel 5 l Court-Bouillon sprudelnd aufkochen lassen und die Languste (mit dem Kopf zuerst) hineingeben.

Den Einsatz mit der gegarten Languste am besten mit Fleischgabeln herausheben – die Garzeit hängt von der Größe des Tieres ab.

Muscheln vorbereiten

Jakobsmuscheln säubern und öffnen

Die Form der Jakobsmuschel war im Mittelalter das Erkennungszeichen der Pilger, die auf dem Jakobsweg nach Santiago de Compostela zogen (daher auch der Name Pilgermuschel). Das hatte seinen Grund: Die tiefere der beiden Schalen diente durstigen Pilgern als Schöpfgefäß für Trinkwasser.

In der Feinschmeckerküche dienen die Schalen dazu, das zarte Fleisch der Jakobsmuschel darin zu servieren oder auch zu gratinieren. Dazu säubert man die tiefere Schalenhälfte gründlich mit einer Bürste, anschließend kann sie je nach Rezept gefüllt werden. Wie das delikate Fleisch fachgerecht aus der Jakobsmuschel gelöst wird, zeigt die Bildfolge rechts.

Bei uns kommen Jakobsmuscheln vor allem von November bis März frisch in den Handel. Wer keine frischen Exemplare bekommt oder keine Zeit zum Auslösen hat, kann bereits ausgelöstes Muskelfleisch mit oder ohne Corail beim Fischhändler kaufen. Es gibt auch Tiefkühlware mit bereits ausgelöstem Fleisch – zum Teil nur das weiße Muskelfleisch ohne orangefarbenen Corail.

Nüsschen und Corail zubereiten

Nach dem Öffnen und Entfernen des grauen Mantelrandes (siehe Bildfolge rechts viertes Bild) bleiben zwei Teile übrig: Das weiße Muskelfleisch, auch Nüsschen genannt, und der orangefarbene Corail (Rogen). Beides schmeckt vorzüglich und eignet sich für viele Zubereitungen. Egal, welche Garmethode Sie wählen: Wichtig ist, das Muschelfleisch nicht zu lange zu erhitzen, sonst wird es schnell hart und zäh.

Schnell gebraten und gratiniert

Eine der einfachsten Zubereitungsarten ist folgende: Nüsschen und Corail mit Salz und Pfeffer würzen und in Butter oder Olivenöl in einer Pfanne nur 1 Minute pro Seite braten.

Aber auch zum Pochieren, Gratinieren oder Grillen eignet sich das feine Jakobsmuschelfleisch. Dafür zerkleinerte Champignons und Lauch in Butter andünsten, dann mit Weißwein ablöschen. Créme fraîche einrühren; mit Salz, Pfeffer und Zitronensaft abschmecken. Die Sauce auf die Muscheln in den Schalen verteilen und diese 15 Minuten im 180 °C heißen Ofen gratinieren.

Wenn der dünne, schützende Mantel vom Muschelinneren abgezogen ist, kann man den Schließmuskel (das sogenannte Nüsschen) vom Corail trennen und die beiden Teile der Jakobsmuschel nach Rezept zubereiten. Falls Nüsschen und Corail nicht sofort zubereitet werden, diese bis zur Verwendung kühl stellen.

Die geschlossenen Jakobsmuschelschalen zunächst gründlich mit einer Bürste unter fließendem kaltem Wasser reinigen.

Die Jakobsmuschel mit einem Küchentuch festhalten (flache Schalenseite nach oben) und eine stabile Messerklinge vorne zwischen die Schalen schieben. Dann den Schließmuskel durchtrennen.

Die flache Schalenhälfte abheben und das Muschelfleisch mit einem spitzen, scharfen Messer um den grauen Mantelrand herum lösen.

Den dünnen Mantel vom orangefarbenen Corail (Rogen) und dem schneeweißen Schließmuskel abziehen und vorsichtig abschneiden.

Muscheln vorbereiten

Miesmuscheln waschen und säubern

Das Entfernen der sogenannten Byssusfäden, die auch als »Bart« bezeichnet werden, ist der erste echte Arbeitsschritt beim Putzen lebender Miesmuscheln, wie es rechts in der Bildfolge im zweiten Bild gezeigt wird. Doch immer häufiger kommen die blauschwarz glänzenden Schaltiere bereits fertig geputzt in den Handel, sodass Sie sie nur noch gründlich abspülen müssen.

Unumgänglich: der Vitalitätstest

Egal, ob Sie die Muscheln geputzt kaufen oder sie selbst gründlich reinigen müssen, den Vitalitätstest müssen Sie unbedingt durchführen. Schließlich ist er der sichere Hinweis darauf, ob eine Muschel noch lebt oder nicht – nur lebende Muscheln sind nach dem Garen genießbar. Grundsätzlich sollten Sie besser eine Muschel zu viel als zu wenig aussortieren. Schon beim Einkauf sollten Sie deshalb einen Ausschuss von 20 % einkalkulieren.

So geht der Test: Klopfen Sie an die Schale (siehe fünftes und sechstes Bild der Bildfolge rechts): Wenn sich leicht geöffnete Muscheln dadurch nicht schließen, müssen Sie sie wegwerfen.

Garen Sie nur Muscheln, die nicht geöffnet sind und sich auch nach dem Daraufklopfen (siehe rechts) nicht schließen. Nach dem Garen ist es umgekehrt: Muscheln, die noch geöffnet sind, müssen weggeworfen werden.

Die geschlossenen Miesmuscheln in einem großen Sieb kalt abbrausen und abtropfen lasssen.

Die Muscheln einzeln in die Hand nehmen und mit den Fingern die Byssusfäden (Bart), mit denen sich die Muschel am Untergrund festheftet, abziehen.

Mit einem stabilen Messer alle anhaftenden Kalkreste von den Schalen abschaben.

Die Muscheln erneut unter kaltem Wasser abbrausen und abtropfen lassen.

Der Test: Leicht geöffnete Muscheln leben und können verwendet werden, wenn sich die Schale nach leichtem Antippen wieder schließt. Bleibt sie offen, ist die Muschel tot und muss aussortiert werden.

Diese geschlossene Muschel ist lebendig und kann gegart werden – sortieren Sie besser eine Muschel zu viel als zu wenig aus.

Muscheln vorbereiten

Schwertmuscheln vorbereiten

Schaltiere, die unmittelbar auf Sand oder gar in den Sandboden eingegraben leben, wie die Schwertmuscheln, sollten vor der Zubereitung nicht nur äußerlich gesäubert, sondern auch innen vom Sand befreit werden. Wie dies einfach gelingt, zeigen die beiden oberen Bilder auf der rechten Seite.

Nachdem sie völlig sandfrei sind, können die langen Muscheln gegrillt werden; sie schmecken aber auch gedämpft oder in Butter und mit etwas Knoblauch gebraten sehr gut.

Venusmuscheln vorbereiten

Unter den mehreren Hundert Venusmuschelarten ist die braunrote, leicht ovale Raue Venusmuschel mit bis zu 8 cm Durchmesser die bekannteste in Europa. Charakteristisch sind ihre ausgeprägten, konzentrisch verlaufenden Streifen, die teilweise in warzenartigen Knoten enden oder von unregelmäßigen, höckrigen Strängen gekreuzt werden. In Frankreich wird diese Muschel häufig roh verzehrt. Dazu muss sie zunächst gesäubert und anschließend ausgelöst werden, wie auf der rechten Seite in der unteren Bildfolge gezeigt.

Venusmuscheln werden aber auch gedämpft, gratiniert oder für Füllungen verwendet und können in der Schale gegrillt werden. Sie sollten zwar stets durchgegart, jedoch nicht übergart werden, um das feine Aroma zu bewahren.

Die Strahlige Venusmuschel wird überwiegend gekocht verwendet und beispielsweise mit Pasta (z. B. Spaghetti alle vongole; siehe Bild unten) oder gedämpft als Vorspeise serviert. Frisch kommt sie nur rund ums Mittelmeer in den Handel; nach Deutschland gelangt sie überwiegend tiefgekühlt oder in Dosen konserviert.

Schwertmuscheln vorbereiten

Einen tiefen Teller umgedreht in eine Schüssel setzen. Anschließend die Schwertmuscheln grob abbürsten und in die Schüssel geben.

Um die Muscheln zu entsanden, diese mit kaltem Wasser bedecken, 1 TL Salz hineinstreuen und die Muscheln 1 Stunde kühl stellen. Der Sand befindet sich danach unter dem Teller.

Venusmuscheln vorbereiten

Die Muscheln unter fließendem kaltem Wasser abbürsten. Anschließend ein Messer zwischen die Schalen schieben und den Muskel an der oberen Schale durchtrennen.

Die Venusmuschel öffnen und die austretende Flüssigkeit dabei auffangen. Das Muschelfleisch von der unteren Schale trennen und herausnehmen.

Muscheln garen

Miesmuscheln dämpfen

Nach diesem Grundrezept können auch andere Muscheln (z. B. Herz- und Venusmuscheln bzw. Clams) gegart werden. So zubereitet, sind die Schaltiere sofort verzehrbar, können aber auch in anderen Gerichten weiterverarbeitet werden.

4 kg Miesmuscheln
200 g Möhren
120 g Lauch
2 Zwiebeln
2 EL Öl
2 kleine Knoblauchzehen
4 Zweige Thymian
1 Lorbeerblatt
1 l Weißwein

1 Die Miesmuscheln vorbereiten, wie auf den Seiten 134 und 135 beschrieben. Möhren und Lauch putzen, Zwiebeln schälen und alles klein würfeln. Das Öl in einem großen Topf erhitzen und das Gemüse darin bei schwacher Hitze kurz dünsten.

2 Die Knoblauchzehen schälen und halbieren. Die Muscheln zum Gemüse geben. Knoblauchhälften, Thymian und Lorbeerblatt hinzufügen, zuletzt den Weißwein angießen.

3 Die Muscheln im geschlossenen Topf bei mittlerer Hitze 6–8 Minuten im Dampf garen. Dabei öffnen sich die Schalen. Noch geschlossene Muscheln unbedingt aussortieren und wegwerfen – sie sind ungenießbar.

4 Zum Servieren die Muscheln auf Teller verteilen, mit etwas Sud beschöpfen und mit Brot servieren. Jeder löst sich die Muscheln selbst aus, wie im Bild unten links gezeigt.

Tipps Will man die Muscheln weiterverarbeiten, das Muschelfleisch aus den Schalen lösen und eventuell den zähen Mantelrand entfernen, wie im Bild unten rechts gezeigt. Dies ist empfehlenswert, wenn die Muscheln als Suppeneinlage dienen sollen.

Der Dämpfsud kann gut weiterverwendet werden. Man sollte ihn jedoch 10 Minuten stehen lassen, damit sich eventuell vorhandener Sand oder Kalkspuren am Boden absetzen können. Den Sud dann vorsichtig abgießen.

Gekochte Muscheln auslösen

Von jeder Muschel eine Muschelschale wie eine Zange verwenden, mit ihr das Fleisch aus den übrigen Exemplaren lösen.

Von jeder ausgelösten Muschel den leicht zähen Mantelrand mit den Fingern abziehen – das ist vor allem empfehlenswert bei Muscheln für Suppeneinlagen oder Saucen.

Sardellen filetieren

Das Fleisch der kleinen silbrigen Fische hat einen intensiven würzigen Geschmack. Werden Sardellen frisch gekauft, müssen sie häufig vor der Zubereitung filetiert bzw. ausgenommen werden. Oder sie werden im Ganzen frittiert oder gebraten.

Zum Würzen von Saucen, Salaten und anderen Gerichten werden oft eingesalzene oder in Öl eingelegte Sardellen, sogenannte »Anchovis«, verwendet. Eingesalzene Sardellen kann man vor der Verwendung in Milch einlegen, um ihren Geschmack zu mildern.

Sardellen ausnehmen

Um Sardellen auszunehmen und zu filetieren, gibt es zwei Möglichkeiten. Entweder man nimmt die kleinen Fische aus, wie in der Bildfolge unten gezeigt, um dann die Filets zu erhalten. Oder man schneidet von den Fischchen zuerst Kopf und Schwanz ab, schlitzt die Fische dann auf der Bauchseite längs auf, klappt sie anschließend auf und zieht die Mittelgräte samt kleiner Gräten heraus.

Je nach Rezept lassen sich die Sardellenfilets nun als doppelte oder einfache Filets weiterverwenden. Die Fischchen bzw. Filets vor der Weiterverarbeitung nur kurz abspülen, dann mit Küchenpapier trocken tupfen.

Grundrezept: Sardellenbutter

Die Sardellenbutter können Sie abwandeln, indem Sie noch 2 EL Schnittlauchröllchen und/oder 2 hart gekochte und zerdrückte Eigelbe hinzufügen. Wenn Sie keine in Öl eingelegten Sardellen griffbereit haben, nehmen Sie stattdessen einfach Sardellenpaste aus der Tube (nach Geschmack).

125 g weiche Butter mit 5 gehackten, abgetropften Sardellenfilets (in Öl), 2 TL klein gehacktenKapern, 1 Prise Salz und etwa 1 TL frisch gemahlenem weißem Pfeffer gründlich verrühren. Anschließend zu einer Rolle formen, diese in Frischhaltefolie wickeln und im Kühlschrank fest werden lassen. Schmeckt als Brotaufstrich oder auch zu Pasta.

Mit einem spitzen Messer den Bauch vom Schwanz bis zum Kopf aufschneiden und die Eingeweide herausnehmen.

Mit den Daumen den Fisch auseinanderbiegen, um die Mittelgräte vorsichtig freizulegen. Die beiden Filets dabei nicht verletzen.

Die Mittelgräte vorne und hinten mit der Küchenschere abschneiden, dann Kopf und Schwanz abschneiden.

Stock- und Klippfisch vorbereiten

In den Mittelmeerländern und in Skandinavien haben Gerichte mit Klipp- und Stockfisch (Bacalao bzw. Bacalhau) Tradition. Bei Stock- und Klippfisch handelt es sich um an der Luft getrockneten Fisch (Kabeljau, Seelachs, Schellfisch, Leng und Lumb), der meist in ganzen oder halben Stücken verkauft wird. Vor dem Trocknen werden Innereien und Kopf von den Fischen entfernt, für die Herstellung von Klippfisch wird der Fisch zusätzlich entgrätet.

Stockfisch wird ungesalzen getrocknet, während Klippfisch erst nach dem Erlangen der Salzgare getrocknet wird. Im Gegensatz zum Klippfisch ist das Fleisch des Stockfischs trocken und hart, das vom Klippfisch bleibt wasserreicher, wird aber trotzdem fest. Klippfisch muss im Kühlschrank gelagert werden, Stockfisch hält sich dagegen sehr lange ohne Kühlung (an einem trockenen Ort) und schimmelt nicht.

Durch den Trocknungsprozess wurde dem Fisch fast alle Körperflüssigkeit entzogen, und er wiegt nur noch ein Drittel von seinem ursprünglichen Gewicht.

Klipp- und Stockfisch haben einen viel würzigeren Geschmack als frischer Fisch und riechen intensiv. Das Fleisch von Stock- und Klippfisch soll hellgelb bis weißlich sein und keine rötlichen Stellen aufweisen.

Stock- und Klippfisch wässern

Vor der Zubereitung sollten die getrockneten Fischstücke bis zu 2 Tage gewässert werden (siehe Bild unten links), um genießbar zu werden.

Experten empfehlen auf jeden Fall eine Mindesteinweichzeit von 12–13 Stunden, das Wasser sollte dabei mindestens drei- bis viermal gewechselt werden. Um sicherzugehen, dass die Fischstücke auch wirklich weich werden, sollte der Fisch nach dem Wässern noch zusätzlich 10–15 Minuten gekocht werden, wie im Bild unten rechts gezeigt.

Trockenfisch, je nach Salzgehalt und Härte, bis zu 48 Stunden wässern; Wasser mehrmals wechseln. Fischstücke längs teilen.

Gewässerte Fischhälften in kleinere Stücke schneiden; in einem Topf mit Wasser oder Milch (nach Rezept) zum Kochen aufsetzen.

Fischstücke in ungesalzener Flüssigkeit 10–15 Minuten köcheln lassen. Herausnehmen und je nach Rezept verarbeiten.

Tintenfisch vorbereiten

Kalmare, Kraken und Sepien sind Kopffüßer und werden auch als Tintenfische bezeichnet. Sie werden küchenfertig (frisch oder tiefgefroren) oder auch im Ganzen angeboten.

Um kleine oder große Tintenfische küchenfertig vorzubereiten und zugleich die Tinte auszudrücken, müssen das Fischbein bzw. der Schulp, die Eingeweide sowie der Tintenbeutel entfernt werden. Wie dies gelingt, ist in der Bildfolge auf der rechten Seite am Beispiel einer Sepia gezeigt. Grundsätzlich ähneln die Arbeitsschritte denen bei Kalmaren (siehe Seite 124 und 125). Anschließend die Tintenfische und die Tinte (falls gewünscht) nach Rezept weiterverarbeiten. Aufgrund ihres milden Fischgeschmacks lassen sie sich vorzüglich mit aromagebenden Zutaten wie Zwiebeln, Knoblauch, Tomaten, Paprikaschoten und Olivenöl schmoren. Ebenso eignen sie sich hervorragend zum Grillen und Braten. Oft werden sie auch gefüllt. Die ausgedrückte Tinte eignet z. B. sich zur Färbung von Saucen und Teig (siehe Rezept rechts).

Damit das Fleisch von Tintenfischen zart wird, sollte man es vor dem Garen weichklopfen. Entscheidend sind auch Garmethode und Garzeit für das Ergebnis. Während die Brat- und Grillzeit nur kurz ist, benötigen Tintenfische eine lange Schmorzeit.

Schwarze Nudeln

Für etwa 400 g Nudelteig 300 g Mehl (Weizenmehl Type 405) auf eine Arbeitsfläche sieben. In die Mitte eine Mulde drücken. In die Mulde 2 Eier, 10 ml Olivenöl, ½ TL Salz und 20 g Sepia-Tinte geben. Die Zutaten in der Mulde vermischen. Immer mehr Mehl vom Rand mit einarbeiten und alles zu einem geschmeidigen Nudelteil verkneten. Den Teig in Folie wickeln und etwa 1 Stunde ruhen lassen. Anschließend ausrollen und in Streifen schneiden. Die Nudeln in Salzwasser garen. Beim Kochen der Nudeln verblasst die Farbe übrigens nicht.

Die schwarzen Nudeln bilden einen guten Kontrast zu weißem Fisch und heller Sauce.

Tipp Wer küchenfertigen Tintenfisch kauft, kann die Sepia-Tinte separat beim Fischhändler bekommen.

In Ringe geschnittene Tintenfischtuben bzw. -beutel können kurz gebraten oder gegrillt werden und ergeben z. B. zusammen mit einem gemischten Salat ein köstliches kleines Gericht.

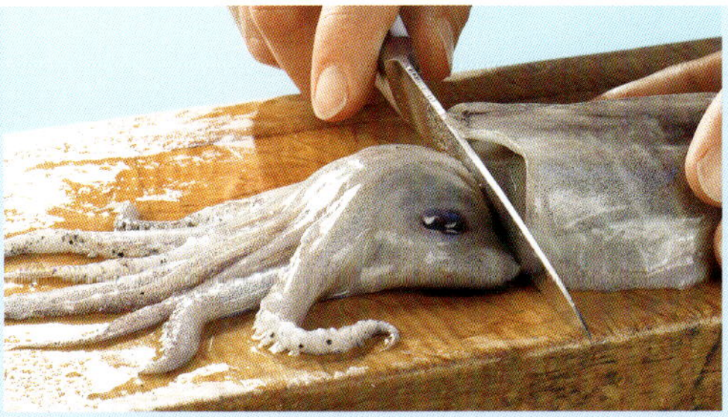

Den Kopf vom Tintenfisch abtrennen und die Fangarme knapp vor den Augen so abschneiden, dass die Arme zusammenhängen.

Die Fangarme umstülpen und mit den Fingern die harten Kauwerkzeuge in der Mitte herausdrücken.

Den Körperbeutel mit der dunkleren Rückenseite nach oben auf die Arbeitsfläche legen und mit einem Messer längs aufschneiden.

Die Schnittränder behutsam auseinanderziehen. Nun lässt sich der flache harte Schulp vorsichtig entfernen.

In den Körperbeutel greifen und die Eingeweide vorsichtig herauslösen, dabei den schwarzen schmalen Tintenbeutel nicht verletzen.

Die Tinte mit den Fingern herausdrücken und nach Belieben weiterverwenden, dann die Haut vom Körperbeutel abziehen und diesen kalt ausspülen.

Rezepte

Salate, Suppen, Hauptgerichte

Salate
und Vorspeisen

Austern im Oliven-Brotteig

mit Tomaten-Mayonnaise

Für den Oliven-Brotteig
185 g Mehl
5 Sardellenfilets, in Salz eingelegt
5 entsteinte schwarze Oliven
10 g frische Hefe
½ TL Zucker
3 EL Olivenöl
½ TL Salz
12 kleine frische Lorbeerblätter
½ EL grobes Meersalz

Für die Austern
12 Austern
je 1 TL gehackte Thymian- und Petersilienblätter
frisch gemahlener Pfeffer
Saft von ½ Zitrone

Für die Mayonnaise
5 Knoblauchzehen, Salz
2 Eigelb
2 TL Tomatenmark
200 ml Olivenöl
frisch gemahlener Pfeffer
2–3 EL Zitronensaft
1 Tomate, gehäutet

1 Für den Teig das Mehl in eine Schüssel geben. Sardellenfilets abbrausen, zerkleinern und mit einem Messerrücken zerreiben. Oliven ebenfalls fein zerkleinern. Hefe mit 100 ml lauwarmem Wasser anrühren, dabei den Zucker dazugeben; zum Mehl gießen. 1 EL Öl, Oliven, Sardellen und Salz hinzufügen. Alles zu einem Teig verkneten; zudecken und an einem warmen Ort 45 Minuten gehen lassen.

2 Austern aus den Schalen lösen (siehe Seite 76); abtropfen lassen. Kräuter mit dem Zitronensaft mischen und die Austern in der Mischung marinieren.

3 Für die Mayonnaise den Knoblauch schälen und mit 1 Prise Salz fein zerreiben. Mit den Eigelben und dem Tomatenmark verrühren. Das Öl erst tropfenweise, dann in feinem Strahl unter die Eigelbmischung rühren. Die Mayonnaise mit Salz, Pfeffer und Zitronensaft abschmecken, dann die Tomate entkernen, fein würfeln und unterheben.

4 Backofen auf 200 °C (Umluft nicht geeignet) vorheizen. Die Austern aus der Marinade heben; abtropfen lassen. Aus dem Teig 12 Kugeln formen; jede etwas flach drücken, 1 Auster daraufsetzen und mit dem Teig umhüllen. Ein Backblech mit Backpapier belegen, darauf die Lorbeerblätter verteilen. Auf jedes Lorbeerblatt 1 Teigkugel mit der Naht nach unten setzen. Diese mit Öl bepinseln und mit Meersalz bestreuen. Im Ofen (Mitte) 15–20 Minuten backen. Noch warm mit der Tomaten-Knoblauch-Mayonnaise servieren.

Gratinierte Austern

24 große Austern (je etwa 100 g)

Für die Weißweinsauce
1 fein gewürfelte Schalotte
20 g Butter
60 ml trockener Weißwein
etwa 125 ml Fischfond
125 g Sahne
Salz, frisch gemahlener Pfeffer
2 EL geschlagene Sahne

Für den Spinat
150 g Blattspinat, 20 g Butter
2 fein gewürfelte Schalotten
¼ TL Salz
frisch gemahlener Pfeffer
frisch geriebene Muskatnuss

Außerdem
grobkörniges Meersalz, Petersilienzweige, Keta-Kaviar

1 Die Austern öffnen, wie auf Seite 76 beschrieben, dabei das Austernwasser auffangen. Das Austernfleisch aus den Schalen lösen und kühl stellen. Die unteren Schalen aufbewahren.

2 Für die Sauce die Schalotte in der Butter glasig dünsten. Wein dazugießen und einkochen lassen, bis die Schalottenwürfel noch feucht sind. Fond mit dem Austernwasser zu 250 ml auffüllen; zu den Schalotten gießen und in 5 Minuten reduzieren. Flüssige Sahne einrühren. Sauce 5–10 Minuten köcheln lassen, dann durch ein feinmaschiges Sieb passieren. Erhitzen, salzen und pfeffern; die geschlagene Sahne unter die Sauce ziehen.

3 Spinat waschen und trocken schleudern. Die Butter in einer Kasserolle zerlassen, die Schalotten darin glasig dünsten. Spinat dazugeben; mit Salz, Pfeffer und Muskat würzen, kurz dünsten, bis er zusammengefallen ist.

4 Backofen auf 200 °C vorheizen. Meersalz 2 cm hoch auf ein Backblech schütten; die Austernschalen hineinsetzen. Spinat auf die Schalen verteilen; jeweils 1 Auster mittig daraufgeben und diese mit Sauce beträufeln. Im Ofen erhitzen, dann unter dem Grill oder bei starker Oberhitze gratinieren. Zum Servieren die Teller mit Salz bestreuen und die Austern darauf anrichten. Mit Petersilie und Kaviar garnieren.

Gratinierte Jakobsmuscheln

8 Jakobsmuscheln in der Schale
3 Schalotten
2 Knoblauchzehen
1 rote Chilischote
150 g Sahne
50 g kalte Butter
Salz
frisch gemahlener Pfeffer
50 ml Fischfond
2 EL gehackte Petersilie
30 g Weißbrot vom Vortag, grob gerieben

Außerdem
1 EL gehackte Kräuter (Schnittlauch und Petersilie)

1 Die Muscheln sorgfältig waschen, säubern und aus den Schalen lösen, wie auf den Seiten 132 und 133 gezeigt. Dafür jede Jakobsmuschel mit einem Tuch so festhalten, dass die flache Schale nach oben zeigt.

2 Anschließend ein spitzes Messer mit stabiler Klinge zwischen die Schalen schieben und den Muskel an der flachen Innenseite durchtrennen. Die flache Schale abheben. Die gewölbte untere Schale festhalten und mit dem Messer an dem grauen Mantelrand entlang fahren. Muschelfleisch aus der Schale heben. Den grauen Rand vom Muskelfleisch (Nüsschen) und dem orangefarbenen Rogen (Corail) abziehen.

3 Muskelfleisch und Rogen vorsichtig voneinander trennen, beides in etwa 1 ½ cm große Stücke schneiden. Die 4 gewölbten Muschelschalen auswaschen.

4 Schalotten und Knoblauch schälen und fein würfeln. Die Chilischote längs halbieren, von Samen und Trennwänden befreien und sehr fein würfeln. Die Sahne auf etwa ein Drittel einkochen lassen.

5 In einer Pfanne 30 g Butter zerlassen. Die Schalotten mit Knoblauch und Chili darin glasig dünsten. Das Muschelfleisch hinzufügen und unter Wenden 1 Minute mitdünsten. Mit Salz und Pfeffer würzen.

6 Den Fischfond zur Muschelmischung gießen und einkochen lassen. Die Petersilie hineinstreuen und die eingekochte Sahne unter Rühren dazugießen.

7 Die Muschelfüllung auf die gewölbten Muschelschalen verteilen, mit den frischen Brotbröseln bestreuen und mit der restlichen Butter in Flöckchen belegen. Unter dem heißen Grill kurz gratinieren.

8 Die gratinierten Muscheln mit gehackten Kräutern bestreuen und servieren. Dazu passt Blattsalat mit Tomaten und einer Knoblauch-Vinaigrette.

Jakobsmuscheln

mit Zitronengras-Sabayon

Für die Sabayon
1 ½ Stängel Zitronengras
50 ml trockener Weißwein
100 ml Fischfond
1 Lorbeerblatt
5 weiße Pfefferkörner
2 Eigelb
1 EL kalte Butter, in Flöckchen
Salz
½ EL Limettensaft

Für die Jakobsmuscheln
8 große Jakobsmuscheln in der Schale
2 Frühlingszwiebeln
1 Schalotte
2 Kaffirlimettenblätter (aus dem Asia-Laden)
1 TL Butter
Salz
frisch gemahlener Pfeffer
1 EL Sonnenblumenöl

1 Für die Sabayon zuerst einen Zitronengrasfond zubereiten. Dafür die Zitronengrasstängel sehr fein zerkleinern; mit Wein und Fischfond, dem Lorbeerblatt und den Pfefferkörnern in einen Topf geben. Alles aufkochen, dann 20 Minuten im geschlossenen Topf ziehen lassen. Den Fond durch ein feinmaschiges Sieb passieren und etwas abkühlen lassen.

2 Das Jakobsmuschelfleisch aus der Schale lösen (siehe Seite 133). 4 gewölbte Schalenhälften reinigen und beiseitelegen. Das Muskelfleisch und den orangefarbenen Rogen (Corail), falls er schön ist, heraustrennen und kalt abwaschen. Beiseitestellen.

3 Die Frühlingszwiebeln waschen, putzen und in feine Streifen schneiden. Die Schalotte schälen und ebenfalls in Streifen schneiden und auch die Kaffirlimettenblätter in sehr feine Streifen schneiden.

4 Die Frühlingszwiebeln mit der Schalotte in der Butter glasig dünsten. Mit Salz, Pfeffer und Kaffirlimettenblättern würzen. Die Mischung auf die beiseitegelegten Muschelschalen verteilen. Die Jakobsmuscheln und eventuell die Corails im Sonnenblumenöl in 1–2 Minuten goldbraun braten, dann auf das Zwiebelgemüse in den Schalen setzen.

5 Für die Sabayon die Eigelbe mit dem Zitronengrasfond in einem Topf bei schwacher Hitze oder über dem heißen Wasserbad mit einem Schneebesen cremig schlagen. Die Butterflocken dabei vorsichtig unterrühren.

6 Die Sabayon mit Salz und Limettensaft abschmecken und über die Jakobsmuscheln verteilen. Das Ganze unter dem Grill goldbraun gratinieren und sofort servieren.

Tipp Zum Servieren auf jeden Servierteller grobes Salz häufeln und die Jakobsmuschelschalen daraufsetzen, so rutschen sie auf dem Teller nicht weg. Statt Salz kann auch eine gefaltete Serviette als Untersetzer dienen.

Garnelen in Kokossauce

24 mittelgroße rohe Garnelen (etwa 450 g)

Für die Marinade
1 Knoblauchzehe
10 g frische Ingwerwurzel
1 TL Tamarindenmark, mit 80 ml Wasser verrührt
2 rote Chilischoten
½ TL gemahlene Kurkuma
1 TL Salz

Für die Kokossauce
2 Knoblauchzehen
2 grüne Chilischoten
30 ml Öl
125 ml Kokosmilch
1 EL gehacktes Koriandergrün
Salz

Außerdem
Koriandergrün zum Bestreuen

1 Die Garnelen schälen, dabei die Schwanzfächer belassen. Die Köpfe entfernen und die Garnelen entdarmen, wie auf den Seiten 110 und 111 beschrieben. Die Garnelen in eine Schale legen.

2 Für die Marinade Knoblauch und Ingwer schälen und fein hacken. Das verrührte Tamarindenmark durch ein Sieb gießen und den Saft auffangen. Die Chilischoten halbieren, von den Samen befreien und fein würfeln. Knoblauch, Ingwer, Tamarindenwasser, Chilis, Kurkuma und Salz zu einer Marinade verrühren. Diese gleichmäßig über die Garnelen verteilen. Die Schale mit den Garnelen zudecken und für 10 Minuten kalt stellen.

3 Für die Kokossauce den Knoblauch schälen und etwas zerdrücken. Chilischoten halbieren, von den Samen befreien und fein hacken. Die Garnelen aus der Marinade nehmen und gut abtropfen lassen. Das Öl in einer großen Pfanne erhitzen, die Garnelen darin 1–2 Minuten auf beiden Seiten braten und herausnehmen.

4 Den zerdrückten Knoblauch in die Pfanne geben und im verbliebenen Öl hellbraun braten. Die Kokosmilch dazugießen, das Koriandergrün und die Chiliwürfel unterrühren. Aufkochen und dann alles etwa 5 Minuten köcheln lassen, bis eine cremige Saue entstanden ist. Mit Salz abschmecken.

5 Die Garnelen in Schalen oder auf Tellern anrichten, mit der Kokossauce begießen und mit Koriandergrün garnieren.

Kräutergarnelen

600 g mittelgroße rohe Garnelen
60 g Butter
2 Knoblauchzehen
2 EL gehackte Kräuter (Petersilie, Salbei, Majoran)
4 kleine Tomaten
Salz
frisch gemahlener Pfeffer
2 Rosmarinzweige

1 Die Garnelen schälen, dabei die Schwanzfächer belassen. Die Köpfe entfernen und die Garnelen entdarmen, wie auf den Seiten 110 und 111 beschrieben.

2 Die Butter in einer Pfanne zerlassen und die Garnelen darin rundherum kurz anbraten. In eine ofenfeste Form geben.

3 Den Backofen auf 200 °C vorheizen. Den Knoblauch schälen, fein hacken und mit den gehackten Kräutern über die Garnelen streuen. Die Tomaten waschen und, je nach Größe, halbieren. Die Hälften oder die ganzen Tomaten zu den Garnelen in die Form geben. Alles mit Salz und und Pfeffer bestreuen. Die Rosmarinzweige darauflegen.

4 Die Form in den Ofen schieben und das Gericht 8–10 Minuten garen. Zwischendurch mit der flüssigen Butter beschöpfen. Mit frischem Weißbrot servieren.

Riesengarnelen

im Kartoffelmantel

Für die Orangen-Aïoli
1 Knoblauchzehe
abgeriebene Schale und Saft von 1 Bio-Orange
½ TL Salz
frisch gemahlener weißer Pfeffer
1 Eigelb
60 ml Olivenöl
60 ml Sonnenblumenöl
Orangensaft nach Bedarf

Für die Walnuss-Aïoli
40 g grob gemahlene Walnusskerne
3–4 Spritzer Tabasco
¼ TL Salz
frisch gemahlener weißer Pfeffer
1 Eigelb
70 ml Olivenöl
50 ml Walnussöl
Milch nach Bedarf

Für die Riesengarnelen
12 kleine längliche Kartoffeln (z. B. Drillinge)
12 rohe Riesengarnelen, geschält und entdarmt (je 30 g)
3 EL Olivenöl
Meersalz
frisch gemahlener Pfeffer

Für den Feldsalat
100 g Feldsalat
30 ml Weißweinessig
Salz
Zucker
20 ml Geflügelfond
50 ml Olivenöl

1 Für die Orangen-Aïoli den Knoblauch schälen und fein würfeln. Mit der Orangenschale und dem Orangensaft sowie Salz und Pfeffer zum Eigelb geben. Die Öle unter ständigem Rühren tropfenweise hinzufügen. Aïoli mit Salz und Pfeffer abschmecken. Falls sie zu dick ist, mit etwas Orangensaft verdünnen.

2 Für die Walnuss-Aïoli die Nüsse in einer Pfanne leicht anrösten. Tabasco, Salz, Pfeffer und Eigelb in einer Schüssel vermischen. Die Öle tropfenweise unter Rühren dazugeben, dann die Nüsse untermischen. Die Aïoli abschmecken; falls nötig, mit etwas Milch verdünnen.

3 Für die Garnelen die Kartoffeln waschen, trocken reiben und die Spitzen kappen. Die Kartoffeln aufrecht auf die Arbeitsfläche stellen. Mit einem Apfelausstecher zwei Löcher direkt nebeneinander so durch die Kartoffel stechen, dass ein Loch von ovalem Querschnitt entsteht, in das eine Garnele passt. Es soll nur ein dünner Kartoffelmantel stehen bleiben; falls nötig, das Loch mit einem Messer nachschneiden. In jede Kartoffel 1 Garnele stecken.

4 Die Kartoffel-Garnelen in einer Pfanne im Öl bei schwacher Hitze zugedeckt 10 Minuten schmoren. Anschließend die Stücke auf jeder Seite 1–2 Minuten bei starker Hitze braten, bis die Kartoffel etwas gebräunt ist. Salzen und pfeffern.

5 Feldsalat verlesen, waschen und trocken schleudern. Für das Dressing den Essig mit Salz, Zucker und Geflügelfond verrühren, das Öl langsam dazurühren. Den Feldsalat mit dem Dressing anmachen und auf vier große Servierteller verteilen. Die Garnelen im Kartoffelmantel darauf anrichten, die Aïoli-Saucen separat servieren. (Hinweis: Im Bild sehen Sie die unten beschriebene Variante).

Variante Wer einen Spiralschneider besitzt, kann die Garnelen im Kartoffelspaghetti-Mantel braten. Dafür die geschälten Kartoffeln zu Fäden schneiden und diese trocken tupfen. Dann die Fäden vorsichtig um die Garnelen wickeln und die umwickelten Garnelen bei mittlerer Hitze im Öl 3 Minuten auf jeder Seite braten. Kurz vor dem Herausnehmen die Garnelen mit Meersalz und Pfeffer würzen; sofort servieren.

Tomaten-Bulgur

mit gebratenen Meeresfrüchten

250 g Bulgur
2 Tomaten
½ rote Chilischote
1 EL gehackte Petersilie
4 Kaisergranate in der Schale
4 rohe große Garnelen
20 Miesmuscheln
4–6 EL Olivenöl
4 große ausgelöste Jakobsmuscheln (mit Corail)
4 küchenfertige kleine Tintenfische (z. B. Calamaretti)
Salz
frisch gemahlener Pfeffer
1 EL zerdrückter Knoblauch
250 ml trockener Weißwein
20 g eiskalte Butter in Stückchen

1 Den Bulgur in einem Topf in 250 ml heißem Wasser 10 Minuten quellen lassen. Inzwischen die Tomaten überbrühen, häuten und klein schneiden. Die Chilischote halbieren, von den Samen befreien und fein hacken. Tomaten, Chili und gehackte Petersilie unter den Bulgur mischen.

2 Alle Meeresfrüchte kalt abwaschen und trocken tupfen. Die Kaisergranate längs halbieren, die Innereien entfernen und die Hälften trocken tupfen. Miesmuscheln putzen (siehe Seite 135).

3 Das Olivenöl in einer großen Pfanne erhitzen und die Kaisergranathälften darin kurz anbraten. Die Garnelen dazugeben und ebenfalls anbraten. Kaisergranathälften und Garnelen wenden. Jakobsmuschelfleisch mit dem orangefarbenen Corail und die Tintenfischchen in die Pfanne geben; alles salzen und pfeffern, den Knoblauch untermischen.

4 Die Miesmuscheln auf die Pfanneninhalte legen und den Weißwein dazugießen. Alles aufkochen und zugedeckt 2 Minuten köcheln lassen. Noch geschlossene Muscheln aussortieren und wegwerfen.

5 Den lauwarmen Tomaten-Bulgur auf vier Teller verteilen, und die gebratenen Meeresfrüchte darauf anrichten. Den Sud aus der Pfanne durch ein feines Sieb in eine Kasserolle gießen. Den durchgesiebten Sud mit der Butter binden (dafür diese stückchenweise in die nicht mehr kochende Flüssigkeit schlagen). Die Meeresfrüchte leicht mit der Sauce nappieren.

Tipps Der Bulgur kann mit unterschiedlichsten Kräutern und verschiedenem Gemüse vermischt werden: Probieren Sie einmal die Mischung aus Petersilie und etwas Minze oder Koriandergrün. Mit den Tomaten können Sie noch fein gewürfelte Schalotten, Salatgurke und Paprikaschote untermischen.

Bei der klassischen Zubereitung wird Bulgur mit Zitronensaft und Olivenöl gewürzt. Das ist bei diesem Gericht nicht nötig, da der mitservierte Meeresfrüchtesud Olivenöl enthält und die Säure des Weißweins mitbringt.

Fischpastetchen

Für die Farce
1 Schalotte
1 TL Butter
200 g Fischfilet (z. B. vom Hecht)
½ TL Salz
frisch gemahlener weißer Pfeffer
je 1 Messerspitze frisch geriebene Muskatnuss und Senfpulver
1 Eiweiß (S), leicht verquirlt
220 g geschlagene Sahne
je 1 TL gehackter Dill und Estragon

Für den Briocheteig
500 g Mehl
30 g Hefe
200 ml lauwarme Milch
60 g zerlassene Butter
1 Ei, ½ TL Salz
frisch geriebene Muskatnuss

Außerdem
350 g Lachsfilet, 1 Ei

1 Schalotte schälen, in Scheiben schneiden und in der Butter glasig dünsten. Erkalten lassen. Fisch in Streifen schneiden, diese mit Salz, Gewürzen und Schalotten bestreuen; zweimal durch die feinste Scheibe des Fleischwolfs drehen. Die Masse in eine Schüssel, die auf Eis steht, geben; das Eiweiß nach und nach unter die Fischmasse rühren. Die Farce durch ein feines Sieb streichen und rühren, bis sie zu glänzen beginnt. Sahne löffelweise einarbeiten, die Kräuter darunterziehen; kalt stellen.

2 Das Mehl in eine Schüssel sieben, in die Mitte eine Mulde formen. Hefe in der Milch auflösen; in die Mulde gießen und 15 Minuten gehen lassen. Butter mit dem Ei, Salz und Muskat verrühren; zum Teigansatz geben. Alles zu einem lockeren Teig verkneten. Teig 15 Minuten gehen lassen, dann mit einem feuchten Tuch bedecken und für 15 Minuten in den Kühlschrank legen.

3 Den Teig 4 mm dick ausrollen und beliebige Formen (jeweils Boden und Deckel) ausschneiden. Auf jeden Teigboden eine Schicht Farce streichen, dabei ringsum einen Rand frei lassen. Lachsfilet in Stücke schneiden; je 1 Stück auf einen bestrichenen Teigboden legen, eine weitere Schicht Farce sorgfältig daraufstreichen. Die Teigränder mit Ei bestreichen. Je einen Teigdeckel über die Farce legen und die Ränder gut zusammendrücken. Zwischen Teig und Farce dürfen keine Luftblasen entstehen.

4 Den Backofen auf 220 °C vorheizen. Aus dem restlichen Teig kleine Verzierungen ausschneiden. Diese mit Ei bestreichen, auf die Teigstücke setzen und andrücken. Die Teigoberflächen ebenfalls mit Ei bestreichen. Pasteten 10 Minuten bei 220 °C backen, dann 25–30 Minuten bei 200 °C.

Tipp Profis ziehen unter die Farce noch Mehlpanade, damit sie besonders locker wird. Dafür aus 100 ml Milch, Salz, Pfeffer und Muskat sowie 20 g Butter, 45 g Mehl und 1 Ei einen Brandteig zubereiten. Die Masse kühl stellen; 40 g davon zur Fischfarce passieren und unterarbeiten. Aus dem Rest Windbeutel backen.

Hechtklößchen mit Dillsauce

400 g Hechtfleisch
250 g gekühlte Sahne
2 gekühlte Eiweiß
Salz
frisch gemahlener Pfeffer

Für die Fischbrühe
100 ml trockener Weißwein
Gräten und Kopf vom Hecht (vom Fischhändler mitgeben lassen)
50 g Lauchstange, grob zerkleinert
100 g Sellerie, grob zerkleinert
½ Bund Petersilie
1 Lorbeerblatt
ein paar schwarze Pfefferkörner

Für die Dillsauce
1 Schalotte
250 ml Fleischfond
125 g Sahne
1 EL eiskalte Butter in Stückchen
1 Bund Dill
2 EL geschlagene Sahne
1 TL Zitronensaft
Salz
frisch gemahlener Pfeffer

1 Das Hechtfleisch entgräten, in Würfel schneiden und im Mixer pürieren. In eine hochwandige Schüssel geben, diese in eine größere, mit Eiswürfeln gefüllte Schüssel stellen, um das Hechtfleisch zu kühlen.

2 Für die Fischbrühe 1 l Wasser und den Wein mit den Fischgräten, dem Fischkopf sowie Gemüse, Petersilie, Lorbeer und Pfefferkörnern in einem Topf aufkochen lassen. Zugedeckt 30 Minuten köcheln lassen; durch ein Sieb in einen anderen Topf gießen.

3 Sahne und Eiweiße sowie Salz und Pfeffer nach und nach unter das Hechtfleisch mischen (siehe Seite 99). Zugedeckt kalt stellen.

4 Für die Dillsauce die Schalotte schälen, fein würfeln und in den Fleischfond geben. Den Fond aufkochen, dann offen auf etwa die Hälfte einkochen lassen. Flüssige Sahne unterrühren und die Sauce noch etwas einkochen lassen.

5 Fischbrühe aufkochen lassen. Mit zwei angefeuchteten Esslöffeln Klöße von der Hechtmasse abstechen. Diese nacheinander in die kochende Brühe geben und bei schwacher Hitze in etwa 15 Minuten gar ziehen lassen.

6 Für die Sauce vom Dill die Spitzen abzupfen; gut die Hälfte davon fein hacken. Den Topf mit der eingekochten Saucenbasis vom Herd nehmen, die Butterstückchen nach und nach unterrühren. Den gehackten Dill und die geschlagene Sahne unter die Sauce ziehen. Die Dillsauce mit Zitronensaft, Salz und Pfeffer abschmecken.

7 Die Hechtklößchen mit einem Schaumlöffel aus der Brühe heben und gut abtropfen lassen. Jeweils etwa 3 Klößchen mit Dillsauce auf einem Teller anrichten, alles mit den restlichen Dillspitzen bestreuen. Dazu passen Nudeln oder Reis.

Garnelenterrine

12 Blatt weiße Gelatine
500 ml Fischfond
1 kleine feste Tomate
1 kleines Bund Dill
500 g gegarte und geschälte kleine Garnelen
Salz
frisch gemahlener weißer Pfeffer
20 ml Sherry, 100 g Sahne

Außerdem
Öl zum Bestreichen
1 Terrinenform von 1 l Inhalt

1 Zwei Blatt Gelatine in kaltem Wasser einweichen. Eine Form, deren Breite dem inneren Umfang der Terrinenform entspricht und die so lang wie die Terrinenform ist, mit Öl ausstreichen. Mit fester Frischhaltefolie auskleiden (siehe Bild unten links).

2 100 ml Fischfond erhitzen. Gelatine ausdrücken und darin auflösen. Gelierflüssigkeit in die Form gießen (Bild unten Mitte) und erkalten lassen. Inzwischen die Tomate in dünne Spalten schneiden und entkernen. Dill waschen und trocken schütteln; die Spitzen abzupfen.

3 Den erstarrten Gelatinespiegel mithilfe der überstehenden Folie aus der Form heben. Die Folie (Gelatine nach oben) in die Terrinenform legen. Überstehende Gelatine abschneiden und beiseitelegen (siehe Bild unten rechts).

4 Zwei weitere Blatt Gelatine einweichen; erneut 100 ml Fischfond erhitzen. Gelatine darin auflösen; abkühlen lassen. 10 Garnelen, die Tomaten und den Dill dicht an dicht auf den erstarrten Gelatinespiegel in der Form legen. Die abgekühlte Gelierflüssigkeit über Garnelen, Tomaten und Dill gießen; im Kühlschrank erstarren lassen.

5 Inzwischen die restlichen Garnelen mit 200 ml Fischfond fein pürieren. Restliche Gelatine einweichen, ausdrücken und im restlichen Fond auflösen. Gelierflüssigkeit etwas abkühlen lassen, dann unter die Garnelenmasse mischen. Mit Salz, Pfeffer und Sherry abschmecken; kalt stellen. Sahne halbsteif schlagen; unter die leicht erstarrte Masse ziehen.

6 Sobald das Gelee über Garnelen, Tomaten und Dill fest ist, die Garnelenmasse daraufstreichen. Form verschließen und die Garnelenmasse im Kühlschrank in etwa 3 Stunden fest werden lassen. Das abgeschnittene Gelee im Wasserbad verflüssigen und über die Garnelenmasse gießen. Die Terrine nochmals für 1 Stunde kalt stellen. Mithilfe der Folie aus der Fom stürzen. Folie abziehen. Terrine in Scheiben schneiden. Reicht für 6–8 Personen.

Um den Gelatinespiegel herzustellen, eine eckige Form so mit Folie auslegen, dass sie an den Seiten über den Rand ragt.

Die Gelierflüssigkeit in die Form auf die Folie gießen und erstarren lassen, damit sie später aus der Form gehoben werden kann.

Die Terrinenform mit dem Gelatinespiegel auf der Folie auskleiden. Überstehende Gelatine abschneiden und beiseitelegen.

Jakobsmuschelparfait

Für das Parfait
1 EL Butter
16 ausgelöste Jakobsmuscheln, mit Corail
200 ml Fischfond
2 EL Crème fraîche
2 Zweige Rosmarin
4 Blatt Gelatine
200 g Sahne
Salz
frisch gemahlener weißer Pfeffer

Außerdem
1 Dreiecksform oder eine Dachziegelform
Blattsalate der Saison, geputzt
2 EL Vinaigrette
1 EL Butter

1 Die Butter in einer Pfanne zerlassen. Das Jakobsmuschelfleisch (Corail beiseitestellen) darin kurz anbraten, aber nicht bräunen. Mit dem Fischfond ablöschen; die Muscheln noch 1 Minute garen, dann herausnehmen und beiseitestellen.

2 Crème fraîche und Rosmarin in die Pfanne geben und die Fondmischung noch etwas köcheln lassen. Rosmarin wieder herausnehmen und den Fond mitsamt dem Muschelfleisch im Mixer fein pürieren.

3 Die Gelatine in kaltem Wasser einweichen. Tropfnass in einen kleinen Topf geben, unter Rühren erhitzen und auflösen (nicht kochen lassen). Die aufgelöste Gelatine unter das Muschelpüree rühren. Die Masse abkühlen lassen.

4 Die Sahne steif schlagen. Kurz bevor die Muschelmasse erstarrt ist, die geschlagene Sahne unterheben. Die Parfaitmasse mit Salz und Pfeffer abschmecken, in eine Dreiecks- oder Dachziegelform füllen und für 3 Stunden kalt stellen.

5 Das Parfait auf eine lange Servierplatte stürzen und in 1½ cm dicke Scheiben schneiden. Die Salatblätter waschen, trocken schleudern und mit der Vinaigrette anmachen.

6 Jeweils 1 Scheibe Jakobsmuschelparfait mit einem kleinen Salatbouquet auf gekühlten Tellern anrichten. In einer Pfanne die Butter zerlassen, die Corails darin kurz braten und neben dem Parfait anrichten. Dazu passt knuspriges Baguette. Reicht für 6 Personen.

Variante Auch mit Austern schmeckt dieses Parfait hervorragend. Dafür die Austern auslösen und im Austernwasser kurz pochieren. Die anderen Zutaten bleiben gleich, Sie benötigen allerdings nur 100 ml Fischfond. Würzen Sie vorsichtig, denn Austern sind in der Regel sehr salzig.

Räucherfischmousse mit Kaviar

Für die Mousse
150 g Räucherlachs
200 g Fischvelouté (siehe Tipp)
10 Blatt weiße Gelatine
250 g Sahne
100 ml Kraftbrühe
150 g geräucherte Forellenfilets

Außerdem
helles Fischgelee zum Ausgießen (siehe Seite 160)
50 g Kaviar
1 Terrinenform von 1 l Inhalt

1 Lachs in Stücke schneiden und mit 100 g Velouté im Mixer bei niedriger Drehzahl pürieren. Durch ein feines Sieb streichen und würzen. 5 Blatt Gelatine in kaltem Wasser einweichen. 125 g Sahne steif schlagen.

2 Gelatine ausdrücken, in 50 ml heißer Kraftbrühe auflösen und unter die Fischmasse mischen. Bevor die Masse anzieht, die geschlagene Sahne nach und nach darunterziehen. Aus den Forellenfilets und den restlichen Zutaten auf die gleiche Weise noch eine Mousse zubereiten.

3 Um die Form mit Fischgelee auszukleiden, diese mit flüssigem Fischgelee füllen. In den Kühlschrank stellen, bis sich eine 2–3 mm dicke feste Geleeschicht in der Form gebildet hat. Noch flüssiges Gelee aus der Form gießen. Erst die Räucherlachsmousse einfüllen, in der Mitte eine Rinne ziehen; Kaviar einfüllen. Mousse etwas anziehen lassen. Forellenmousse daraufgeben. Form auf ein feuchtes Tuch stoßen, damit keine Hohlräume entstehen. Oberfläche glatt streichen; im Kühlschrank anziehen lassen. Mit Fischgelee bedecken; erstarren lassen.

4 Zum Servieren die Form kurz in heißes Wasser tauchen, die Mousse auf eine Platte stürzen und mit Kaviar anrichten.

Tipp Für eine Fischvelouté 1 gewürfelte Schalotte in 20 g Butter glasig dünsten, 20 g Mehl darüberstäuben und anschwitzen. 500 ml Fischfond einrühren; einige Minuten kochen lassen. 250 g Sahne zugießen; 5–10 Minuten köcheln lassen; durch ein feines Sieb passieren.

Blutorangen-Seeteufelsülze

auf Spargelsalat

Für die Sülze
500 g weißer Spargel
Salz
Zucker
500 ml Fischfond
1 Lorbeerblatt
400 g Seeteufelfilet
10 Blatt weiße Gelatine
400 ml Blutorangensaft
50 ml Weißburgunder
4 EL Champagneressig
frisch gemahlener Pfeffer
Cayennepfeffer
frisch geriebene Muskatnuss

Für die Vinaigrette
1 Schalotte
1 Bio-Orange
3 EL Distelöl
1 EL weißer Aceto balsamico
Zucker
Salz
frisch gemahlener Pfeffer

Außerdem
1 Kastenform von etwa 25 cm Länge
Öl für die Form
Blutorangenscheiben

1 Die Kastenform mit etwas Öl auspinseln und mit Frischhaltefolie auskleiden, dann kalt stellen. Für die Sülze den Spargel schälen und von den Enden befreien. Die Spargelstangen in Salzwasser mit etwas Zucker bissfest kochen; herausnehmen und abtropfen lassen.

2 Den Fischfond mit dem Lorbeerblatt aufkochen lassen, dann die Seeteufelfilets darin in 10–15 Minuten bei schwacher Hitze gar ziehen lassen. Herausnehmen (Fond aufbewahren), auf Küchenpapier abtropfen lassen.

3 Für die Sülzenflüssigkeit 100 ml Fischfond aufkochen lassen und etwas reduzieren. Die Gelatine einige Minuten in kaltem Wasser einweichen; ausdrücken und in der heißen (nicht mehr kochenden) Reduktion auflösen. Orangensaft, Wein und Essig zugießen. Die Flüssigkeit mit Salz, Pfeffer, Cayennepfeffer, Muskat, Zucker und Essig kräftig abschmecken.

4 Ein gutes Drittel der Flüssigkeit in die Kastenform gießen; diese kurz im Kühlschrank anziehen lassen, dann ein paar Spargelstangen hineinlegen. Das Gelee in etwa 15 Minuten im Tiefkühlgerät fest werden lassen. Restliche Sülzenflüssigkeit warm halten.

5 Die Hälfte der warmen Sülzenflüssigkeit in die Form gießen. In etwa 15 Minuten im Tiefkühlgerät fest werden lassen. Das abgekühlte Seeteufelfilet im Ganzen mittig auf die Sülze legen, die restliche Flüssigkeit darübergießen; fest werden lassen. Anschließend die Sülze im Kühlschrank noch mindestens 2 Stunden durchkühlen lassen.

6 Für die Vinaigrette die Schalotte schälen und fein würfeln. Die Orange heiß waschen und abtrocknen. Die Schale dünn abreiben. Die Frucht auspressen. Aus Saft, Öl, Essig, Zucker, Schalotte, Salz und Pfeffer eine Vinaigrette zubereiten.

7 Die durchgekühlte Sülze auf eine Platte stürzen und mit einem in heißes Wasser getauchtem Messer in 1 cm dicke Scheiben schneiden. Den restlichen Spargel längs halbieren und mit der Vinaigrette auf vier Tellern anrichten. Je 1 Scheibe Sülze darauflegen und alles mit 1 Blutorangenscheibe garnieren.

Tipp Damit die Sülzenflüssigkeit in der Form möglichst rasch geliert, sollten Sie die Kastenform, bevor Sie mit den Kocharbeiten beginnen, in das Tiefkühlgerät stellen.

Gelee und Mousse vom Stör

Für das Gelee
100 ml trockener Weißwein
150 ml klarer Geflügelfond
100 g Abschnitte, Haut und Gräten von Räucherstör
1 Schalotte, mit 1 Lorbeerblatt und 2 Gewürznelken gespickt
3 Blatt weiße Gelatine

Für das Mousse
125 ml Fischfond
125 ml Geflügelfond
100 g geräuchertes Störfilet
3 Blatt weiße Gelatine
100 g geschlagene Sahne

Für die Garnitur
4 TL Kaviar (beliebige Sorte)
Dillzweige zum Garnieren

Außerdem
Passiertuch
4 Martini-Gläser
6 Eiswürfel

1 Für das Gelee einen Sud zubereiten. Dafür Wein und Fond mit den Störabschnitten und der gespickten Schalotte aufkochen und alles etwa 20 Minuten ziehen lassen. (Nicht stark kochen lassen, sonst wird das Gelee trüb.) Die Gelatine in kaltem Wasser 5 Minuten einweichen. Den Sud durch ein Tuch passieren und die Gelatine darin auflösen. Sud abschmecken, dann bis maximal zur Hälfte in die Martini-Gläser füllen und kalt stellen.

2 Für die Mousse den Fisch- und Geflügelfond in einem Topf aufkochen lassen. Das Räucherstörfleisch klein zupfen, in den Fond geben und im geschlossenen Topf kochen, bis es komplett zerfallen ist.

3 Die Gelatine in kaltem Wasser einweichen. Inzwischen den Fond mit dem Fisch im Mixer sehr fein pürieren. Die ausgedrückte Gelatine in der heißen Moussemasse auflösen, dann die Masse vorsichtig über einem Eiswürfelbad kalt rühren. Die geschlagene Sahne unterheben.

4 Die Fischmousse auf das gestockte Störgelee füllen. Die Gläser 15 Minuten kalt stellen, bis die Mousse fest ist. Vor dem Servieren jede Portion mit etwa 1 TL Kaviar und 1 Dillzweig garnieren.

Lachsforellenterrine

1 geräucherte Lachsforelle (etwa 500 g)
1 Ei
1 EL Zitronensaft
1 EL Speisestärke
Salz
frisch gemahlener Pfeffer
1 EL gehackter Dill
200 g Crème fraîche

Außerdem
1 Terrinenform von etwa 750 ml Inhalt
zerlassene Butter für die Form

1 Den Fisch abspülen und trocken tupfen. Die Lachsforelle häuten und filetieren; es sollten etwa 250 g Filet übrig bleiben.

2 Das Fischfleisch grob zerkleinern, mit Ei, Zitronensaft und Speisestärke im Mixer pürieren. Die Masse mit Salz und Pfeffer abschmecken, dann im Kühlschrank 1 Stunde durchziehen lassen. Anschließend Dill und Crème fraîche mit der Masse im Mixer aufschlagen; abschmecken.

3 Den Backofen auf 180 °C vorheizen. Die Form dünn mit Butter auspinseln. Die Masse hineinfüllen und glatt streichen. Die Form verschließen und in eine größere ofenfeste Form setzen, die so hoch mit 80 °C heißem Wasser gefüllt ist, dass die Terrinenform bis zum Rand darin steht.

4 Die Terrine im Wasserbad in den heißen Ofen (Mitte) stellen und 40–45 Minuten garen; herausnehmen und kalt stellen.

5 Die Terrine aus der Form lösen und in Scheiben schneiden. Diese auf Tellern nach Belieben mit Spargel-Tomaten-Salat und Zitronenschnitzen anrichten.

Krabbencocktail

mit Grüntee-Mayonnaise

Für den Cocktail
400 g Nordseekrabbenfleisch
1 große reife Thai-Mango (etwa 600 g; oder 2 kleine Mangos)

Für die Mayonnaise
2–3 TL Grünteeblätter
1 Eigelb (L; Raumtemperatur)
1 TL Dijonsenf
Saft von ½ Zitrone
Salz
frisch gemahlener Pfeffer
170 ml Olivenöl

1 Das Krabbenfleisch kalt abspülen und trocken tupfen. Die Mango(s) schälen. Das Fruchtfleisch vom Stein, dann in Würfel schneiden und mit den Krabben in eine Schüssel geben.

2 Für die Mayonnaise die Teeblätter in einer Kaffeemühle, in einer Gewürzmühle oder im Mörser zermahlen. Das Teepulver mit 50 ml Wasser in einen kleinen Topf geben. Das Wasser aufkochen und 2 Minuten einkochen lassen, den Topf vom Herd nehmen und den Tee durch ein Sieb in eine Schüssel abgießen. Den Tee auf Raumtemperatur abkühlen lassen.

3 Erst wenn der Tee abgekühlt ist, das Eigelb, den Senf, die Hälfte des Zitronensafts und den grünen Tee sowie etwas Salz und Pfeffer in einer Schüssel zu einer sämigen Creme aufschlagen. Das Olivenöl erst tropfenweise, dann in dünnem Strahl unter die Creme schlagen. Die Mayonnaise mit dem restlichen Zitronensaft abschmecken.

4 Die Grüntee-Mayonnaise zum Krabben-Mango-Salat geben und unterheben. Den Krabbencocktail auf Weißweingläser verteilen und jeweils mit 1 Zitronenscheibe garnieren.

Tipp Sollte die Mayonnaise beim Schlagen gerinnen, 1 frisches Eigelb verrühren und tropfenweise die geronnene Mayonnaise hineinrühren. Wichtig: Alle Zutaten sollten die gleiche Temperatur (am besten Raumtemperatur) haben.

Shrimps-Cocktail

200 g geschälte gegarte Shrimps
2 EL Zitronensaft
4 Tomaten
5 Artischockenherzen (aus dem Glas)

Für die Sauce
1 Schalotte oder kleine Zwiebel
1 kleine Knoblauchzehe
1 EL Weißweinessig
2 EL trockener Sherry
3 EL Olivenöl
Salz
frisch gemahlener Pfeffer
Cayennepfeffer
Zucker
½ Bund Petersilie
16 Chicoréeblätter

1 Die Shrimps in einer Schüssel mit dem Zitronensaft beträufeln und 10 Minuten marinieren. Inzwischen die Tomaten unten kreuzweise einritzen, mit kochend heißem Wasser überbrühen und häuten. Anschließend die Früchte vierteln, von Stielansätzen und Kernen befreien und in Würfel schneiden.

2 Die Artischockenherzen vierteln. Tomaten und Artischocken mit den Shrimps in einer Schüssel mischen.

3 Für die Sauce Schalotte oder Zwiebel und Knoblauch schälen und fein würfeln. In einer Schüssel mit Essig, Sherry und Olivenöl verrühren.

4 Die Sauce mit Salz, Pfeffer sowie je 1 Prise Cayennepfeffer und Zucker würzen. Die Petersilie waschen. Die Blättchen abzupfen, fein hacken und unter die Sauce rühren.

5 Die Chicoréeblätter waschen und trocken schütteln. Je 4 Blätter auf einen Teller oder in Schälchen legen. Shrimps-Tomaten-Mischung auf den Salatblättern anrichten und mit Sauce beträufeln. Dazu passt Toastbrot.

Graved Lachs mit Lavendel

1 Lachsseite (etwa 800–900 g), ohne Gräten und mit Haut
250 g Salz
10 g schwarze Pfefferkörner
15 g Koriandersamen
1 Bund Dill
60 g Zucker
1 TL Lavendelblüten (2 g)
20 ml trockener Weißwein
frisch gemahlener Pfeffer

1 Das Lachsfilet sorgfältig von eventuell noch vorhandenen Gräten befreien, wie im Bild unten links gezeigt.

2 In eine flache Schale 100 g Salz geben und den Lachs mit der Hautseite darauflegen. Die Pfefferkörner in einen Mörser geben und grob bis mittelfein zermahlen; aus dem Mörser nehmen. Die Koriandersamen genauso zermahlen.

3 Den Dill waschen und trocken schütteln. Die Spitzen abzupfen und hacken. Nacheinander Zucker, Pfeffer, Koriander, Lavendel und Dill auf dem Lachs verteilen; weiterverfahren, wie im unten im mittleren Bild gezeigt und beschrieben. Den Fisch mit Frischhaltfolie bedecken und mindestens 12 Stunden an einem kühlen Ort durchziehen lassen.

4 Anschließend die Marinade vorsichtig vom Lachs entfernen und den Fisch in hauchdünne Scheiben schneiden, wie im Bild unten rechts gezeigt.

5 Die Lachsscheiben fächerartig auf Tellern oder Schalen anrichten und mit etwas Pfeffer grob übermahlen. Dazu passen geröstetes Toast- oder Weißbrot, frisch geriebener Meerrettich und eine Senf-Dill-Sauce (siehe Tipp).

Tipp Für eine Senf-Dill-Sauce 2 EL Senf mit 2 EL Weißweinessig, 1 EL flüssigem Honig und 6 EL Öl verrühren. Das Ganze mit Salz und frisch gemahlenem weißem Pfeffer würzen. Zum Schluss die Spitzen von ½ Bund Dill hacken und untermischen.

Mit einer Pinzette eventuell noch verbliebene Gräten aus der Lachsseite ziehen.

Die mit Gewürzen und Dill bedeckte Lachsseite mit dem restlichen Salz bedecken und mit dem Wein beträufeln.

Hauchdünne Lachsscheiben am besten mit einem schräg gehaltenen Messer mit dünner, scharfer, flexibler Klinge abschneiden.

Lachs-Sashimi auf Gemüsesalat

Für den Gemüsesalat
1 EL Sesamöl
2 gewürfelte Schalotten
4 angedrückte Knoblauchzehen
6–8 Kaffirlimettenblätter
2 Stängel Zitronengras, grob zerkleinert
3 EL fein gewürfelte frische Ingwerwurzel
2–3 EL Sojasauce
400 ml Kokosmilch
½ EL grüne Currypaste
je 50 g Lauch, Möhre, Sellerie und Gurke, in feine Streifen geschnitten

Für das Lachs-Sashimi
2 EL Sesamöl
je 1 EL schwarze und weiße Sesamsamen
1 EL fein gewürfelte frische Ingwerwurzel
je 10 g Bio-Orangen- und Zitronenschale, fein gewürfelt
1 kleine rote Chilischote, in Ringe geschnitten
5–6 EL Sojasauce
Saft von 1 Zitrone
10 g Wasabipaste
400 g Lachsfilet, in 1 ½ cm dicken Scheiben

Außerdem
Schnittlauchhalme
Hoisinsauce

1 Für den Gemüsesalat das Öl in einem Topf erhitzen. Schalottenwürfel, Knoblauchzehen, Kaffirlimettenblätter, Zitronengras und Ingwer darin kurz anbraten. Die Würzzutaten mit der Sojasauce ablöschen und die Kokosmilch dazugießen. Alles 10 Minuten köcheln lassen, dann die Currypaste dazugeben und unterrühren. Den Kokos-Curry-Sud durch ein feinmaschiges Sieb passieren und erkalten lassen.

2 Für das Sashimi das Sesamöl mit Sesam, Ingwer, Zitrusschalen, Chili, Sojasauce, Zitronensaft und Wasabi verrühren. Die Fischscheiben in eine Schale oder auf eine Platte legen. Mit dem Würzöl bestreichen und 30 Minuten marinieren.

3 Gleichzeitig für den Gemüsesalat die Gemüsestreifen in den abgekühlten Würzsud geben und etwa 30 Minuten darin ziehen lassen.

4 Vor dem Servieren die Gemüsestreifen aus dem Sud nehmen und abtropfen lassen. Den Gemüsesalat auf Teller verteilen. Den marinierten Lachs darauf anrichten und mit Schnittlauchhalmen garnieren.

5 Hoisinsauce in einem Schälchen zum Dippen dazu anrichten und nach Belieben noch Frühlingsrollen dazu reichen.

Yakitori-Spießchen

Für das Gemüse
200 g rote Paprikaschote
50 g Zuckerschoten
1 Stange Sellerie, 1 Möhre
60 g frische Shiitakepilze
1 Zwiebel

Für die Spieße
600 g weißfleischige Fischfilets
10 g frische Ingwerwurzel
1 Ei, 3 EL Sojasauce, 1 TL Salz
2 TL Sesamsamen, 1 EL Zucker

Für das Shichimi
1 TL Leinsamen
2 TL Sesamsamen
1 TL getrocknete Orangenschale
1 TL Mohnsamen
4 kleine getrocknete Chilischoten
2 TL Ao-nori (getrocknete Seetangflocken)
Sansho (japanischer Pfeffer)

Für die Sauce
100 ml Sojasauce
200 ml Mirin (süßer Reiswein)
100 ml Sake, 15 g Zucker
1 TL Shichimi (siehe oben)

1 Paprikaschote waschen, längs halbieren, putzen und in Rauten schneiden. Zuckerschoten und Stangensellerie waschen, putzen und in 3 cm lange Stücke schneiden. Möhre schälen, längs einkerben und schräg in Scheiben schneiden. Von den Pilzen die Stiele entfernen. Die Zwiebel schälen und in Achtel schneiden.

2 Die Fischfilets kalt abspülen und trocken tupfen. In Würfel schneiden, diese in eine Schüssel geben. Den Ingwer schälen und hacken. Mit Ei, Sojasauce, Salz, Sesam und Zucker verrühren. Fischwürfel in der Ei-Marinade mischen und 5–10 Minuten im Kühlschrank durchziehen lassen.

3 Die Zutaten für das Shichimi in einer Kaffeemühle mahlen oder im Mörser fein zerstoßen.

4 Alle Zutaten für die Sauce in einem Topf aufkochen, dann 10 Minuten bei schwacher Hitze köcheln lassen. Beiseitestellen, damit die Sauce abkühlt.

5 Den marinierten Fisch mit der Marinade durch die feine Scheibe des Fleischwolfs drehen. Die Masse gut durchmischen und daraus 24 kleine, je etwa 30 g schwere Bällchen formen.

6 Gemüsestücke, Pilze und Fischbällchen in beliebiger Reihenfolge auf gewässerte Holzspieße stecken. Die Spieße unter dem heißen Grill halb gar grillen, dabei häufig wenden. Dann mit der Sauce bepinseln, weitergrillen und dabei zwischendurch noch einmal mit der Sauce bestreichen. Darauf achten, dass die Sauce nicht verbrennt. Die Spieße mit Reis servieren.

Lachsforelle

in Campari-Zimt-Beize

1 küchenfertige kleine Lachsforelle (etwa 800 g)
20 g Salz
10 g Zucker
10 weiße Pfefferkörner
1 TL Senfkörner
4 Pimentkörner
100 ml Campari
1 Zimtstange
1 Bio-Orange
2 TL Honig

Außerdem
Basilikum

1 Die Lachsforelle filetieren (siehe Seite 82/83). Salz, Zucker, Pfeffer-, Senf- und Pimentkörner im Mörser zerstoßen. Die Fischfilets auf beiden Seiten mit der Gewürzmischung bestreuen.

2 Den Campari in eine flache Schale gießen. Die Zimtstange und die Filets hineinlegen.

3 Die Orange mit heißem Wasser abspülen; trocken reiben und in Scheiben schneiden. Orangenscheiben und Honig auf den gewürzten Fischfilets verteilen. Das Ganze zudecken und am besten für 10 Stunden kalt stellen; dabei gelegentlich wenden.

4 Die Forellenfilets aus der Beize heben; Gewürzreste mit Küchenpapier abtupfen. Filets mit einem scharfen Messer in dünne Scheiben schneiden (siehe Seite 170, Bild unten rechts). Die Fischscheiben auf Tellern anrichten, mit Basilikum garnieren und servieren.

Tipp Servieren Sie die gebeizten Lachsscheiben beispielsweise auf gebuttertem Brot als delikate Vorspeise zu einem edlen Menü.

Gebeizter Zander

mit Rucolasalat

Für Fisch und Beize
1 küchenfertiger Zander (etwa 500 g brutto, netto 320 g)
4 weiße Pfefferkörner
3 Wacholderbeeren
1 TL Koriandersamen
1 TL Senfsamen
25 g Meersalz
20 g Zucker
1 TL abgeriebene Schale von einer Bio-Limette

Für Salat und Dressing
100 g Rucola
30 ml Himbeeressig
Salz
Zucker
20 ml Geflügelfond
10 frische Himbeeren oder aufgetaute TK-Ware
20 ml Olivenöl
30 ml Pistazien- oder Traubenkernöl
1 EL Pistazienkerne

Außerdem
Himbeeren und Thymianspitzen für die Garnitur

1 Den Zander filetieren, wie auf Seite 82/83 beschrieben; die Filets häuten. Fischfilets mit kaltem Wasser abwaschen und gut trocken tupfen.

2 Für die Beize Pfefferkörner, Wacholderbeeren, Koriander- und Senfsamen im Mörser zerreiben. Meersalz, Zucker und Limettenschale zu der Gewürzmischung geben.

3 Die Fischfilets auf beiden Seiten mit der Beize einreiben; auf einen Teller legen und zudecken, dann 48 Stunden im Kühlschrank durchziehen lassen. Nach etwa 24 Stunden die Filets wenden.

4 Nachdem sie durchgezogen haben, die Zanderfilets kalt abwaschen und trocken tupfen. Anschließend wie Graved Lachs (siehe Seite 170) in so dünne Scheiben wie möglich schneiden. Die Fischscheiben leicht überlappend auf vier Tellern anrichten.

5 Für den Salat die Rucolablätter waschen und trocken schleudern; grobe Stiele entfernen. Für das Dressing den Himbeeressig mit etwas Salz und Zucker, dem Geflügelfond und den Himbeeren in einem Rührbecher mit dem Stabmixer glatt mixen. Beide Ölsorten unter weiterem Mixen langsam dazulaufen lassen. Das Himbeer-Dressing mit Salz und Zucker abschmecken.

6 Den Salat mit dem Dressing anmachen, auf dem Fisch anrichten und mit Himbeeren garnieren. Die Pistazienkerne in einer Pfanne bei schwacher Hitze ohne Fett rösten, dann grob hacken und über den Salat streuen.

Tipp Statt mit Wacholderbeeren, Koriandersamen und Senfsamen können Sie die Beize auch mit frischem Dill oder Estragon aromatisieren.

Matjes

mit Äpfeln und Sahnesauce

200 g Sahne
200 g saure Sahne
1 EL Zitronensaft
½ TL Zucker
2 säuerliche Äpfel (z. B. Boskop)
2 Zwiebeln
8 Matjesfilets

Außerdem
1 Bund Schnittlauch

1 Sahne und saure Sahne mit Zitronensaft und Zucker verrühren. Die Äpfel schälen (oder waschen, trocken reiben und mit Schale verwenden) und von den Kerngehäusen befreien.

2 Die Äpfel in schmale Spalten schneiden und unter die Sahnesauce ziehen. Die Zwiebeln schälen, in dünne Ringe schneiden oder hobeln und ebenfalls in die Sahnesauce geben.

3 Die Matjesfilets trocken tupfen und in 2 cm breite Stücke schneiden. Diese mit der Sahnesauce in eine Servierschüssel geben. Zugedeckt 1 Stunde marinieren lassen.

4 Vor dem Servieren den Schnittlauch waschen, trocken schütteln und in Röllchen schneiden. Den Matjes mit Schnittlauch bestreuen und dazu Pellkartoffeln oder Schwarzbrot reichen.

Matjestatar mit Ei

400 g milde Matjesfilets
120 g Zwiebeln
70 g Gewürzgurke
1 Scheibe Ananas
1 EL Kapern
20 ml Cognac
2 TL Zitronensaft
2 EL gehackte gemischte Kräuter (z. B. Basilikum, Thymian, Petersilie)
1 EL edelsüßes Paprikapulver
etwas frisch gemahlener Pfeffer
1 Messerspitze gemahlener Ingwer
1 TL scharfer Senf
4 Eigelb

1 Die Matjesfilets kalt abspülen und trocken tupfen. Die Filets in dünne Streifen schneiden, diese würfeln und mit einem schweren großen Messer fein hacken und in eine Schüssel geben.

2 Die Zwiebeln schälen und sehr fein hacken. Gewürzgurke, Ananasscheibe und Kapern ebenfalls fein zerkleinern. Die zerkleinerten Zutaten zu den gehackten Matjesfilets geben und untermischen.

3 Das Matjestatar mit Cognac und Zitronensaft übergießen und 30 Minuten durchziehen lassen. Anschließend die Kräuter mit den Gewürzen und dem Senf unter das Matjestatar heben.

4 Das Tatar auf Teller verteilen. Mit einem Löffelrücken in die Mitte jeder Portion eine Vertiefung drücken und jeweils 1 Eigelb hineingleiten lassen. Das Tatar sofort servieren. Dazu passt Schwarzbrot.

Tipp Die Eigelbe sollten von frischen, gut gekühlten Eiern stammen und erst kurz vor dem Servieren auf die Tatarportionen gegeben werden.

Muschelragout mit Blätterteig

Für die Blätterteighaube
300 g Tiefkühl-Blätterteig
Mehl für die Arbeitsfläche
2 Eigelb

Für das Muschelragout
3 Schalotten
1 Möhre
1 Stange Sellerie
1 kleine Stange Lauch
40 g Butter
1 Knoblauchzehe
2 Zweige Thymian
600 ml Fischfond
12 Champignons
400 g ausgelöste Herzmuscheln
4 TL gehackte Petersilie
Salz
frisch gemahlener Pfeffer

1 Für die Blätterteighaube den Blätterteig antauen lassen, dann auf einer bemehlten Arbeitsfläche etwa 4 mm dick ausrollen. Zudecken und 30 Minuten ruhen lassen.

2 Inzwischen für das Muschelragout die Schalotten schälen und fein würfeln. Die Möhre schälen. Sellerie und Lauch putzen und waschen. Alles Gemüse fein würfeln.

3 In einem Topf die Butter erhitzen; die Gemüsewürfel darin andünsten. Den Knoblauch schälen und fein hacken. Thymianblättchen von den Zweigen streifen und ebenfalls hacken. Beides zum Gemüse geben und einige Minuten mitdünsten. Den Fischfond angießen und um etwa ein Drittel einkochen lassen.

4 Champignons putzen und in Scheiben schneiden. Die Sauce vom Herd nehmen; Muscheln, Pilze und Petersilie untermischen. Das Muschelragout mit Salz und Pfeffer abschmecken und auf vier ofenfeste runde Förmchen oder Tassen verteilen.

5 Aus dem Blätterteig Kreise ausschneiden, die 2 cm größer als der Durchmesser des oberen Rands der Formen ist. Teigränder mit verquirltem Eigelb bestreichen (siehe Bild unten links); 5 Minuten antrocknen lassen.

6 Den Backofen auf 200 °C vorheizen. Die Formen mit den Blätterteigkreisen bedecken (siehe Bild unten rechts). Überstehende Ränder fest andrücken, damit der beim Backen entstehende Dampf nicht entweichen kann. Die Teigoberfläche mit Eigelb bestreichen.

7 Förmchen oder Tassen in den Ofen (Mitte) stellen; die Muschelragouts etwa 12 Minuten backen, bis die Teighauben aufgegangen und goldbraun sind. Die Teighauben müssen intakt bleiben, damit sie durch den aufsteigenden Dampf gewölbt werden.

Für die Blätterteighauben Teigkreise ausschneiden, die etwas größer als die Formen sein sollen. Die Ränder mit verquirltem Eigelb bestreichen.

Die Teigkreise auf die gefüllten Formen legen. Am Rand der Form fest andrücken, damit der Dampf die Teighauben während des Garens nach oben drückt und sie sich wölben.

Frittierte Tintenfische

und Sardellen

400 g kleine Tintenfische
(z. B. Calamaretti)
500 g Sardellen
Salz
frisch gemahlener Pfeffer
80 g Mehl
2 Eier

Außerdem
Fett zum Ausbacken
Basilikum zum Garnieren

1 Die Tintenfische vorbereiten und die Tuben in Ringe schneiden, wie auf den Seiten 124/125 beschrieben.

2 Die Sardellen ausnehmen (siehe Seite 140). Unter fließend kaltem Wasser innen und außen abspülen, dann mit Küchenpapier trocken tupfen. Sardellen und Tintenfischringe leicht salzen und pfeffern.

3 Das Mehl auf einen flachen Teller sieben. Die Eier in einem tiefen Teller verquirlen. Die Sardellen, die Tintenfischringe und die Fangarme in dem Mehl wenden und durch die Eier ziehen.

4 Das Fett in einer hohen Pfanne oder in der Fritteuse auf 160 °C erhitzen. Die Sardellen und die Tintenfischringe darin portionsweise frittieren. Herausnehmen, auf Küchenpapier abtropfen lassen und mit Basilikum garnieren.

Garnelen-Tempura

Für die Garnelen
500 g rohe mittelgroße Garnelen
Mehl zum Wenden
Öl zum Ausbacken

Für den Teig
1 Ei
½ TL Salz
400 ml Eiswasser
100 g Reismehl
100 g Weizenmehl

Für die Dipsauce
200 ml Gemüsefond
4 EL dunkle Sojasauce
4 EL Mirin (süßer Reiswein)
5 g Bonitoflocken

Außerdem
geriebener frischer Rettich
geriebene frische Ingwerwurzel

1 Die Garnelen bis auf die Schwanzfächer schälen, damit sie sich sowohl beim Frittieren als auch beim Essen bequem anfassen lassen.

2 Die Garnelen zu Schmetterlingen schneiden. Dafür die Garnelen von der Rückenseite aus ganz durchschneiden (bis auf das letzte Segment), dann entdarmen (siehe Seite 112). So können sich die Garnelen beim Frittieren dekorativ aufrollen.

3 Für den Teig Ei, Salz, 200 ml Eiswasser und 1 EL Reismehl verrühren; nach und nach das restliche Mehl dazugeben. Teig 1 Stunde quellen lassen, dann das restliche Eiswasser einrühren.

4 Die Garnelen einzeln im Weizenmehl wenden, kurz in den Tempurateig tauchen und etwas abtropfen lassen.

5 Das Öl in einer hohen Pfanne oder der Fritteuse auf 160 °C erhitzen. Die Garnelen darin ausbacken. Herausheben und auf Küchenpapier abtropfen lassen.

6 Für die Dipsauce Gemüsefond, Sojasauce und Mirin in einem Topf zum Kochen bringen; die Bonitoflocken dazugeben. Den Topf sofort vom Herd nehmen und die Sauce durch ein Sieb streichen. Die ausgebackenen Garnelen mit der Dipsauce, geriebenem Rettich und Ingwer sofort servieren.

Kaisergranate mit Brotsalat

Für Kaisergranate und Salat
2 gehäutete Tomaten
½ rote Paprikaschote
¼ Salatgurke
2 Frühlingszwiebeln
2 Scheiben Toastbrot, entrindet
2 EL Olivenöl
1 Knoblauchzehe, geschält
16 ganz frische ausgelöste Kaisergranate
1 Bund Basilikum
Olivenöl zum Frittieren

Für die Vinaigrette
1 Schalotte, 50 g Fenchelknolle
1 Knoblauchzehe, 5 EL Olivenöl
100 ml Geflügelfond
40 ml Noilly Prat
2 EL Sherryessig
2 EL Champagneressig
Salz, frisch gemahlener Pfeffer
Zucker

1 Die Tomaten von den Samen befreien und klein würfeln. (Die Samen auffangen, sie werden für die Vinaigrette benötigt.) Paprika und Gurke schälen, entkernen und klein würfeln.

2 Die Frühlingszwiebeln putzen, erst quer in längere Stücke, diese dann längs in feine Streifen schneiden. Das Gemüse zugedeckt bis zur weiteren Verwendung beiseitestellen.

3 Für die Vinaigrette Schalotte schälen und Fenchel putzen; beides in feine Streifen schneiden. Knoblauch schälen und halbieren. In einer Pfanne 1 EL Olivenöl erhitzen. Schalotte und Fenchel darin glasig dünsten. Mit Geflügelfond und Noilly Prat ablöschen, Tomatensamen und Knoblauch hinzufügen und alles 10–15 Minuten köcheln lassen.

4 Den Sud durch ein Sieb gießen und gut ausdrücken. Anschließend mit den beiden Essigsorten und dem restlichen Öl zu einer sämigen Vinaigrette verrühren. Mit Salz, Pfeffer und Zucker abschmecken.

5 Für den Brotsalat das Toastbrot klein würfeln; Knoblauch vierteln. Olivenöl erhitzen. Den Knoblauch darin hellbraun braten; Brotwürfel hinzufügen und goldbraun rösten. Alles auf Küchenpapier abtropfen lassen; Knoblauch entfernen.

6 Vier Teller dünn mit Öl bestreichen, dann mit Salz und Pfeffer bestreuen. Die Kaisergranate längs in dünne Scheiben schneiden; auf den Tellern anrichten und mit der Hälfte der Vinaigrette beträufeln.

7 Basilikum waschen und trocken schütteln. 12 schöne große Basilikumblätter abzupfen und gründlich trocken tupfen. Diese kurz in heißem Olivenöl frittieren; herausheben und auf Küchenpapier abtropfen lassen.

8 Gemüse und Brot mit der restlichen Vinaigrette mischen; abschmecken. Restliches Basilikum in Streifen schneiden und unterheben. Den Brotsalat auf den Kaisergranatscheiben anrichten und mit den frittierten Basilikumblättern garnieren.

Sardellen auf Rucolasalat

Für die Sardellen
300 g Sardellen
etwa 10 Minzeblätter
½ Zitrone
etwa 60 ml Olivenöl
Salz
frisch gemahlener Pfeffer

Für den Salat
2 kleine Bund Rucola
2 Tomaten
4 EL Olivenöl
2 TL Himbeeressig
Salz
frisch gemahlener Pfeffer

1 Von den Sardellen Köpfe und Schwänze abschneiden. Die Fische auf der Bauchseite längs aufschlitzen, dann aufklappen und die Gräten herausziehen. Die Fische nur kurz kalt abwaschen und sofort mit Küchenpapier trocken tupfen.

2 Die Minzeblätter in Streifen schneiden; die Zitrone auspressen. Eine flache Form mit Olivenöl fetten. Salz und Pfeffer daraufstreuen, einige Tropfen Zitronensaft und etwas Minze in der Form verteilen.

3 Eine Schicht aufgeklappte Sardellen mit der Haut nach unten auf die Minze in der Form legen. So weiterschichten (Öl, Salz, Pfeffer, Zitronensaft, Minze, Sardellen), bis alle Zutaten verbraucht sind, das Ganze mit Frischhaltefolie bedecken und über Nacht kalt stellen. 1 Stunde vor dem Servieren Raumtemperatur annehmen lassen.

4 Für den Salat die Rucola verlesen, waschen und trocken schütteln; von den groben Stiele befreien und auf Teller verteilen. Für die Vinaigrette die Tomaten kreuzweise einritzen, mit kochendem Wasser überbrühen, kurz ziehen lassen und die Haut abziehen. Die Tomaten halbieren, entkernen und in kleine Würfel schneiden.

5 Tomatenwürfelchen, Olivenöl, Himbeeressig, Salz und Pfeffer zu einem Dressing verrühren. Die Rucolablätter damit beträufeln. Die marinierten Sardellen auf dem Salat anrichten.

Tipp Das Gericht können Sie gut vorbereiten, denn die Sardellen werden bereits am Vortag mariniert.

Eischneetürmchen

mit Lachstatarkern

Für das Tatar
40 g Graved Lachs
40 g Räucherlachs
1 TL Zitronensaft
1 kleine Sommertrüffel (etwa 3,5 cm Ø)
½ Schalotte
20 g Lachskaviar
1 Messerspitze Dijonsenf
Salz nach Belieben
frisch gemahlener weißer Pfeffer

Außerdem
2 Eiweiß
Salz
2 EL gehackter Dill
4 Scheiben Toastbrot
1 EL Butter
Dillzweige zum Garnieren
4 Dessertringe von etwa 8 cm Ø und 5 cm Höhe
Butter für die Ringe
Spritzbeutel mit Lochtülle

1 Für das Tatar beide Lachssorten sehr fein würfeln und die Stückchen in eine Schüssel geben. Den Zitronensaft über das Tatar träufeln. Von der Trüffel mit einem Hobel 8 feine Scheiben abschneiden. Die Trüffelanschnitte in feine Würfel hacken.

2 Die Schalotte schälen und ebenfalls fein hacken. Mit der gehackten Trüffel und dem Lachskaviar sowie Senf, Salz und weißem Pfeffer zum Lachstatar geben. Alles gründlich mischen.

3 Eine ofenfeste, mit kochend heißem Wasser gefüllte flache Form in den Backofen stellen und diesen auf 150 °C Umluft vorheizen. Ein Backblech mit Backpapier belegen. Die Dessertringe mit Butter auspinseln.

4 Die Dessertringe auf das Backblech setzen. Die Eiweiße mit 1 Prise Salz zu steifem Schnee schlagen. Wenn sich der Eischnee mit einem Messer schneiden lässt, ist er fest genug. Den Dill vorsichtig unter den Eischnee ziehen.

5 Den Dill-Eischnee in einen Spritzbeutel mit runder Lochtülle füllen. In jeden Dessertring kreisförmig einen Eischneeboden spritzen und auf die Mitte jedes Eischneebodens 1 Trüffelscheibe legen.

6 Das Tatar mithilfe eines kleinen Löffels auf die Trüffelscheiben setzen, mit je 1 Trüffelscheibe bedecken und weiter mit Eischnee ummanteln. Die Ringe bis oben mit Eischnee auffüllen. Überschüssigen Eischnee mit einer Palette abstreichen. Das Blech in den heißen Ofen (Mitte) schieben, die Temperatur auf 75 °C (Umluft) reduzieren und die Eischneetürmchen 10 Minuten garen, bis das Eiweiß gestockt ist.

7 Inzwischen aus jeder Toastbrotscheibe mit einem Dessertring einen Kreis ausstechen. Die 4 Brotkreise in einer Pfanne in 1 EL heißer Butter auf beiden Seiten goldgelb braten. Nach der Garzeit die Türmchen aus dem Ofen nehmen, Ringe entfernen, Eischneetürmchen auf die Toasts setzen und mit Dill garnieren.

Tipps Wenn Sie keine Dessertringe haben, können Sie diese aus mehrfach gefalteter Alufolie oder – noch besser – aus in Ringe geschnittenen Installationsplastikrohren aus dem Baumarkt leicht selbst herstellen. Falls Sie die Ringe erhöhen möchten, bestreichen Sie sie einfach innen mit ein wenig Öl und kleiden Sie die Ringe mit einem in der gewünschten Höhe zurechtgeschnittenen Streifen Pergament- oder Backpapier aus.

Thunfischtatar

mit Zitronen-Olivenöl-Marinade

400 g Thunfischfilet in Sushi-Qualität
2 Frühlingszwiebeln
75 ml Olivenöl
6–8 Tropfen Zitronensaft (nach Geschmack)
Salz
frisch gemahlener Pfeffer

1 Das Thunfischfilet mit einem schweren Kochmesser in 2–3 mm große Würfelchen schneiden.

2 Die Frühlingszwiebeln waschen, trocken schütteln und nur die weißen Teile sehr fein würfeln. Das Frühlingszwiebelgrün in feine Streifen schneiden.

3 Das Olivenöl mit Zitronensaft, Salz und Pfeffer zu einer Marinade verrühren. Diese mit den Frühlingszwiebelwürfeln vorsichtig unter die Thunfischwürfelchen heben.

4 Das Tatar zugedeckt 10 Minuten durchziehen lassen. Auf Tellern anrichten, mit dem Zwiebelgrün garnieren; sofort mit geröstetem Weißbrot servieren.

Tipp Zum Anrichten die Thunfischmasse am besten mit einem Eisportionierer zu Halbkugeln formen und diese auf die Teller setzen.

Nigiri-Sushi

150 g Sushi-Reis
30–40 ml Reisessig
1 EL Zucker
1 TL feines Meersalz
12 kleine Scheiben roher Fisch (z. B. Thunfisch, Makrele, Lachs), je 5 x 2 cm groß
Wasabipaste
Essigwasser
Sojasauce, Sushi-Ingwer

1 Zuerst den Sushi-Reis zubereiten. Dafür den Reis unter fließendem kaltem Wasser waschen, bis das Wasser klar abläuft, dann gut abtropfen lassen. Den Reis in einem Topf mit 200 ml Wasser bedecken; aufkochen lassen. Bei schwacher Hitze 12 Minuten köcheln lassen (dabei nicht umrühren).

2 Inzwischen für die Marinade Essig mit Zucker und Meersalz in einem Topf einmal aufkochen lassen, dann beiseitestellen.

3 Den Reis in einer großen flachen Schale oder auf einem Tablett ausbreiten. Mit einem Kochlöffel kreuzweise durch den Reis fahren und diesen so auflockern. Die Marinade darübeträufeln und unterheben, bis der Reis mit einer feinen, glänzenden Schicht überzogen ist. Den Reis mit einem Tuch bedecken, nicht in den Kühlschrank stellen und noch am selben Tag verbrauchen.

4 Die Fischscheiben auf einer Seite hauchdünn mit Wasabipaste bestreichen. Mit angefeuchteten Händen jeweils etwa 1 EL Sushi-Reis zu einem länglichen Klößchen formen.

5 Die Fischstücke mit der bestrichenen Seite nach oben in die linke Handfläche legen. Ein Reisklößchen daraufsetzen und sanft auf den Fisch drücken.

6 Das Nigiri-Sushi umdrehen, behutsam in eine gleichmäßige Form drücken und die Enden mit Daumen und Zeigefinger leicht abrunden. Dabei die Finger immer wieder in Essigwasser tauchen, um sie zu befeuchten. Mit Sojasauce, Wasabipaste und Sushi-Ingwer servieren. Ergibt 12 Stück.

Inside-out-Sushi

150 g Sushi-Reis
30–40 ml Reisessig
1 EL Zucker
1 TL feines Meersalz
3 Noriblätter (Asia-Laden)
Wasabipaste
Streifen (etwa 2 x 10 cm) von Makrele, Lachs, Gurke und Kampyo (eingelegter Kürbis)
Sesamsamen oder Fliegenfischkaviar

Außerdem
Bambusrollmatte
Essigwasser

1 Den Sushi-Reis kochen, wie auf Seite 190 beschrieben; dann mit Reisessig, Zucker und Salz fertigstellen, wie ebenfalls im Rezept links beschrieben.

2 Die Bambusrollmatte mit einem Sück Frischhaltefolie bedecken. 1 Noriblatt darauflegen und den Sushi-Reis etwa ½ cm hoch darauf verteilen.

3 Das Noriblatt umdrehen, sodass die Reisseite direkt auf der Folie liegt. Wenig Wasabi längs auf ein Ende des Noriblatts streichen und je 1 Streifen von rohem Fisch und Gemüse darauflegen.

4 Die Matte mit der Folie etwas anheben und das Sushi zu einer Rolle wickeln. Folie entfernen, die Rolle in sechs gleich große Stücke teilen und diese in Sesamsamen oder Fliegenfischkaviar wälzen. Die restlichen Noriblätter genauso verarbeiten. Ergibt 18 Stück.

Thunfisch-Sashimi

mit Melonen-Gurken-Salat

Für das Sashimi
500 g Thunfischfilet in Sushi-Qualität
4 Noriblätter (Asia-Laden)
100 g Tempuramehl (Asia-Laden)
etwa 120 ml eiskaltes Wasser
1 l Sonnenblumenöl zum Frittieren
etwas Mehl zum Wenden
Meersalz

Für die Sojasaucenreduktion
100 ml japanische Sojasauce
80 g Zucker
½ TL Wasabipaste

Für die Paprikakonfitüre
2 rote Paprikaschoten
1 Schalotte
½ rote Chilischote, fein gehackt
1 EL Olivenöl
100 g Gelierzucker, Meersalz

Für den Melonen-Gurken-Salat
½ Cantaloupmelone (oder eine andere orangefleischige Melone)
½ Salatgurke
2 EL Weißweinessig
3 EL Traubenkernöl, Salz
einige Blätter Friséesalat

Außerdem
Bambusrollmatte

1 Thunfisch vorbereiten und in die Noriblätter wickeln, wie in der Bildfolge unten gezeigt. Die Sojasauce in einem kleinen Topf mit Zucker und 50 ml Wasser mischen. Die Mischung aufkochen, dann bei schwacher Hitze um mindestens die Hälfte einkochen lassen. Die Reduktion ist fertig, wenn ein Tropfen davon, den man mit einem Teelöffel auf einen kalten Teller gibt, nicht mehr zerläuft. Wasabipaste unter die Reduktion mischen.

2 Für die Paprikakonfitüre die Paprika mit einem Sparschäler schälen, putzen und würfeln. Die Schalotte schälen, fein würfeln. Schalottenwürfel mit Paprika- und Chilistückchen im Olivenöl in einem Topf glasig dünsten; Zucker darüberstreuen (er zieht Flüssigkeit aus den Paprika) und alles kochen lassen, bis die Flüssigkeit fast vollständig verdampft ist. Die Konfitüre mit Meersalz abschmecken; kalt stellen.

3 Melone und Gurke schälen. Die Melonehälfte halbieren und von den Samen befreien. Die Melonenspalten und die Gurke

Das Thunfischfilet in 3 cm dicke Streifen schneiden. 1 Noriblatt auf einer Bambusmatte bzw. einem Küchentuch ausbreiten.

Fischstreifen entlang einer Kante auf das Noriblatt legen. Falls nötig, die Streifen aneinandersetzen bzw. passend zuschneiden.

Fischstreifen mithilfe der Matte in das Noriblatt wickeln. Damit es gut hält, das Blatt am Ende etwas anfeuchten.

längs in hauchdünne Scheiben schneiden (siehe Tipp). Diese mit dem Essig, dem Traubenkernöl und etwas Salz marinieren. Inzwischen das Tempuramehl mit Eiswasser anrühren.

4 Das Öl in einer Fritteuse oder einem Topf auf 180 °C erhitzen. Die Thunfischrollen quer halbieren. Die Hälften zuerst in Mehl wälzen, dann im Tempurateig wenden und etwa 30 Sekunden im heißen Fett frittieren, bis die Rollen außen knusprig und hellgelb, der Fisch innen aber noch roh ist. Herausheben und auf Küchenpapier abtropfen lassen. Die Thunfischrollen leicht salzen und jede dritteln. Die Stücke mit Melonen-Gurken-Salat anrichten. Mit Friseeblättern garnieren. Mit Paprikakonfitüre und Sojasaucenreduktion servieren.

Tipp Hauchdünne Scheiben von Melone und Gurke können Sie mit der Aufschnittmaschine oder auch mit dem Sparschäler schneiden.

Thunfisch-Carpaccio

mit gebackenem Gemüse

Für das Carpaccio
400 g Thunfischfilet in Sushi-Qualität
Olivenöl zum Bestreichen
40 ml Aceto balsamico
Meersalz
frisch gemahlener Pfeffer

Für den Salat
je 30 ml Olivenöl, Traubenkernöl und Geflügelbrühe
20 ml weißer Aceto balsamico
Meersalz
frisch gemahlener Pfeffer
1 Mini-Romanasalat
100 g Rucola

Für das gebackene Gemüse
je 100 g Möhren, Brokkoli und Zucchini
1 Stange Sellerie
je ½ rote und gelbe Paprikaschote
100 g Tempuramehl (Asia-Laden)
etwa 120 ml eiskaltes Wasser
Meersalz
1 l Sonnenblumenöl zum Frittieren

Für den Limettenschaum
½ Blatt weiße Gelatine
140 ml Limettensaft
flache Edelstahlschale

1 Für das Thunfischcarpaccio das Thunfischfilet mit etwas Olivenöl einstreichen und anschließend fest in Frischhaltefolie wickeln. Das Fischfilet im Tiefkühlgerät 2–3 Stunden anfrieren lassen, damit es sich später besser schneiden lässt.

2 Aus Olivenöl, Traubenkernöl, der Geflügelbrühe und dem Essig mit Salz und Pfeffer ein Dressing zubereiten. Den Römersalat in die Blätter zerteilen, diese waschen, putzen und grob zerzupfen. Rucola waschen, dicke Stiele entfernen. Salatblätter mischen und mit dem Dressing anmachen.

3 Das angefrorene Thunfischfilet mit einem scharfen Messer oder der Aufschnittmaschine in 1–2 mm dicke Scheiben schneiden. Diese ausbreiten und Raumtemperatur annehmen lassen. Die Edelstahlschale in das Tiefkühlgerät stellen.

4 Für das gebackene Gemüse Möhren, Brokkoli, Zucchini, Sellerie und Paprika waschen, putzen und in 3–5 cm große Stücke schneiden. Das Tempuramehl in eine Rührschüssel geben und mit dem Eiswasser, Salz und 4 EL Sonnenblumenöl zu einem glatten Teig verrühren.

5 Das restliche Sonnenblumenöl in einem Topf oder einer Fritteuse auf 180 °C erhitzen. Die Gemüsestücke in den Tempurateig tauchen, herausnehmen und etwas abtropfen lassen und dann im heißen Öl in etwa 2 Minuten goldgelb ausbacken. Herausheben, kurz abtropfen lassen und mit etwas Meersalz bestreuen.

6 Die marinierten Salatblätter mit dem gebackenen Gemüse und den Thunfischscheiben auf großen Tellern anrichten. Den Fisch mit Salz und Pfeffer bestreuen und mit Aceto balsamico beträufeln.

7 Für den Limettenschaum die Gelatine in kaltem Wasser einweichen. Gut ausdrücken, dann in 2 EL kochend heißem Wasser auflösen. Mit 120 ml kaltem Wasser und dem Limettensaft mischen. Alles mit einem Mixstab so lange aufschlagen, bis die Mischung schäumt. 1 Minute ruhen lassen, dann den Schaum, der sich oben abgesetzt hat, in die vorgekühlte Schale abschöpfen. Den Vorgang so oft wiederholen, bis pro Portion 1–2 EL Limettenschaum entstanden ist. Jeweils etwas Limettenschaum auf den Thunfisch geben; das Gericht sofort servieren.

Tintenfisch-Oktopus-Salat

mit Gurke und Sellerie

500 g küchenfertige Tintenfische (Sepia oder Seppioline)
500 g küchenfertiger Oktopus (Krake)
2 kleine Bio-Gärtnergurken
½ Staude Stangensellerie (am besten nur die inneren zarten Stangen)
1 Knoblauchzehe
50 ml Weißweinessig
70 ml Olivenöl
2–3 Tropfen Tabasco
Salz
frisch gemahlener Pfeffer

1 Tintenfische in einem Topf mit kaltem Wasser bedecken. Wasser aufkochen lassen und die Tintenfische je nach Größe 5–10 Minuten ziehen lassen. Anschließend herausnehmen und abkühlen lassen. Bis zur weiteren Verwendung kalt stellen.

2 Den Oktopus in demselben, gerade noch siedendem Wasser in mindestens 30 Minuten weich kochen. (Das Fleisch ist gar, wenn es sich mit einer Messerspitze ganz leicht, ohne Widerstand einstechen lässt). Das Oktopusfleisch aus dem Wasser nehmen und abkühlen lassen.

3 Inzwischen die Gurken waschen und trocken reiben. Die Gurken längs halbieren, entkernen und in Scheiben schneiden. Die Selleriestangen waschen und schräg in 1–2 mm breite Streifen schneiden.

4 Größere Tintenfische längs halbieren. Die Beutel bzw. Körper in Streifen und die Fangarme in Stücke schneiden. Kleinere Tintenfische vierteln. Den Oktopus schräg in etwa 1 cm breite Scheiben schneiden.

5 Die Knoblauchzehe schälen und fein würfeln. Essig und Olivenöl mit Tabasco und Knoblauch mischen; mit Salz und Pfeffer würzen.

6 Den Fisch und das Gemüse in einer Schüssel mischen. Das Dressing darüberträufeln und unterheben. Den Salat vor dem Servieren zugedeckt mindestens 1 Stunde im Kühlschrank durchziehen lassen.

Tipp Insbesondere, wenn die 500 g Oktopus, die Sie für dieses Rezept benötigen, von einem größeren Kraken stammen, können Sie das Fleisch vor dem Garen zusätzlich noch weich klopfen. Dafür das Krakenfleisch in ein Küchentuch wickeln und 5–10 Minuten mit der flachen Seite des Fleischklopfers vorsichtig klopfen. So wird es beim Kochen garantiert zart.

Oktopus-Salat

Für den Oktopus
2 küchenfertige Kraken (auch die Augen entfernt; ungesäubert je etwa 500 g)
2 Knoblauchzehen
150 g grob zerkleinertes Gemüse (Zwiebel, Stangensellerie, Möhre)
Salz
1 EL schwarze Pfefferkörner
1 Lorbeerblatt

Außerdem
2 Frühlingszwiebeln
2 in Öl eingelegte getrocknete Tomaten, abgetropft
3 EL Olivenöl
1 TL scharfes Paprikapulver
1 Spritzer Zitronensaft
frisch gemahlener Pfeffer

1 Die Körperbeutel der Kraken nach Belieben häuten, wie auf Seite 126/127 beschrieben.

2 Die Kraken in einem Topf mit kaltem Wasser bedecken. Knoblauch schälen. Gemüse, Salz, Pfefferkörnern und Lorbeer hinzufügen. Aufkochen lassen; die Kraken je nach Größe in 1 ½–2 Stunden bei schwacher Hitze gar ziehen lassen.

3 Frühlingszwiebeln putzen und klein schneiden. Tomaten klein hacken. Vom Kraken 200 g abnehmen und anderweitig verwenden (siehe Tipp). Restliches Krakenfleisch in 2 cm große Stücke schneiden.

4 Das Olivenöl erhitzen, die Krakenstücke darin anbraten. Paprikapulver, Frühlingszwiebeln und Tomaten untermischen. Alles noch etwa 1 Minute braten, dann mit Zitronensaft, Salz und Pfeffer würzen.

Tipp Das restliche gegarte Krakenfleisch können Sie z. B. für den Tintenfisch-Oktopus-Salat auf Seite 196 oder einen anderen Meeresfrüchtesalat verwenden.

Mango-Flusskrebs-Salat

40 g Walnusskerne
2 Frühlingszwiebeln
2 Zweige Koriandergrün
1 reife, aber nicht zu weiche Mango
¼ rote Chilischote
200 g ausgelöste Flusskrebse
3 EL Walnussöl
2 EL weißer Aceto balsamico
Salz, frisch gemahlener Pfeffer
Zucker

1 Die Nüsse grob hacken. Die Stückchen in einer Pfanne ohne Fett goldbraun rösten und auf Küchenpapier geben. Die Frühlingszwiebeln waschen, putzen und in feine Ringe schneiden; Koriandergrün waschen, trocken schütteln und hacken.

2 Mango schälen. Das Fruchtfleisch in etwa 2 mm dicken Scheiben von beiden Seiten des flachen Kerns abschneiden. Die Mangoscheiben in feine Streifen (Julienne), die Chili in feine Ringe schneiden und entkernen.

3 Die Flusskrebse unter kaltem Wasser abwaschen und trocken tupfen. Die Pfanne erhitzen, 1 EL Walnussöl hineingeben und die Flusskrebse darin bei starker Hitze schwenken.

4 Erst die Chiliringe, dann die Mangostreifen hinzufügen. Alles bei starker Hitze kurz durchschwenken, dann mit Aceto balsamico ablöschen.

5 Den Pfanneninhalt in eine Schüssel geben. Das restliche Walnussöl, die gerösteten Nüsse sowie Frühlingszwiebeln und Koriander hinzufügen. Alles vermischen und mit Salz, Pfeffer und Zucker würzen. Den Salat lauwarm servieren.

Tipp Braten Sie die Zutaten für diesen Salat unbedingt bei starker Hitze und nur sehr kurz (= sautieren) – die Mango würde sonst zusammenfallen und ihre Farbe verlieren.

Asiatischer Meeresfrüchtesalat

150 g festfleischiges Fischfilet (z. B. Red Snapper)
150 g küchenfertige Kalmartuben
500 g Miesmuscheln
150 g geschälte, entdarmte rohe Garnelen
2 TL Sambal manis
3 EL Fischsauce
4–5 EL Limettensaft
2 EL brauner Zucker
2 Knoblauchzehen
1 Chilischote
1 Frühlingszwiebel
2 Stängel Zitronengras
Salz

1 Das Fischfilet abspülen und mit Küchenpapier trocken tupfen, dann in 2 cm dicke Streifen schneiden. Die Kalmartuben in dünne Ringe schneiden. Die Muscheln waschen, bereits geöffnete Exemplare wegwerfen.

2 In einem großen Topf 250 ml Wasser zum Kochen bringen. Garnelen, Fischfiletstreifen und die Kalmarringe hineingeben. Fisch und Meeresfrüchte zugedeckt bei mittlerer Hitze etwa 3 Minuten garen; aus dem Sud heben, gut abtropfen lassen und in eine große Schüssel geben.

3 Die Muscheln in den Sud geben und zugedeckt 5 Minuten kochen lassen, bis sie sich öffnen. In ein Sieb abgießen. Geschlossene Muscheln wegwerfen.

4 Sambal manis, die Fischsauce, den Limettensaft und den Zucker zu einer Sauce verrühren. Knoblauch schälen, hacken und dazugeben. Chilischote waschen und von den Samen befreien. Frühlingszwiebel und Zitronengras waschen und putzen. Chili, Frühlingszwiebel und Zitronengras in sehr feine Ringe schneiden; unter die Sauce mischen.

5 Das Miesmuschelfleisch aus den Schalen lösen und in die Schüssel geben. Alles vorsichtig mit der Sauce mischen; den Salat mit etwas Salz abschmecken und mit frischem Baguette servieren.

Meeresfrüchte in Weingelee

6 Blatt Gelatine
375 ml Fischfond
125 ml trockener Riesling
1 EL trockener Wermut
1 EL Zitronensaft
Salz
Court-Boullion (siehe Seite 104)
4 Kaisergranate (Scampi)
1 kg frische Miesmuscheln
1 gekochter Hummer (700 g; Fleisch ausgelöst)
150 g gegarte Garnelen
2 Tomaten
je 50 g Lauch und Möhre, in Streifen geschnitten
½ Kopf Blattsalat
1 hart gekochtes Ei

1 Die Gelatineblätter 5–10 Minuten in reichlich kaltem Wasser einweichen. Fischfond, Wein, Wermut und Zitronensaft in einem Topf aufkochen lassen; vom Herd nehmen. Die Gelatine ausdrücken und in der heißen Fond-Mischung auflösen. ½ TL Salz (nur bei ungesalzenem Fischfond) dazugeben und die Gelierfüssigkeit abkühlen lassen.

2 Court-Bouillon erhitzen. Die Kaisergranate für 3 Minuten darin garen, dann abkühlen lassen und auslösen. Die Muscheln dämpfen und anschließend aus den Schalen lösen, wie auf Seite 138 beschrieben (die Menge ergibt etwa 200 g Muschelfleisch).

3 Das Hummerfleisch in Scheiben schneiden. Die ausgelösten Kaisergranate längs halbieren; die Garnelen schälen und entdarmen.

4 Die Tomaten auf den Unterseiten kreuzweise einritzen, mit kochend heißem Wasser überbrühen und häuten. Die Früchte halbieren, von Stielansätzen und Samen befreien; klein würfeln.

5 Möhren- und Lauchstreifen kurz in kochendes Salzwasser geben. Abgießen und sofort mit kaltem Wasser abschrecken, dann gut abtropfen lassen.

6 Den Salat waschen, trocken schleudern und die Blätter zerzupfen. Das Ei pellen und quer in Scheiben schneiden.

7 Sechs bis acht Cocktailgläser mit Salatblättern auslegen. Alle anderen Zutaten (bis auf die Eischeiben) darauf arrangieren. Die Meeresfrüchte dann mit den Eischeiben garnieren.

8 Die Gläser für 30 Minuten in den Kühlschrank stellen. Anschließend das fast erkaltete, aber noch flüssige Gelee über die Zutaten in den Gläsern gießen. Das Gelee vollständig im Kühlschrank erstarren lassen. Die Meeresfrüchte im Weingelee am besten mit leicht geröstetem, gebuttertem Toast servieren.

Kartoffelravioli

mit Forellenmousse und Fenchelsalat

Für den Salat
2 Fenchelknollen
Salz
1 TL Honig
1 EL Aceto balsamico
2 EL Traubenkernöl
250 g Büffelmozzarella
50 g Kaviar nach Wahl (z. B. Lachskaviar)
frisch gemahlener Pfeffer

Für die Forellenmousse
1 Blatt weiße Gelatine
1 geräuchertes Forellenfilet (etwa 100 g)
2 EL Zitronensaft
Salz
frisch gemahlener Pfeffer
60 g Sahne

Für die Ravioli
1 große festkochende Kartoffel (etwa 300 g)
1 Eigelb
etwa 500 ml Öl zum Frittieren

Außerdem
runde Ausstecher, etwa in Größe der Kartoffelscheiben
Spritzbeutel

1 Für den Salat den Fenchel waschen und putzen. Das Grün beiseitelegen. Die Fenchelknollen längs in hauchdünne Scheiben hobeln. Diese mit etwas Salz bestreuen und bis zum Anrichten ziehen lassen.

2 Für die Mousse die Gelatine in kaltem Wasser einweichen. Das Forellenfilet häuten und in Stücke schneiden. Diese durch ein Sieb in einen Rührbecher streichen; den Zitronensaft hinzufügen. Alles mit dem Stabmixer pürieren, das Fischpüree salzen und pfeffern.

3 Die Gelatine tropfnass in einen kleinen Topf geben und bei schwacher Hitze unter Rühren auflösen. (Sie darf nicht kochen!) Die Gelatine unter die Fischmasse rühren. Die Sahne steif schlagen und mit einem Schneebesen unter die Masse ziehen. 1–2 TL vom Kaviar für die Garnitur abnehmen. Den Rest unter die Fischcreme ziehen. Für 1 Stunde in den Kühlschrank stellen.

4 Für die Kartoffelravioli das Öl zum Frittieren in einem Topf oder in der Fritteuse auf 160 °C erhitzen. Die Kartoffel schälen und mit dem Gurkenhobel in hauchdünne, möglichst große (mindestens 24) Scheiben schneiden. Aus jeder Scheibe mit dem Ausstecher Kreise ausstechen und diese mit verquirltem Eigelb bestreichen.

5 Mithilfe eines Spritzbeutels auf die Hälfte der Kartoffelscheiben etwas Forellenmousse geben. Die anderen Scheiben darauflegen. Die Ravioli zusammendrücken, kurz im heißen Fett frittieren, herausheben und auf Küchenpapier abtropfen lassen.

6 Die Fenchelscheiben mit Honig, Essig und Öl mischen. Den Mozzarella in Scheiben schneiden. Die Kartoffelravioli mit dem Fenchelsalat und den Mozzarellascheiben auf Tellern anrichten. Den Salat mit etwas Fenchelgrün und Kaviar garnieren; den Mozzarella mit Pfeffer übermahlen. Sofort servieren.

Tipp Die Kartoffelscheiben vor dem Frittieren nicht zu lange stehen lassen. Am besten schneiden Sie jeweils immer nur 8 Scheiben, setzen diese zu 4 Ravioli zusammen und frittieren sie. »Ravioli« vor dem Servieren im Backofen erwärmen.

Suppen und Eintöpfe

Bouillabaisse

1,5 kg kleine Fische (z. B. Knurrhahn, Wolfsbarsch, Merlan und Meerbrasse)
2 Möhren, 1 Fenchelknolle
½ Stange Lauch
1 Zwiebel, 2 Knoblauchzehen
1 EL Olivenöl, 20 ml Pernod
1 Prise Safranfäden
1 Thymianzweig, 1 Lorbeerblatt
200 ml trockener Weißwein
Meersalz
frisch gemahlener Pfeffer

Für den Fischfond
2 kleine Zwiebeln
2 Knoblauchzehen
2 Möhren, ½ Stange Lauch
1 EL Olivenöl
500 ml trockener Weißwein
Salz, grob gestoßener Pfeffer
1 Lorbeerblatt, 3 Gewürznelken

1 Fische schuppen, ausnehmen und filetieren (siehe Seite 78–83). Die Abschnitte für den Fond beiseitelegen. Fischfilets in grobe Würfel schneiden.

2 Möhren, Fenchel und Lauch putzen; Gemüseabschnitte beiseitelegen und das Gemüse in dünne Streifen (Julienne) schneiden. Zwiebel und Knoblauch schälen und fein würfeln. Beides in einem Topf im Olivenöl glasig dünsten. Möhren und Fenchel hinzufügen und kurz mitdünsten. Alles mit Pernod ablöschen.

3 Den Safran im Mörser zerstoßen. Mit Thymian, Lorbeer und Lauch in den Topf geben. Alles mit Wein ablöschen und mit Salz und Pfeffer würzen. Das Gemüse 8–10 Minuten zugedeckt köcheln lassen. Vom Herd nehmen. Fischstücke unter das Gemüse heben und zugedeckt gut 3 Stunden ziehen lassen.

4 Inzwischen für den Fond Zwiebeln und Knoblauch schälen; Zwiebeln halbieren. Möhren und Lauch zerkleinern. Die Zwiebeln in einem Topf im Öl dunkelbraun anbraten. Den Wein dazugießen. Knoblauch, Gemüse, Salz, Pfeffer, Lorbeer und Nelken, Gemüse- und Fischabschnitte sowie 500 ml Wasser hinzufügen. Alles mindestens 30 Minuten köcheln lassen, dann durch ein feines Sieb passieren. Fond noch 15 Minuten köcheln lassen. Mit Salz und Pfeffer abschmecken.

5 Die durchgezogenen Fischstücke mit Marinade und Gemüse in den Fond geben und langsam heiß werden, aber nicht aufkochen lassen. Die Bouillabaisse mit Rouille (siehe Tipp) und geröstetem Weißbrot servieren.

Tipp Für eine Rouille 1 gehäutete kleine rote Paprikaschote, 2 entkernte rote Chilischoten, 4 Knoblauchzehen, ½ TL grobes Meersalz und 6 Safranfäden im Mörser zerreiben, dabei 1 gekochte mehlige Kartoffel unterarbeiten. Die Masse umfüllen, 1 Eigelb einrühren. 150 ml Olivenöl erst tropfenweise, dann in dünnem Strahl mit dem Schneebesen zugeben. Kräftig rühren, bis die Sauce mayonnaiseartig ist.

Fischsuppe mit Safran

Für den Fischfond
500 g Karkassen von weißfleischigen Fischen
1 Schalotte
100 g Lauch (nur das Weiße)
1 kleine Petersilienwurzel
1 Stange Sellerie
2 EL Öl
200 ml Weißwein
50 ml Noilly Prat
1 Lorbeerblatt
1–2 Zweige Thymian
¼ TL weiße Pfefferkörner

Für die Einlage
je 100 g Seeteufel-, Seezungen- und Lachsfilet
Salz, frisch gemahlener Pfeffer
1 Schalotte
40 g Lauch (nur das Weiße)
1 kleine Möhre
20 g Petersilienwurzel
½ Stange Sellerie
3 EL Öl

Außerdem
einige Safranfäden
50 g eiskalte Butter, Dillzweige

1 Für den Fond aus den Fischköpfen die Kiemen entfernen. Die Karkassen grob zerkleinern und wässern, anschließend in einem Sieb abtropfen lassen.

2 Die Schalotte schälen und fein würfeln. Den Lauch in Ringe schneiden, Petersilienwurzel und Sellerie grob würfeln.

3 Das Öl in einem großen Topf erhitzen. Die Karkassen darin unter Wenden 3–4 Minuten anbraten, das Gemüse dazugeben und unter häufigem Wenden kurz mitbraten. Sobald die Fisch-Gemüse-Mischung zu köcheln beginnt, Wein und Noilly Prat angießen; langsam aufkochen und leicht einkochen lassen. 1 l Wasser dazugießen. Lorbeer, Thymian und Pfefferkörner dazugeben. Fond aufkochen, dann 20–30 Minuten köcheln lassen; aufsteigenden Schaum mehrmals abschöpfen. Anschließend den Fond durch ein Tuch passieren – es sollte 1 l Fond übrig bleiben.

4 Für die Einlage die Fischfilets unter kaltem Wasser kurz abspülen und trocken tupfen. In 3 cm große Stücke schneiden; salzen und pfeffern. Das Gemüse schälen bzw. putzen und in 5 cm feine Streifen (Julienne) schneiden. Diese in kochendem Salzwasser 1–2 Minuten garen, herausheben und gut abtropfen lassen.

5 Das Öl in einer Pfanne erhitzen. Die Fischstücke darin rundherum 1–2 Minuten anbraten und wieder herausnehmen.

6 Den Fond nochmals erhitzen, die Safranfäden hineinstreuen und den Fond mit Salz und Pfeffer abschmecken. Die eiskalte Butter in Stückchen hinzufügen; die Suppe mit dem Stabmixer aufschlagen. Fischstücke und Julienne auf vorgewärmte Teller verteilen. Die Suppe auf Fisch und Gemüse schöpfen; mit Dill garnieren und sofort servieren.

Gazpacho mit Calamaretti

1 Stück Fenchelknolle (30 g)
1 Stange Sellerie
1 Salatgurke
500 g Tomaten
je 1 kleine gelbe und rote Paprikaschote
2 Schalotten
6 Knoblauchzehen
300 ml Geflügelfond
4 EL Olivenöl
1–2 TL Sherryessig
Salz
frisch gemahlener Pfeffer
4 küchenfertige Calamaretti

Für die Croûtons
3 Scheiben Weißbrot
40 g Butter

1 Das Gemüse waschen und putzen bzw. schälen. Fenchel und Sellerie sowie 150 g Gurke, 350 g Tomaten, je ½ gelbe und rote Paprikaschote grob würfeln. Den Rest von Tomaten, Gurke und Paprika beiseitelegen.

2 Schalotten und Knoblauch schälen. Schalotten, 3 Knoblauchzehen und das grob gewürfelte Gemüse mit dem Geflügelfond im Mixer fein pürieren. Diese Mischung durch ein Haarsieb streichen und mit 1 EL Olivenöl, Sherryessig, Salz und Pfeffer abschmecken. Die Gazpacho zugedeckt 3 Stunden kalt stellen.

3 Die Calamaretti trocken tupfen. Die Tentakel in ½ cm große Stücke schneiden. Bei jedem Körperbeutel die Öffnung gerade ab- und das spitze Ende kreuzweise 3 cm tief einschneiden.

4 Die Calamaretti mit 2 angedrückten Knoblauchzehen bei starker Hitze in 2–3 EL Olivenöl in einer Pfanne anbraten; herausnehmen, auf Küchenpapier entfetten, dann salzen und pfeffern. Die Armstücke ebenso anbraten, entfetten und würzen. Alles auskühlen lassen.

5 Für die Croûtons das Brot entrinden und in Würfel schneiden. Diese in der Butter goldbraun braten. Kurz vor dem Herausnehmen die sechste Knoblauchzehe im Ganzen dazugeben. Die Croûtons auf Küchenpapier entfetten.

6 Das beiseitegelegte Gemüse in sehr feine Würfel schneiden. Zwei Drittel der Würfelchen mit den angebratenen Tentakelstücken mischen. Die Tintenfischtuben mit der Gemüsemischung füllen; falls nötig, unten mit Zahnstochern verschließen.

7 Die Gazpacho auf Gläser verteilen; mit den restlichen Gemüsewürfeln und den Croûtons bestreuen. Jedes gefüllte Tintenfischchen auf einen Holzspieß stecken und diesen auf das Glas legen. Die Suppe sofort servieren.

Tipp Wenn Sie diese Suppe als Hauptgericht servieren möchten, nehmen Sie einfach 8 Calamaretti und verdoppeln Sie die Zutaten für die Gazpacho. Die Suppe lässt sich gut vorbereiten.

Heiß-kalte Gurkensuppe

mit Meeresfrüchten

Für die kalte Suppe
1 Bio-Salatgurke
100 g saure Sahne
100 ml Geflügelfond
Zucker
Salz
frisch gemahlener Pfeffer
1 TL Zitronensaft

Für die Wasabicreme
5 g Wasabipulver
100 g saure Sahne
Salz
etwas Weißweinessig

Für die heiße Suppe
2 Schalotten
1 Salatgurke
2 EL Sonnenblumenöl
1 Thymianzweig
200 ml Fischfond
100 g Crème double
Zucker
Salz
frisch gemahlener Pfeffer

Für die Meeresfrüchte
4 ausgelöste Jakobsmuscheln (ohne Corail)
8 Scampi (Kaisergranat)
80 g Lachsfilet
8 Blätter Frühlingsrollenteig
Salz
1 Bund Minze
1 Eigelb
Fett zum Ausbacken

1 Für die kalte Suppe die Gurke waschen und würfeln. Mit der sauren Sahne und dem Geflügelfond im Mixer pürieren. Die kalte Suppe mit je 1 Prise Zucker, Salz, Pfeffer und mit dem Zitronensaft würzen. Anschließend durch ein Sieb passieren, dann kalt stellen.

2 Wasabipulver mit der sauren Sahne verrühren. Die Mischung etwas ziehen lassen, dann mit Salz und Essig abschmecken.

3 Für die heiße Suppe die Schalotten schälen und fein schneiden. Die Gurke schälen und würfeln. Das Öl in einem Topf erhitzen und die Schalotten mit den Gurkenstücken und dem Thymianzweig darin glasig dünsten. Den Fischfond und die Crème double hinzufügen und alles 10 Minuten köcheln lassen. Die Suppe pürieren und anschließend durch ein Sieb passieren. Mit Zucker, Salz und Pfeffer abschmecken.

4 Für die Meeresfrüchte die Jakobsmuscheln vierteln. Die Scampi aus der Schale lösen und entdarmen (siehe Seite 123), dann längs halbieren. Das Lachsfilet in acht Stücke schneiden. Die Teigblätter anfeuchten und zwischen zwei Küchentüchern etwa 2 Minuten ziehen lassen. Fisch und Meeresfrüchte auf die Teigblätter verteilen und mit Salz würzen.

5 Die Minze waschen und trocken schütteln; 4 Zweige für die Garnitur beiseitelegen. Von den restlichen die Blätter abzupfen und fein zerkleinern. Fisch und Meeresfrüchte mit der Minze bestreuen.

6 Die Teigblätter von den Seiten her etwa 1–2 cm über die Füllung schlagen. Anschließend jedes Teigblatt mit wenig Druck aufrollen. Die Enden mit etwas verquirltem Eigelb bestreichen, umknicken und festdrücken. In einem Topf oder in einer Fritteuse das Fett zum Ausbacken auf etwa 160 °C erhitzen. Die Rollen im heißen Fett goldbraun ausbacken, herausheben und auf Küchenpapier entfetten. Mit wenig Salz bestreuen.

7 Vier Gläser (je 300 ml Inhalt) bis knapp zur Hälfte mit der kalten Suppe füllen. Die heiße Suppe mit dem Stabmixer aufschäumen und vorsichtig daraufgießen. Die Meeresfrüchterollen auf die Gläser legen. Die Wasabicreme als Dipsauce für die Rollen bzw. zum Würzen der Suppe dazu servieren.

Tipp Sie können auch beide Suppen einzeln zubereiten. Servieren Sie beispielsweise im Sommer als Erfrischung nur die kalte Gurkensuppe, mit ein paar Räucherlachsstreifen garniert.

Zucchini-Gazpacho

mit Tintenfisch und Sardellencroûtons

1 Krake (etwa 600 g)
1 gesalzenes, in Öl eingelegtes Sardellenfilet
2 EL sehr kleine Weißbrotwürfel
1 TL Butter
1 EL grüne Oliven mit Sardellenfüllung
1 EL kleine Kapern

Für die Suppe
2 Schalotten
1 Knoblauchzehe
1 gelbe Zucchini
je 1 gelbe und orangefarbene Paprikaschote
8 kleine gelbe Kirschtomaten
1 Prise Zucker
Salz
frisch gemahlener Pfeffer
4 EL Olivenöl
5 EL weißer Aceto balsamico

1 Den Kraken säubern und ausnehmen, wie auf den Seiten 126 und 127 beschrieben. In einem großen Topf so viel Wasser zum Kochen bringen, dass der Krake vollständig hineingetaucht werden kann.

2 Sobald das Wasser kocht, den Kraken kurz in das kochende Wasser tauchen, wieder herausheben und den Vorgang zweimal wiederholen (siehe Bild unten links). Danach den Tintenfisch noch einmal in den Topf gleiten lassen und in etwa 45 Minuten weich garen. Zur Garprobe mit einer spitzen Messerspitze in das Fleisch stechen. Den Topf vom Herd nehmen und den Kraken im Wasser abkühlen lassen.

3 Während der Tintenfisch gart, für die Suppe die Schalotten und den Knoblauch schälen. Die Zucchini waschen, putzen und in grobe Stücke schneiden. Die Paprikaschoten putzen, halbieren, von Samen und Trennwänden befreien, waschen und in grobe Stücke schneiden. Alle Zutaten für die Suppe im Mixer fein pürieren; die Suppe anschließend durch ein Sieb streichen und kalt stellen.

4 Den Kraken aus dem Wasser nehmen. Die Haut vom Körperbeutel sowie von den Fangarmen abziehen, wie im Bild unten Mitte gezeigt, und das Krakenfleisch in kleine Stücke schneiden (siehe Bild unten rechts).

Den Kraken mit den Fangarmen nach unten auf einen Kochlöffel legen und langsam in das sprudelnd kochende Wasser tauchen.

Vom blanchierten Kraken die zähe Haut vom Körper und den Fangarmen abziehen.

Das Krakenfleisch ganz nach Belieben in kleine Stücke, Streifen oder Ringe schneiden.

5 Das Sardellenfilet sehr fein zerdrücken und anschließend mit den Weißbrotwürfeln in der heißen Butter kurz rösten. Die grünen Oliven in feine Scheiben schneiden.

6 Die kalte Suppe nach Belieben mit dem Pürierstab kurz aufschäumen. Zum Servieren die Gazpacho auf vier tiefe Teller verteilen und jede Portion mit Tintenfischstücken, Sardellencroûtons, Olivenscheiben und Kapern garnieren.

Tipp Schneiden Sie den Tintenfisch nicht komplett in Stücke, sondern bewahren Sie die Enden der Fangarme auf, um die Suppenportionen damit zu garnieren.

Krustentier-Cappuccino

mit Garnelenspießen

Für die Suppe
1 kg Krustentierschalen (z. B. von Hummer, Langusten, Flusskrebsen; siehe Tipp)
70 ml Olivenöl
1 kleine Möhre
1 Stück Lauch (etwa 80 g)
1 Stange Sellerie
1 Knoblauchzehe
1 ½ EL Tomatenmark
100 ml Weißwein
30 ml Portwein
50 ml Noilly Prat
40 ml Cognac
6 weiße Pfefferkörner
12 Koriandersamen
5 Thymianzweige
1 l Fischfond
200 g Sahne
Meersalz
frisch gemahlener weißer Pfeffer
Tabasco
2 TL Speisestärke

Für den Schaum
1 Knoblauchzehe
100 ml Milch (3,5 % Fett)
1 Lorbeerblatt
Cayennepfeffer

Für die Garnitur
4 Rosmarinzweige
12 kleine Garnelen
Olivenöl zum Braten
Meersalz

1 Die Krustentierschalen klein hacken, waschen und in einem Sieb abtropfen lassen. Das Olivenöl in einem großen Suppentopf erhitzen und die Schalen darin unter häufigem Wenden bei schwacher Hitze etwa 30 Minuten anbraten.

2 Das Gemüse waschen und putzen. Den Knoblauch schälen. Alles klein schneiden, zu den Schalen geben und 5 Minuten mitrösten. Das Tomatenmark hinzufügen und alles noch weitere 3 Minuten rösten.

3 Die angerösteten Zutaten mit Weißwein, Portwein, Noilly Prat und Cognac ablöschen und mit Pfeffer, Koriander und Thymian würzen. Den Fischfond dazugießen und alles 1 Stunde bei schwacher Hitze köcheln lassen. Anschließend die Suppe durch ein feinmaschiges Sieb in einen sauberen Topf gießen; aufkochen, auf ein Drittel einkochen lassen.

4 Inzwischen für die Garnitur von jedem Rosmarinzweig die Nadeln, bis auf die im oberen Drittel, entfernen und die unteren Zweigenden schräg anschneiden. Auf jeden Rosmarinzweig 3 Garnelen stecken.

5 Die Sahne in die Suppe rühren. Die Suppe noch 5 Minuten köcheln lassen; dann mit Salz, Pfeffer und Tabasco abschmecken. Die Speisestärke in etwas kaltem Wasser auflösen; die Suppe damit leicht binden. Vier Cappuccinotassen mit heißem Wasser vorwärmen.

6 Für den Schaum die Knoblauchzehe schälen und grob hacken. Die Milch mit dem Lorbeerblatt und dem Knoblauch aufkochen. Das Lorbeerblatt entfernen. Den Knoblauch in der Milch mit dem Stabmixer pürieren und die Milch dabei aufschäumen.

7 Die Tassen abtrocknen und die Suppe darauf verteilen. Den Milchschaum auf den Portionen anrichten und mit etwas Cayennepfeffer bestreuen. Die Garnelen-Rosmarinspieße in Olivenöl anbraten, mit Meersalz würzen und zu den Krustentier-Cappuccinos servieren.

Tipp 1 kg Krustentierschalen entsprechen etwa den Schalen von 4–5 Hummern. Da man eher selten so viele Hummer auf einmal zubereitet, empfiehlt es sich, die Schalen im Tiefkühlgerät über ein paar Monate anzusammeln. Alternativ können Sie die Krustentierschalen beim Fischhändler beziehen.

Asiatische Fischsuppe

½ Ananas (etwa 300 g Fruchtfleisch)
300 g Bambussprossen
300 g Fischfilet (Zackenbarsch oder Brasse)
½ EL Tamarindenmark
2 EL Öl
1 TL Zucker
½ TL Salz
je 1 Messerspitze gemahlener Ingwer und weißer Pfeffer
½ EL helle Sojasauce
Saft von ½ Limette
½ EL gehackte Minze

1 Die Ananas schälen, vom holzigen Strunk befreien und in Stücke schneiden. Die Bambussprossen abtropfen lassen und in Scheiben schneiden.

2 Das Fischfilet trocken tupfen und in Würfel schneiden. Das Tamarindenmark in etwa 100 ml Wasser auflösen, aufkochen und bis zur Hälfte einkochen lassen, dann durch ein Sieb streichen.

3 Das Öl in einem Wok oder in einer Pfanne erhitzen. Die Bambussprossen mit den Ananasstückchen darin kurz anbraten, dann mit dem Zucker bestreuen. Die Tamarindenbrühe dazugießen und unterrühren.

4 750 ml Wasser mit dem Salz aufkochen. Die Fischwürfel in das kochende Salzwasser legen; Ingwer, Pfeffer, Sojasauce und Limettensaft sowie die Bambussprossen-Ananas-Mischung hinzufügen. Die Suppe bei schwacher Hitze 2–3 Minuten köcheln lassen. Mit der Minze bestreuen und servieren.

Scharfes Fischcurry

600 g weißfleischiges Fischfilet mit Haut (z. B. Dorade)
Salz
frisch gemahlener Pfeffer
2 EL Öl

Für die Joghurtsauce
4 TL schwarze Senfsamen
1 TL Kreuzkümmelsamen
1 Prise Salz
4 rote Chilischoten
je 100 g grüne und rote Paprikaschote
3 EL Senföl
200 ml Fischfond
300 g Joghurt
1 TL gemahlene Kurkuma
1 EL in Streifen geschnittene Zitronenmelisseblätter

Außerdem
200 g Langkornreis, gekocht
4 Bananenblätter
1 TL in Streifen geschnittene Zitronenmelisseblätter
1 TL Zwiebelsamen

1 Das Fischfilet in mundgerechte Stücke schneiden. Salzen und pfeffern.

2 Für die Joghurtsauce die Senf- und Kreuzkümmelsamen mit dem Salz in einer Kaffeemühle oder im Mixer fein vermahlen.

3 Chili- und Paprikaschoten halbieren und von Samen und Trennwänden befreien. Die Chilis in Streifen und die Paprikaschoten in ½ cm große Würfel schneiden.

4 1 EL Senföl in einer Pfanne erhitzen. Chilistreifen und Paprikawürfel darin kurz anbraten. Den Fond dazugießen und bei schwacher Hitze 5 Minuten köcheln lassen. Joghurt, Kurkuma, die gemahlenen Gewürze und das restliche Senföl unterrühren. Zum Schluss die Zitronenmelisse untermischen. Die Sauce abschmecken und warm halten.

5 Das Öl für den Fisch in einer Pfanne erhitzen und die Fischstücke darin 3–4 Minuten unter gelegentlichem Wenden knusprig braten.

6 Den gebratenen Fisch unter die Sauce heben. Zum Servieren den Reis auf die Bananenblätter verteilen und darauf das Fischcurry anrichten. Alles mit Zitronenmelisse und Zwiebelsamen bestreuen.

Tom yam gung

500 g rohe mittelgroße Garnelen
1 Petersilienwurzel
einige Koriandersamen
½ TL schwarze Pfefferkörner
300 g Shiitakepilze
3 Kaffirlimettenblätter
1 Stängel Zitronengras
50 g frische Ingwerwurzel
4 frische kleine Chilischoten
3 EL Limettensaft
3 EL thailändische Fischsauce

Außerdem
4 EL gehacktes Koriandergrün

1 Die Garnelen schälen. Dabei die Köpfe abtrennen und die Schwanzenden daran belassen. Die Garnelen am Rücken längs leicht einschneiden und die Därme entfernen wie auf den Seiten Seite 110/111 beschrieben. Oder den Darm beim Abdrehen des Kopfes mit herausziehen. Die Garnelen kalt stellen.

2 Garnelenschalen und -köpfe mit 1,5 l Wasser aufkochen. Petersilienwurzel putzen, zerkleinern und mit Koriandersamen und Pfefferkörnern im Mörser zerdrücken. Die Paste in den Garnelenfond rühren. Alles etwa 5 Minuten köcheln lassen; durch ein feinmaschiges Sieb passieren.

3 Die Pilze putzen und vierteln. Kaffirlimettenblätter halbieren, den hellen Teil des Zitronengrasstängels in etwa 3 cm lange Stücke schneiden und diese im Mörser zerquetschen. Den Ingwer schälen und in dünne Scheiben schneiden. Die Chilischoten von den Samen befreien und in Ringe schneiden. Mit dem Limettensaft und der Fischsauce mischen.

4 Den Garnelenfond mit Kaffirlimettenblättern, Zitronengras und Ingwer aufkochen und etwa 2 Minuten kochen lassen. Garnelen und Pilze dazugeben und die Suppe noch 3 Minuten köcheln lassen. Zitronengras, Kaffirlimettenblätter und Ingwerscheiben aus der Suppe nehmen.

5 Die Chilimischung in die Suppe geben. Die Suppe auf vorgewärmte Schalen oder Teller verteilen, mit Koriandergrün bestreuen und servieren.

Fischsuppe

mit Zitronengras und Galgant

- 1 Stück Galgant oder Ingwer (etwa 20 g)
- 4 Stängel Zitronengras
- 4 Kaffirzitronenblätter
- 4 Stängel Koriandergrün
- 400 ml Kokosmilch, ungesüßt
- 1 kleine, getrocknete Chilischote (rot oder grün), zerstoßen
- 200 g Red-Snapper-Filet, in 8 Stücke geschnitten
- 1–2 EL Fischsauce
- 2 TL brauner Zucker
- 2–3 EL Limettensaft
- 100 g kleine Champignons, geviertelt
- 1 EL Chiliöl (nach Geschmack)

1 Den Galgant schälen und mit einem scharfen Messer in sehr feine Streifen schneiden.

2 Das Zitronengras putzen, die Stängel flach klopfen. 2 Zitronenblätter in sehr feine Streifen schneiden. Die Korianderblättchen von den Stängeln zupfen.

3 Die Kokosmilch in einem Topf mit den Galgantstreifen, dem Zitronengras, den ganzen Zitronenblättern und der zerstoßenen Chilischote aufkochen; dann die Hitze reduzieren.

4 Die Fischstücke in den Sud legen und den Sud mit Fischsauce, Zucker und Limettensaft würzen. Den Fisch 2–3 Minuten in der Suppe gar ziehen lassen.

5 Die Fischstücke aus dem Sud heben und in eine vorgewärmte Suppenterrine geben. Den Sud durch ein Sieb über die Fischstücke in der Terrine gießen.

6 Alles mit Champignons, Korianderblättchen und Zitronenblätterstreifen bestreuen. Die Suppe mit Chiliöl abschmecken.

Japanischer Nudeltopf

200 g küchenfertiger Kalmar
8 ausgelöste Jakobsmuscheln
8 geschälte Garnelen
200 g Hähnchenbrustfilet
100 g Zuckerschoten
50 g Möhre
50 g Sojasprossen
100 g Enoki-Pilze (Asia-Laden) oder Champignons
1 Stück Kombu-Blatt (Alge; 10 x 10 cm groß)
500 ml Geflügelfond
15 g Bonito-Flocken
abgeriebene Limettenschale
Sansho-Pfeffer
1 EL Sojasauce
150 g Soba-Nudeln, Salz

1 Den Kalmar waschen, abtropfen lassen und in Ringe schneiden. Die Jakobsmuscheln je nach Größe ganz lassen oder halbieren. Kalmar, Jakobsmuscheln und Garnelen kalt stellen.

2 Die Hähnchenbrust 2 cm groß würfeln; ebenfalls kalt stellen. Zuckerschoten waschen und putzen. Die Möhre schälen und in 2 mm breite Streifen schneiden. Sojasprossen abbrausen und abtropfen lassen. Die Pilze putzen und je nach Größe ganz lassen, halbieren oder vierteln.

3 Mit einem sauberen Tuch den weißen Belag vom Kombu-Blatt abreiben und dieses in einem Topf in 500 ml Wasser 2 Stunden einweichen. Anschließend das Wasser aufkochen, 5 Minuten kochen lassen, bis der Kombu weich ist. Den Geflügelfond dazugießen, den Schaum von oben abschöpfen und den Fond etwas reduzieren.

4 Den Fond etwas abkühlen lassen; bei einer Temperatur von etwa 70 °C die Bonito-Flocken hinzufügen und 10 Minuten ziehen lassen. Den Fond durch ein Passiertuch gießen und mit Limettenschale, Sansho-Pfeffer und Sojasauce würzen.

5 Den Fond erneut erhitzen. Die vorbereiteten Meeresfrüchte, das Hähnchenbrustfleisch, das Gemüse und die Pilze darin 10–15 Minuten garen.

6 Inzwischen die Soba-Nudeln nach Packungsangabe in reichlich Salzwasser bissfest garen; abgießen und gut abtropfen lassen. Zum Servieren die Nudeln auf Suppenschalen verteilen und die Suppe darüberschöpfen.

Lauwarmes Thunfisch-Confit

600 g mageres Thunfischfilet
6 Tomaten
1 Zwiebel
4 Knoblauchzehen
1 Möhre
½ Stange Lauch
2 Zweige Thymian oder Rosmarin
40 g Meersalz
10 g grob gestoßener schwarzer Pfeffer
½ Chilischote
350 ml Olivenöl
350 ml Öl
1 Baguette

1 Den Thunfisch in mundgerechte Würfel schneiden. Die Tomaten mit kochend heißem Wasser überbrühen und häuten. Die Früchte halbieren und die Hälften entkernen. Das Tomatenfruchtfleisch in kleine Stücke schneiden.

2 Zwiebel und Knoblauchzehen schälen. Die Zwiebel fein würfeln, den Knoblauch in Scheiben schneiden. Möhre und Lauch waschen, putzen und in feine Würfel schneiden. Die Kräuter waschen und trocken tupfen.

3 Alle Zutaten in einen großen Topf geben. Beide Ölsorten dazugießen und die Mischung langsam zum Kochen bringen, anschließend bei mittlerer Hitze etwa 15 Minuten simmern lassen.

4 Thunfisch und Gemüse mit einem Schaumlöffel aus dem Öl heben, gut abtropfen lassen und in kleine Schalen füllen. Lauwarm mit Baguette servieren.

Hummer-Bisque

Karkasse von 1 gekochten Hummer
2 EL Olivenöl
30 ml Cognac
1 kleine Möhre
1 Stange Sellerie
1 kleine Stange Lauch
2 Schalotten
2 Knoblauchzehen
2 Tomaten
20 g Butter
1 Lorbeerblatt
1 Gewürznelke
3 zerdrückte Wacholderbeeren
je 1 Estragon- und Thymianzweig
50 g Tomatenmark
150 g Crème double
250 ml Hummerfond
4 EL ausgelöstes Hummerfleisch, in Stücken
4 EL geschlagene Sahne
Salz

1 Die Hummerkarkasse säubern, kalt abspülen und gut abtropfen lassen. Die Karkasse in einem Topf bei starker Hitze im heißen Öl in 5 Minuten kräftig anbraten, dann mit 25 ml Cognac ablöschen.

2 Das Gemüse putzen bzw. schälen und in Scheiben schneiden, die Tomaten vierteln. Die Butter in einem kleinen Topf zerlassen. Lorbeerblatt, Nelke, Wacholderbeeren und Kräuter in den Topf geben und unter Rühren bei schwacher Hitze 10 Minuten dünsten. Das Tomatenmark hinzufügen und alles 2 Minuten ziehen lassen.

3 Die Gemüsemischung zur Karkasse in den Topf geben. Alles knapp mit kaltem Wasser bedecken und zum Kochen bringen, dabei den Schaum wiederholt abschöpfen. Das Ganze bei schwacher Hitze 40–45 Minuten köcheln lassen. Crème double einrühren; die Suppe noch etwa 10 Minuten köcheln lassen. Anschließend durch ein Tuch passieren.

4 Von der Suppe 750 ml abnehmen und in den Topf gießen (den Rest anderweitig verwenden). Den Hummerfond und das Hummerfleisch in den Topf zur Suppe geben; alles erhitzen. Vom Herd nehmen. Die geschlagene Sahne unter die Suppe ziehen, die Bisque mit restlichem Cognac und etwas Salz abschmecken.

Hummersuppe

2 gegarte Hummer (je etwa 650 g)
2 EL Olivenöl
20 ml Cognac
1 Schalotte
1 weiße Zwiebel
1 Knoblauchzehe
je 50 g Lauch, Möhre und Stangensellerie
1 Tomate
20 g Butter
1 Gewürznelke
3 zerdrückte Wacholderbeeren
1 Lorbeerblatt
1 Zweig Thymian
1 Zweig Estragon
1 EL Tomatenmark
200 ml Weißwein
100 ml Noilly Prat
1 l Fischfond
1 TL Mehl
Salz
frisch gemahlener Pfeffer
100 g Sahne, halbsteif geschlagen

1 Die Hummer längs halbieren und die Innereien entfernen, wie auf Seite 114 und 115 beschrieben (Hummerlebern und Corails aufbewahren). Schwanzhälften vom Kopfteil abdrehen, das Fleisch herausnehmen und beiseitestellen. Scheren abdrehen, mit einem schweren Messer anklopfen; beiseitelegen. Beine abdrehen und mit dem Rücken eines schweren Messers leicht anschlagen.

2 Die Hummerkarkassen (auch die Beine) kalt abspülen, trocken tupfen und klein hacken. Das Öl in einer Pfanne erhitzen und die Karkassen portionsweise darin kurz dünsten. Mit Cognac ablöschen; beiseitestellen.

3 Schalotte, Zwiebel und Knoblauch schälen. Schalotte und Zwiebel in Ringe schneiden, den Knoblauch hacken. Das Gemüse waschen, putzen. Lauch, Möhre und Stangensellerie in Scheiben schneiden. Die Tomate achteln.

4 Die Butter in einem Topf erhitzen. Zwiebel und Schalotte mit Knoblauch und Gemüse darin glasig dünsten, dabei Gewürze und Kräuter hinzufügen. Tomatenmark unterrühren; alles noch 2 Minuten köcheln lassen.

5 Die Hummerkarkassen unter das Gemüse mischen. Das Ganze mit Wein und Noilly Prat ablöschen, die Flüssigkeit aufkochen, dann bei schwacher Hitze fast vollständig einkochen lassen. Den Fischfond dazugießen, aufkochen und etwa 45 Minuten köcheln lassen, dabei den aufsteigenden Schaum abschöpfen. Den Sud portionsweise durch ein Tuch passieren und die Zutaten kräftig auspressen.

6 Hummerlebern und Corails mit dem Mehl glatt mixen und die Suppe mit dieser Mischung binden. Einmal aufkochen lassen, salzen und pfeffern. Die Sahne unter die Suppe ziehen.

7 Das Hummerfleisch in Stücke schneiden und mit den Scheren in der Suppe langsam erwärmen. Die Suppe auf vorgewärmte Tellern verteilen.

Scharfe Krabbensuppe

Für die Currypaste
je 1 TL Koriander- und Kreuzkümmelsamen
1 Zimtstange
½ TL gemahlene Muskatblüte
3 rote Chilischoten
1 kleines Stück frische Ingwerwurzel (2 cm)
1 Schalotte
2 Knoblauchzehen
1 Stängel Zitronengras
1 TL Salz oder etwas Fischsauce

Für die Suppe
1 Aubergine
Saft von 1 Limette
2 Zwiebeln
250 g Möhren
4 EL Öl
600 ml Hummerfond
100 g Kokosmilch
200–250 g ausgelöstes Krabbenfleisch
Salz, Cayennepfeffer
½ Bund Koriandergrün
50 g frisches Kokosnussfleisch

Außerdem
1 Schraubdeckelglas (etwa 60 ml Inhalt) für die Currypaste

1 Für die Currypaste in einer Pfanne Koriander, Kreuzkümmel, Zimtstange und Muskatblüte 2–3 Minuten rösten, anschließend im Mörser fein zerstoßen.

2 Die Chilischoten waschen, halbieren, von den Samen befreien und zerkleinern. Ingwer, Schalotte und Knoblauch schälen und zerkleinern. Vom Zitronengras die äußeren Blättern abziehen, das Zitronengras ebenfalls zerkleinern.

3 Die zerkleinerten Zutaten mit dem Salz bzw. der Fischsauce in den Mörser geben und zu einer glatten Paste verarbeiten. Diese in das Schraubdeckelglas füllen (nicht verbrauchte Currypaste kann man darin gut im Kühlschrank aufbewahren).

4 Die Aubergine waschen, in etwa 1 cm große Würfel schneiden und mit dem Limettensaft beträufeln. Zwiebeln schälen, Möhren waschen und putzen, dann beides klein würfeln.

5 Die Zwiebeln mit den Möhren in einem Topf im heißen Öl glasig dünsten. Auberginen, 2 TL Currypaste, Hummerfond und die Kokosmilch dazugeben. Alles aufkochen lassen, dann 20 Minuten zugedeckt köcheln lassen. Anschließend den Topf vom Herd nehmen und den Inhalt mit dem Stabmixer mittelfein pürieren.

6 Das Krabbenfleisch in mundgerechte Stücke schneiden und 5 Minuten in der Suppe ziehen lassen. Die Suppe mit Salz und Cayennepfeffer abschmecken. Das Koriandergrün waschen und trocken schütteln. Kokosnussfleisch in Späne hobeln und in einer Pfanne rösten. Die Suppe auf Schalen verteilen, mit Kokosspänen und Koriandergrün garnieren; sofort servieren.

Scampi-Bisque

Für die Einlage
8 Scampi (Kaisergranate; je etwa 140 g)
50 g Lauch
30 g Stangensellerie, Salz
20 g Butter, 2 EL Olivenöl
1 Estragonzweig
1 EL gehackter Estragon

Für die Bisque
30 g Lauch
50 g Möhre
30 g Stangensellerie
2 Zwiebeln
1 Schalotte
2 kleine Knoblauchzehen
3 EL Olivenöl,
30 g Butter
60 g Langkornreis
40 g Tomatenmark
100 ml Weißwein
100 ml Noilly Prat, 40 ml Cognac
1,2 l Fischfond
je 1 Zweig Estragon, Petersilie und Basilikum
Salz, 1 Prise Cayennepfeffer
80 g Sahne, halbsteif geschlagen

1 Für die Einlage die Scampi auslösen, wie auf Seite 122/123 beschrieben. Das Fleisch an der Oberseite leicht einschneiden und den Darm vorsichtig entfernen, er darf nicht reißen. Scampi zugedeckt kühl stellen. Kopfteile längs halbieren, sorgfältig ausspülen; Karkassen klein hacken.

2 Für die Bisque Lauch, Möhre, Stangensellerie, Zwiebeln, Schalotte und Knoblauch putzen bzw. schälen und klein würfeln.

3 Öl und Butter in einem Topf erhitzen. Die Karkassen darin unter Rühren 10 Minuten braten, das Gemüse dabei 5 Minuten mitbraten; den Reis hinzufügen und mitbraten, bis die Körner glasig sind. Tomatenmark einrühren und 2–3 Minuten mitbraten. Alles mit Wein ablöschen, Noilly Prat und Cognac dazugießen; auf die Hälfte reduzieren. Fond mit Kräutern dazugeben, aufkochen und 20–25 Minuten köcheln lassen.

4 Inzwischen für die Einlage Lauch und Sellerie in feine Streifen schneiden, diese in kochendem leicht gesalzenem Wasser kurz garen; abtropfen lassen. Die Bisque im Mixer pürieren, dann portionsweise durch ein feinmaschiges Sieb zurück in den Topf passieren. Mit wenig Salz und Cayennepfeffer abschmecken; warm halten.

5 In einer Pfanne Butter und Olivenöl erhitzen und den Estragonzweig darin anbraten. Die Scampi mit Salz und Cayennepfeffer würzen, im heißen Fett rundherum goldbraun braten und mit dem gehackten Estragon bestreuen.

6 Die Bisque kurz aufmixen und die Sahne vorsichtig darunterziehen. Scampi und Gemüsestreifen auf vorgewärmte Suppentassen verteilen, die heiße Bisque rundherum gießen; alles mit gebratenem Estragon garnieren. Sofort servieren.

Toskanischer Fischtopf

12 kleine Tintenfische (z. B. Calamaretti)
1 kleine Möhre
1 Zwiebel
50 g Knollensellerie
1 Knoblauchzehe
1 rote Chilischote
5 EL Olivenöl
2 g Safran
2–3 EL Weißwein
1 l Geflügelfond
500 g passierte Tomaten
200 g Wolfsbarschfilet mit Haut
4 halbe Rotbarbenfilets mit Haut
4 geschälte Riesengarnelen
Salz
frisch gemahlener Pfeffer
gemahlener Koriander
je 12 Mies- und Venusmuscheln
1 EL gehackte Petersilie

1 Tintenfische vorbereiten (siehe Seite 124/125). Beutel/Körper in ½ cm dicke Ringe schneiden.

2 Möhre, Zwiebel, Sellerie und Knoblauch schälen und grob zerkleinern. Die Chilischote von den Samen befreien und ebenfalls grob zerkleinern. Die zerkleinerten Zutaten in den Mixer geben und fein pürieren.

3 2 EL Olivenöl in einem Topf erhitzen. Püree darin anschwitzen. Safran, Tintenfischringe und -tentakel hinzufügen. Mit Wein ablöschen und einkochen lassen. Fond und Tomatenpüree einrühren. Alles aufkochen; 20–30 Minuten köcheln lassen und um ein Drittel reduzieren.

4 Die Wolfsbarschfilets in grobe Stücke schneiden. Alle Fischfilets und die Garnelen mit Salz, Pfeffer und Koriander würzen. Mit den Muscheln in die Suppe geben (die Fischfilets mit der Haut nach oben hineinlegen). Das Ganze mit 3 EL Olivenöl beträufeln, mit Petersilie bestreuen. Zugedeckt aufkochen lassen.

5 Den Topf vom Herd nehmen und den Eintopf 5 Minuten ziehen lassen, abschmecken und in tiefe Teller füllen. Dazu passen Knoblauch-Crostini.

Gemüseeintopf mit Stockfisch

1,2 kg Stockfisch

Für das Gemüse
2 Zwiebeln
2 Stangen Sellerie
300 g Lauch
2 Möhren
500 g festkochende Kartoffeln
300 g Tomaten
2 Knoblauchzehen
3 EL Olivenöl
125 ml Weißwein
1 Lorbeerblatt, Salz
500 ml Fischfond oder Wasser
5 eingelegte grüne Pfefferkörner
1 EL edelsüßes Paprikapulver

Außerdem
1 EL gehackte glatte Petersilie

1 Den Stockfisch wässern und zerkleinern, wie auf Seite 141 beschrieben.

2 Zwiebeln schälen und fein würfeln. Stangensellerie und Lauch putzen und in Scheiben bzw. Ringe schneiden. Möhren und Kartoffeln schälen und ebenfalls in Scheiben schneiden. Die Tomaten häuten, vierteln, von Stielansätzen und Samen befreien und in Stücke schneiden. Den Knoblauch schälen.

3 Das Öl in einem Topf erhitzen. Den Knoblauch darin unter Rühren bei mittlerer Hitze goldbraun braten; herausnehmen und beiseitelegen. Die Zwiebeln im verbliebenen Bratfett glasig dünsten, Sellerie-, Möhren- und Kartoffelscheiben hinzufügen und kurz mitdünsten.

4 Gemüse mit Wein ablöschen; Lorbeer und etwas Salz dazugeben. Fond dazugießen, alles aufkochen und zugedeckt bei mittlerer Hitze etwa 20 Minuten köcheln lassen. Tomaten und Lauch untermischen; den Eintopf noch 10 Minuten köcheln lassen.

5 Knoblauch und Pfefferkörner im Mörser zerdrücken, Paprikapulver untermischen. Gewürzpaste in den Eintopf rühren, dann den Stockfisch dazugeben. Den Fisch in 5 Minuten gar ziehen lassen. Eintopf abschmecken, mit Petersilie bestreuen und servieren.

Jambalaya mit Langusten

2 Langusten mittlerer Größe (je etwa 600 g)
2 Chilischoten (möglichst Lampionchilis)
80 g durchwachsener Räucherspeck
60 g Schalotten
1 Knoblauchzehe
4 EL Öl
150 g Langkornreis
500 ml Fischfond
einige Safranfäden
Salz
zerstoßener schwarzer Pfeffer
½ TL gehackter Thymian
1 EL Limettensaft
400 g Tomaten
150 g Frühlingszwiebeln
80 g luftgetrockneter Schinken, dünn aufgeschnitten
frisch gemahlener weißer Pfeffer

Außerdem
1 EL gehackte glatte Petersilie

1 In einem großen Topf reichlich Wasser aufkochen, die Langusten kopfüber hineingeben und 3 Minuten kochen lassen. Herausheben, in Eiswasser abschrecken. Die Schwänze ausbrechen, wie für Hummer auf Seite 117 beschrieben; jede Languste in 8 Stücke zerteilen.

2 Die Chilischoten längs halbieren, Samen und Trennwände entfernen und das Fruchtfleisch in feine Streifen schneiden.

3 Den Speck sehr fein würfeln. Die Schalotten schälen und klein würfeln. Den Knoblauch schälen und zerdrücken.

4 In einer großen Pfanne mit hohem Rand den Speck in 2 EL Öl bei starker Hitze braten. Schalotten und Knoblauch hinzufügen und 2 Minuten mitbraten. Den Reis dazugeben und unter Rühren mitbraten, bis die Körner glasig sind.

5 Den Fischfond in die Pfanne zu den Zutaten gießen. Safran, 1 TL Salz, zerstoßenen Pfeffer, Thymian, Limettensaft und die Chilistreifen dazugeben. Alles bei schwacher Hitze etwa 20 Minuten köcheln lassen, bis der Reis körnig und bissfest ist.

6 Die Tomaten mit kochendheißem Wasser überbrühen und häuten. Die Stielansätze herausschneiden, die Samen entfernen und das Fruchtfleisch klein würfeln. Frühlingszwiebeln putzen und waschen; schräg in 1½ cm große Stücke schneiden, für 2 Minuten in kochendes Wasser geben, abgießen und mit kaltem Wasser abschrecken.

7 Die Schinkenscheiben in breite Streifen schneiden. Mit Tomatenwürfeln und Frühlingszwiebeln unter die Reismischung rühren. Sollte die Mischung zu trocken sein, noch etwas Fischfond dazugießen und das Ganze 5 Minuten ziehen lassen.

8 Die Langustenstücke im restlichen Öl auf beiden Seiten bei starker Hitze anbraten. Unter den Reis heben. Mit Salz und Pfeffer abschmecken und mit Petersilie bestreuen. Das Gericht mit der »Langustennase«, dem Kopfteil des Krustentiers, garnieren und in der Pfanne servieren.

Clam Chowder

1,5 kg Venusmuscheln
600 ml Gemüsefond
100 g Bacon
3 Stangen Sellerie
2 Schalotten
600 g Kartoffeln
3 TL Mehl
2 Lorbeerblätter
5 Zweige Thymian
frisch geschroteter schwarzer Pfeffer
2 Maiskolben
400 ml Milch
50 g kalte Butter
Salz

1 Die Muscheln unter fließend kaltem Wasser waschen und gründlich abbürsten. Geöffnete Exemplare wegwerfen.

2 Den Gemüsefond in einem großen Topf aufkochen. Die Muscheln hineingeben und zugedeckt 5–8 Minuten dämpfen; den Topf dabei gelegentlich rütteln, damit die Muscheln gemischt werden. Nach dem Dämpfen sollen sich alle Muscheln geöffnet haben; nicht geöffnete Exemplare wegwerfen.

3 Die Muscheln in ein Sieb abgießen; den Sud dabei auffangen und durch ein mit einem feuchten Passiertuch ausgelegtes Spitzsieb gießen.

4 Das Muschelfleisch aus den Schalen lösen und nach Belieben hacken. Den Bacon in 2 cm große Würfel schneiden. Stangensellerie putzen und in 1 cm dicke Scheiben schneiden. Die Schalotten schälen und fein würfeln. Die Kartoffeln schälen und in 1 cm große Würfel schneiden.

5 Den Bacon in einem Topf bei mittlerer Hitze ausbraten; herausheben und auf Küchenpapier abtropfen lassen. Schalotten und Sellerie im Speckfett bei schwacher Hitze zugedeckt 5 Minuten dünsten. Das Mehl darüberstreuen und anschwitzen. Den Muschelsud mit 100 ml Wasser, den Kartoffeln sowie Lorbeer, Thymian und geschroteten Pfeffer dazugeben und aufkochen lassen.

6 Die Suppe zugedeckt bei schwacher Hitze 10 Minuten kochen lassen. In der Zwischenzeit die Maiskolben, falls nötig, entblättern und die Fäden entfernen. Die Körner mit einem scharfen Messer vom Kolben schneiden. Maiskörner und Muscheln in die Suppe geben; alles zugedeckt noch 5–10 Minuten kochen lassen.

7 Milch und Butter in die Suppe rühren und die Suppe erhitzen, bis die Butter geschmolzen ist; dabei nicht aufkochen lassen. Lorbeer und Thymian entfernen und die Chowder mit Salz und Pfeffer würzen. Mit dem Bacon bestreuen; sofort servieren.

Kartoffel-Fenchel-Suppe

mit Miesmuscheln

Für die Suppe
200 g mehligkochende Kartoffeln
1 Fenchelknolle (etwa 350 g)
2 Frühlingszwiebeln
1 kleine Stange Lauch
4 EL Olivenöl
½ TL Safran
2 Knoblauchzehen
Salz, frisch gemahlener Pfeffer
750 ml Fischfond
4 EL halbsteif geschlagene Sahne

Für die Muscheln
50 g Frühlingszwiebeln
je 50 g Fenchel und Möhren
4 Petersilienstängel, 2 Thymianzweige, 1 Lorbeerblatt
1 bleistiftdicke Scheibe aus einer jungen Knoblauchknolle
4 EL Olivenöl
1 kg Miesmuscheln
100 ml Weißwein
frisch gemahlener Pfeffer
1 EL gehacktes Fenchelgrün

Für die Einlagen
5–7 Safranfäden, ½ –1 TL mildes Currypulver, 3 EL Olivenöl
250 g Fenchel, in feinen Streifen
Salz, frisch gemahlener Pfeffer
1 kleine rote Chilischote
2 EL gehacktes Fenchelgrün

1 Für die Suppe die Kartoffeln schälen und quer in Scheiben schneiden. Fenchel putzen, halbieren, vom Strunk befreien und in dünne Scheiben schneiden. Frühlingszwiebel- und Lauchstücke in Ringe schneiden.

2 Das Öl in einem Topf erhitzen. Kartoffeln mit Fenchel, Frühlingszwiebeln, Lauch, Safran und Knoblauch darin 10 Minuten dünsten; salzen und pfeffern. Den Fond angießen, die Suppe zugedeckt 30 Minuten köcheln lassen.

3 Für die Muscheln die Frühlingszwiebeln fein, den Fenchel grob, die Möhren mittelfein würfeln. Petersilie, Thymian, Lorbeer und Knoblauch in Öl kurz dünsten. Muscheln dazugeben (geöffnete wegwerfen); alles durchrühren. Wein angießen; pfeffern. Muscheln im geschlossenen Topf 5 Minuten garen, bis sie sich geöffnet haben. Nicht geöffnete Muscheln wegwerfen. Einige Muscheln für die Garnitur beiseitelegen, die restlichen auslösen. Den Sud durch ein Sieb gießen. Muschelfleisch in einem Drittel des Suds warm halten, mit etwas Fenchelgrün bestreuen. Die Suppe pürieren; den restlichen Muschelsud dazugeben.

4 Für die Einlagen Safran und Curry im Öl leicht anbraten. Fenchel hinzufügen, salzen, pfeffern und weich dünsten. In die Suppe geben. Chili entkernen und in Ringe schneiden. Mit Fenchel in die Suppe geben. Sahne unterheben, Fenchelgrün in die Suppe rühren. Die Suppe abschmecken und auf Teller verteilen. Muscheln aus dem Sud heben und in die Suppe geben. Mit den beiseitegelegten Muscheln in der Schale und nach Belieben mit Croûtons garnieren.

Italienische Muschelsuppe

1,5 kg Miesmuscheln
2 weiße Zwiebeln
3 Knoblauchzehen
3 EL Olivenöl
200 ml Weißwein
800 ml Fischfond
500 g Tomaten
100 g Möhren
grobes Meersalz nach Bedarf
grob gemahlener Pfeffer

Außerdem
3 EL gehackte Petersilie

1 Muscheln kalt waschen und gründlich abbürsten, die Bärte entfernen. Geöffnete Exemplare wegwerfen. Die Zwiebeln schälen, halbieren und in dünne Scheiben schneiden. Den Knoblauch schälen und fein hacken.

2 Das Olivenöl in einem großen Topf erhitzen, Zwiebeln und Knoblauch darin andünsten. Die Muscheln hinzufügen und mit dem Weißwein begießen. Zugedeckt 7–8 Minuten garen, bis sich alle Muscheln geöffnet haben, dabei den Topf mehrmals kräftig rütteln.

3 Muscheln und Zwiebeln mit einem Schaumlöffel aus dem Sud heben (geschlossene Muscheln wegwerfen) und beiseitestellen. Den Muschelsud durch ein mit einem Passiertuch ausgelegtes Sieb gießen, dann mit dem Fischfond in einem Topf langsam aufkochen lassen.

4 Inzwischen die Tomaten mit kochend heißem Wasser überbrühen und häuten. Stielansätze und Samen entfernen, letztere durch ein Sieb passieren und den Saft zum Fond gießen. Tomatenfruchtfleisch würfeln.

5 Möhren putzen, schälen und in dünne Scheiben schneiden. Tomatenwürfel und Möhrenscheiben in den Fond rühren und etwa 10 Minuten köcheln lassen.

6 Zwei Drittel der Muscheln aus den Schalen lösen und das Muschelfleisch mit den Zwiebelringen in der Suppe erwärmen. Die Suppe mit Salz und Pfeffer würzen, in vorgewärmte Teller schöpfen und die restlichen Muscheln hineinlegen. Mit Petersilie bestreuen und die Suppe sofort servieren. Dazu passt Knoblauchbrot.

Muscheleintopf

in Estragon-Champagner-Fond

1 kg Miesmuscheln
2 Möhren, 2 Stangen Sellerie
2 Kartoffeln
200 g weiße Rübchen (Navetten)
2 Artischocken
1 kleines Bund Estragon
1 Gemüsezwiebel
2 EL Olivenöl
100 ml trockener Weißwein
700 ml Fischfond
0,1 g Safranfäden
100 g frische gepalte Erbsen
Salz, frisch gemahlener Pfeffer
100 ml trockener Champagner

1 Muscheln kalt waschen und gründlich abbürsten, die Bärte entfernen. Geöffnete Exemplare wegwerfen.

2 Möhren, Sellerie und Kartoffeln schälen. Die Kartoffeln in etwa 3 cm große Stücke schneiden. Die Rübchen schälen, größere in Spalten schneiden. Von den Artischocken Stiele und Blätter abschneiden, das faserige Heu ablösen und die Böden in Spalten schneiden. Estragon waschen, trocken schütteln, die Blätter abzupfen und hacken; die Zweige aufheben.

3 Die Gemüsezwiebel schälen und in feine Streifen schneiden. Das Öl in einem Topf erhitzen. Die Zwiebelstreifen mit den Estragonzweigen glasig dünsten. Die Muscheln hinzufügen und alles mit Weißwein ablöschen.

4 Den Topf schließen und die Muscheln 7–8 Minuten garen, bis sie sich alle geöffnet haben. Die Muscheln aus dem Sud heben; ungeöffnete Exemplare aussortieren und wegwerfen. Die restlichen (geöffneten) Muscheln aus den Schalen lösen.

5 Den aufgefangenen Muschelsud mit dem Fischfond auffüllen. Safran hinzufügen und alles aufkochen. Zuerst die Kartoffeln, dann Möhren, Rübchen, Sellerie, Artischockenböden und Erbsen in den Sud geben. Alles etwa 20 Minuten zugedeckt köcheln lassen, bis Kartoffeln und Gemüse weich sind. Die Muscheln untermischen.

6 Den Eintopf mit Salz und Pfeffer abschmecken. Champagner und gehackten Estragon untermischen. Mit Knoblauch- oder Kräuterbaguette servieren.

Tipp Für Knoblauchbaguette Knoblauchzehen in hauchdünne Scheiben schneiden, in wenig Öl anbraten, aus der Pfanne nehmen. Brotscheiben im Knoblauchöl rösten, mit den Knoblauchscheiben belegen und servieren.

Zarzuela

500 g Miesmuscheln
600 ml Fischfond
60 ml Sherry
4 Lorbeerblätter
1 große Zwiebel
2 Knoblauchzehen
5 EL Olivenöl
500 g grob gehacktes Tomatenfruchtfleisch (mit Saft)
350 g weißfleischiges Fischfilet (z. B. Seehecht oder Heilbutt)
4 kleine küchenfertige Kalmare
Salz, frisch gemahlener schwarzer Pfeffer
0,1 g Safran
60 ml trockener Weißwein
300 g geschälte rohe Garnelen
3 EL gehackte Petersilie

1 Muscheln kalt waschen und gründlich abbürsten, die Bärte entfernen. Geöffnete Exemplare wegwerfen.

2 Den Fischfond mit Sherry und 2 Lorbeerblättern in einem Topf erhitzen. Die Muscheln darin zugedeckt einige Minuten kochen lassen, bis sie sich öffnen. Herausheben; geschlossene Exemplare wegwerfen. Die restlichen Muscheln aus den Schalen lösen. Den Garsud aufbewahren.

3 Zwiebel und Knoblauch schälen. Die Zwiebel fein würfeln, den Knoblauch fein hacken. 2 EL Öl in einem großen Topf erhitzen. Die Zwiebel darin glasig dünsten, den Knoblauch dabei kurz mitdünsten. Die Tomaten und die restlichen Lorbeerblätter hinzufügen. Alles offen in 5–10 Minuten zu einer Sauce einkochen lassen.

4 Inzwischen das Fischfilet trocken tupfen und in grobe Stücke schneiden. Von den Kalmaren die Tentakel so abschneiden, dass sie zusammenhängend bleiben. Die Tuben in Ringe schneiden.

5 Das restliche Olivenöl in einer Pfanne erhitzen. Die Fischstücke darin bei mittlerer Hitze goldgelb braten. Die Kalmarringe und -tentakel hinzufügen und kurz mitbraten; alles salzen und pfeffern.

6 Safran mit der Hälfte des Muschelsuds und dem Wein zur Tomatensauce geben. Alles zum Kochen bringen, die Garnelen hinzufügen und 5 Minuten schmoren. Das Muschelfleisch sowie die Fisch- und Kalmarstücke samt Bratflüssigkeit untermischen. Den Eintopf einige Minuten bei schwacher Hitze köcheln lasssen; falls nötig, noch etwas Muschelsud nachgießen.

7 Die Lorbeerblätter aus dem Eintopf entfernen, die Petersilie unterrühren und die Zarzuela auf Schalen oder Suppenteller verteilen. Dazu am besten frisches Weißbrot reichen.

Karpfenragout

2 Karpfenfilets (je etwa 300 g)
400 g Tomaten
1 rote Paprikaschote
1 große Zwiebel
30 g Butter
1 gehäufter EL edelsüßes Paprikapulver
500 ml Fischfond
2 Stück Schale von 1 Bio-Zitrone
Salz
frisch gemahlener Pfeffer
etwas Zitronensaft
1 EL gehackte Petersilie

1 Die Karpfenfilets in etwa 4 cm große Stücke schneiden. Die Tomaten mit kochend heißem Wasser übergießen und kalt abschrecken. Anschließend häuten und in Viertel schneiden. Die Tomatenviertel von Stielansätzen und Samen befreien und klein würfeln.

2 Die Paprikaschote waschen, in Viertel schneiden, von Samen und Trennwänden befreien und in Streifen schneiden.

3 Die Zwiebel schälen und fein würfeln. Die Butter in einem Topf erhitzen und die Zwiebel darin glasig dünsten. Das Paprikapulver 2 Minuten mitdünsten.

4 Den Fischfond zu den Zwiebeln in den Topf gießen. Zitronenschale, Tomatenwürfel und Paprikastreifen dazugeben und alles zusammen 5 Minuten köcheln lassen.

5 Die Karpfenfiletstücke in den Garsud legen und 4–5 Minuten köcheln lassen. Das Ragout mit Salz, Pfeffer und Zitronensaft abschmecken, mit Petersilie bestreuen und servieren.

Hauptgerichte
mit Süßwasserfisch

Forelle blau

4 küchenfertige Forellen (je 300–350 g)

Für die Court-Bouillon
1 Schalotte
1 Möhre
1 kleine Petersilienwurzel
1 kleine Stange Lauch
50 g Salz
1 Stängel Petersilie
2 Thymianzweige
1 Lorbeerblatt
2 Wacholderbeeren
15 weiße Pfefferkörner
100 ml Weißweinessig

1 Die Forellen unter fließendem kaltem Wasser innen und außen abspülen. Nach Belieben in Form binden, wie auf Seite 108/109 gezeigt.

2 Für die Court-Bouillon die Schalotte schälen und in Ringe schneiden. Die Möhre und die Petersilienwurzel schälen. Den Lauch putzen. Das Gemüse waschen und in dünne Scheiben schneiden.

3 Das Gemüse entweder in einen ovalen flachen Fischkessel oder in einen flachen Topf mit entsprechend großem Durchmesser füllen. 3 l Wasser dazugießen, das Salz, die Petersilienstängel, die Thymianzweige, das Lorbeerblatt und die Wacholderbeeren dazugeben. Alles aufkochen und mindestens 30 Minuten bei schwacher Hitze köcheln lassen.

4 Erst kurz vor Ende der Garzeit die angedrückten weißen Pfefferkörner in die Court-Bouillon streuen, sonst wird sie zu bitter. Den Weißweinessig dazugießen und die vorbereiteten Forellen vorsichtig in den Fischkessel oder in den Topf legen.

5 Die Court-Bouillon mit dem Fisch bis zum Siedepunkt erhitzen und kurz aufwallen lassen. Die Forellen herausheben und nach Belieben mit etwas von dem Gemüse aus dem Garsud servieren. Dazu passen Salzkartoffeln.

Forelle Müllerin

- 4 küchenfertige Forellen (je 350 g)
- feines Meersalz
- frisch gemahlener Pfeffer
- Saft von 2 Zitronen
- Mehl zum Wenden
- 50 ml Öl
- 120 g Butter
- 3 EL Kalbsjus (aus dem Glas)
- 3 EL Worcestershiresauce
- 3 EL gehackte Petersilie
- 1 Zitrone, dick geschält und in 8 Scheiben geschnitten

1 Die Kiemen von den Forellen entfernen. Die Forellen unter fließendem kaltem Wasser innen und außen gründlich abspülen, dann mit Küchenpapier sorgfältig trocken tupfen.

2 Die Fische von innen und außen mit Meersalz, Pfeffer und etwa der Hälfte des Zitronensafts würzen.

3 Das Mehl auf einen großen Teller geben und die Forellen darin wenden, wie unten im linken und mittleren Bild gezeigt. Überschüssiges Mehl von den Fischen gut abklopfen.

4 Das Öl in einer großen Pfanne erhitzen. Die Forellen darin auf jeder Seite 4 Minuten braten, bis sie goldbraun und knusprig sind. Kurz abtropfen lassen; auf vorgewärmten Tellern anrichten.

5 Das Bratfett aus der Pfanne gießen und die Butter in der Pfanne aufschäumen lassen. Kalbsjus, Worcestershiresauce und den restlichen Zitronensaft hinzufügen und alles kurz aufkochen lassen.

6 Die Forellen mit der Würzbutter beträufeln. Die Fische mit der Petersilie bestreuen und mit den Zitronenscheiben garnieren.

Tipps Zum Klassiker aus der Fischküche passen am besten Petersilienkartoffeln. Dazu geschälte kleine Kartoffeln bissfest garen. Anschließend in zerlassener Butter schwenken und mit fein gehackter Petersilie sowie etwas Salz bestreuen. Wer mag, kann die gebratenen Forellen auch einmal mit gerösteten Mandelblättchen und zerlassener Butter servieren.

Vor dem Braten die sorgfältig trocken getupften Forellen in wenig Mehl wenden.

Das Mehl dabei leicht andrücken und überschüssiges Mehl mit den Händen abklopfen.

In einer großen Pfanne die Butter erhitzen und die Forellen darin auf jeder Seite 4 Minuten braten.

Spinatrouladen mit Forelle

und Kartoffel-Mango-Ravioli

Für die Ravioli
250 g Mehl
1 EL Olivenöl
Salz
4 Eigelb, 2 Eier
frisch geriebene Muskatnuss
150 g Kartoffeln
50 g Sahne
½ Mango
abgeriebene Schale und Saft von ½ Bio-LimetteButter zum Anschwenken

Für den Fisch
4 Forellenfilets (je 125 g)
400 g Blattspinat (möglichst große Blätter)
120 g Lachsfilet
80 g Sahne
etwas Zitronensaft
ein Spritzer Noilly Prat
Salz, frisch gemahlener Pfeffer

Für die Safransauce
200 ml Fischfond
100 ml trockener Weißwein
100 g Sahne
1 Lorbeerblatt
2 Thymianzweige
0,1 g Safranfäden
Speisestärke zum Binden
80 g kalte Butterwürfel
1 EL geschlagene Sahne

Außerdem
Topf mit Dämpfeinsatz

1 Für den Nudelteig möglichst am Vortag Mehl, Öl, 1 Prise Salz, Eigelbe, 1 Ei und Muskat zu einem Teig verkneten. Diesen in Folie wickeln und kalt stellen.

2 Am nächsten Tag die Kartoffeln in der Schale garen. Für die Sauce Fond, Wein und Sahne mit den Gewürzen auf ein Drittel reduzieren. Beiseitestellen.

3 Die Forellenfilets längs halbieren. Den Spinat, falls nötig, von dicken Stielen befreien und waschen. Die Blätter kurz in kochendes Wasser geben, herausheben und sofort in eiskaltem Wasser abschrecken. In ein Sieb abschütten und vorsichtig, aber gründlich, ausdrücken.

4 Das Lachsfilet mit Sahne und einem Spritzer Zitronensaft im Mixer zu einer glatten Farce pürieren. Diese mit Noilly Prat, Salz und Pfeffer abschmecken. Zu Spinatrouladen verwrbeiten, wie in der Bildfolge unten beschrieben.

Für die Rouladenhülle die Spinatblätter überlappend als Rechteck auf vier Stück Frischhaltefolie legen.

Gut zwei Drittel der Lachsfarce auf die Spinatflächen streichen; je 2 Forellenfiletstücke (mit Farce dazwischen) darauflegen.

Die Fisch-Spinat-Rouladen mithilfe der Folie aufrollen und in die Frischhaltefolie einschlagen.

5 Die Kartoffeln noch warm pellen; durch die Kartoffelpresse drücken und mit der Sahne verrühren. Die Mango schälen und das Fruchtfleisch in kleine Würfel schneiden.

6 Die Mangowürfel locker unter das Kartoffelpüree heben; die Mischung mit Salz, Limettenschale und -saft abschmecken.

7 Den Nudelteig dünn ausrollen. Aus dem Teig Kreise ausstechen und auf jeden Kreis mittig etwas Kartoffel-Mango-Masse platzieren. Die Teigränder mit verquirltem Ei bepinseln und die Teigstücke zusammenklappen. Die Fischrouladen 10–12 Minuten dämpfen. In der Zwischenzeit die Ravioli in Salzwasser etwa 3 Minuten garen.

8 Die Sauce erneut aufkochen und mit etwas in kaltem Wasser aufgelöster Stärke binden. Die Sauce mit kalter Butter und geschlagener Sahne aufschlagen.

9 Die Fischrouladen aus der Folie nehmen und schräg aufschneiden. Die Ravioli in Butter schwenken. Fischrouladen und Ravioli mit der Sauce anrichten.

Pochierter Felchen

auf Kaviarlinsen

Für den Fisch
2 Zwiebeln
etwa 80 g frische Ingwerwurzel
1 große Fenchelknolle (400 g)
1 Stange Lauch
¼ TL Kardamomsamen
1 TL Fenchelsamen
250 ml Fischfond
100 ml Weißwein, 40 ml Wermut
0,1 g Safranfäden
100 g Butter
4 Felchenfilets
Butter zum Bestreichen

Für die Linsen
400 g Beluga-Linsen
1 Zwiebel, 1 rote Paprikaschote
200 ml Gemüsebrühe
4 EL Olivenöl
1 Lorbeerblatt
Salz, frisch gemahlener Pfeffer

1 Für den Fischsud Zwiebeln und Ingwer schälen, Fenchel und Lauch waschen und putzen. Das Gemüse und den Ingwer in feine Streifen schneiden. Kardamomsamen und Fenchelsamen in ein Gewürzsäckchen geben.

2 Fond, Wein und Wermut mit dem Gewürzsäckchen und dem Safran in einen Topf geben; aufkochen und kurz kochen lassen.

3 Die Fondmischung mit dem Gemüse in eine Auflaufform gießen, in die die Fischfilets nebeneinander hineinpassen. Die Butter dazugeben. Die Felchenfilets in den Sud legen und mit gebutterter Alufolie bedecken.

4 Den Backofen auf 180 °C vorheizen. Inzwischen die Linsen in einem Sieb kalt abbrausen und abtropfen lassen. Zwiebel schälen und fein würfeln. Paprika putzen, waschen und in feine Würfel schneiden.

5 Den Fisch 10–15 Minuten im heißen Ofen (Mitte) garen. Währenddessen für die Linsen in einem Topf die Gemüsebrühe aufkochen lassen. In einem zweiten Topf das Olivenöl erhitzen; Paprikawürfel und die Zwiebel darin glasig dünsten. Die Linsen dazugeben und 3 Minuten mitdünsten. Etwas heiße Gemüsebrühe angießen, das Lorbeerblatt hinzufügen und die Linsen in etwa 20 Minuten bissfest garen. Dabei nach und nach die restliche Gemüsebrühe unterrühren – ähnlich wie beim Kochen eines Risottos.

6 Das Linsengemüse auf vier vorgewärmten Tellern anrichten. Den Fisch aus dem Ofen nehmen und mit dem Fenchelgemüse und dem Sud neben den Linsen anrichten.

Renkenröllchen

auf Graupengemüse

120 g Perlgraupen, 1 TL Salz
½ Bund Dill
8 EL Fischfarce aus Saibling oder Lachsforelle (siehe Tipp)
4 Renkenfilets ohne Haut
4 EL feine Gemüsewürfelchen aus Möhren, Sellerie, Lauch und Kohlrabi
60 ml trockener Weißwein
150 ml kräftiger Geflügelfond
4 EL geriebener Parmesan

Außerdem
4 blanchierte Lauchstreifen zum Umbinden der Röllchen
Butter für die Form
1 ½ EL kalte Butterflocken
Parmesanspäne zum Garnieren

1 Die Graupen über Nacht in kaltem Wasser einweichen. Am nächsten Tag in einem Sieb abspülen, in einem Topf mit gesalzenem Wasser 1 cm hoch bedecken. In etwa 10 Minuten knapp gar kochen.

2 Inzwischen den Backofen auf 175 °C vorheizen. Dill waschen, trocken schütteln, Spitzen abzupfen und hacken; unter die Fischfarce mischen. Fischfilets trocken tupfen; eventuell verbliebene Gräten entfernen. Die Filets auf der Hautseite dünn mit Fischfarce bestreichen, dann aufrollen.

3 Jedes Röllchen mit 1 Lauchstreifen umwickeln und in eine gebutterte, ofenfeste Form setzen. Den Wein angießen und die Renkenröllchen im Backofen (Mitte; Umluft nicht empfehlenswert) 8–10 Minuten garen.

4 Graupen abgießen; wieder in den Topf geben. Geflügelfond und Gemüsewürfelchen hinzufügen. Alles in 5 Minuten cremig einkochen lassen. 1 EL Butter und den Parmesan untermischen. Auf vorgewärmte Teller verteilen, die Renkenröllchen darauf anrichten. Fischfond mit der restlichen Butter aufschäumen und die Renkenröllchen damit umziehen. Mit Parmesanspänen garnieren.

Tipp Für die Fischfarce 200 g Saibling- oder Lachsforellenfilet zerkleinern; mit 1 TL Salz und Pfeffer würzen. Gut durchkühlen, dann durch den Fleischwolf in eine Schüssel drehen. Diese auf zerstoßene Eiswürfel stellen. 100 g Sahne unter das Fischpüree rühren. Die Masse in zwei Portionen im Mixer pürieren. Zurück auf das Eis stellen. Die Farce portionsweise durch ein Sieb streichen. 100 g flüssige Sahne unterheben und die Farce mit Salz und Pfeffer kräftig abschmecken. Zum Schluss 25 g leicht geschlagene Sahne unterziehen.

Hecht im Speckmantel

1 küchenfertiger Hecht (etwa 800 g)
Salz
frisch gemahlener Pfeffer
2 Schalotten
1 Bund Kräuter (z. B. Petersilie, Koriander und Thymian)
40 g Butter
12 Scheiben durchwachsener Speck

1 Den Hecht innen und außen salzen und pfeffern. Die Schalotten schälen und in dünne Ringe schneiden.

2 Die Kräuter waschen und trocken schütteln. Von ein paar Kräuterzweigen die Blättchen abzupfen; die Blättchen hacken. Backofen auf 200 °C vorheizen.

3 Den Hecht mit den Kräuterzweigen, den Schalottenringen und der Butter füllen. Anschließend den Fisch gleichmäßig mit den Speckscheiben umwickeln, wie im Bild unten links gezeigt.

4 Den Fisch mit den gehackten Kräutern bestreuen und in Alufolie wickeln, wie im Bild unten rechts gezeigt. Die Folie sorgfältig schließen, damit kein Saft während des Garens herausfließen kann.

5 Das Fischpaket auf den Backofenrost legen und den Fisch im heißen Ofen (Mitte) 20–25 Minuten garen. Die geschlossene Alufolie sorgt, zusammen mit dem Speck dafür, dass der extrem fettarme Hecht im eigenen Saft gart und dadurch saftig bleibt.

Tipp Im Hechtfleisch stecken zahlreiche unangenehme Gräten. Wenn Sie einen ganzen Hecht zum Füllen vorbereiten oder ihn filetieren, sollten Sie diese Gabelgräten vorher sorgfältig einzeln aus dem Fischfleisch ziehen.

Den gefüllten Hecht gleichmäßig mit den geräucherten Speckscheiben umwickeln.

Den Fisch mit den gehackten Kräutern bestreuen und in Alufolie wickeln. Die Folie sorgfältig schließen, damit kein Saft herausfließen kann.

Karpfen in Biersauce

1 ausgenommener Spiegelkarpfen (1,5 kg)

Für die Fischbrühe
1 Zwiebel
1 kleine Lauchstange
1 kleine Petersilienwurzel
1 Stange Sellerie, 1 Möhre
1 Lorbeerblatt, ½ TL Salz
ein paar weiße Pfefferkörner

Für die Biersauce
400 ml Kalbsfond
2 Zwiebeln, 20 g Butter
150 ml Malzbier
1 Lorbeerblatt, 1 Messerspitze gemahlene Gewürznelke
Schalen von 1½ Bio-Zitronen
½ TL Salz
frisch gemahlener Pfeffer
30 g Saucenlebkuchen
40 g Sultaninen
20 g geröstete Mandelstifte

Außerdem
Blättchen von Zitronenmelisse

1 Den Karpfen schuppen (siehe Bild unten links). Die Bauchhöhle des Karpfens unter fließendem Wasser gründlich auswaschen. Das Mittelstück des Karpfens, wie im Bild unten rechts gezeigt, in Koteletts schneiden.

2 Den Kopf längs spalten. Mit dem Schwanz in eine Schüssel legen und unter fließend kaltem Wasser gründlich abspülen. Abtropfen lassen und in einen entsprechend großen Topf geben.

3 Für die Brühe das Gemüse putzen bzw. schälen und klein schneiden. Mit dem Lorbeerblatt, dem Salz und den Pfefferkörnern zu den Fischkarkassen in den Topf geben. 500 ml kaltes Wasser dazugießen. Aufkochen und etwa 1 Stunde schwach köcheln lassen. Anschließend durch ein feines Sieb gießen und 350 ml von der Flüssigkeit abmessen.

4 Für die Biersauce den Kalbsfond in einem Topf bis auf 100 ml reduzieren. Die Zwiebeln schälen, fein würfeln und in einem großen Topf in der Butter glasig dünsten. Mit dem Bier, der Fischbrühe und dem reduzierten Kalbsfond aufgießen. Lorbeerblatt, gemahlene Nelke, Zitronenschalen, Salz und Pfeffer hinzufügen; aufkochen lassen.

5 Die Fischstücke in die Sauce legen und im geschlossenen Topf bei schwacher Hitze in 15 Minuten gar ziehen lassen. Den Fisch herausnehmen und in einer Form anrichten. Die Sauce mit dem zerbröckelten Saucenlebkuchen binden und noch etwas einkochen lassen. Die Sultaninen und die Mandelstifte unterrühren, nochmals abschmecken. Die Sauce über den Fisch gießen. Mit Zitronenmelisse garnieren und mit Salzkartoffeln servieren.

Die wenigen Schuppen des Spiegelkarpfens lassen sich am besten mit einer Pinzette entfernen.

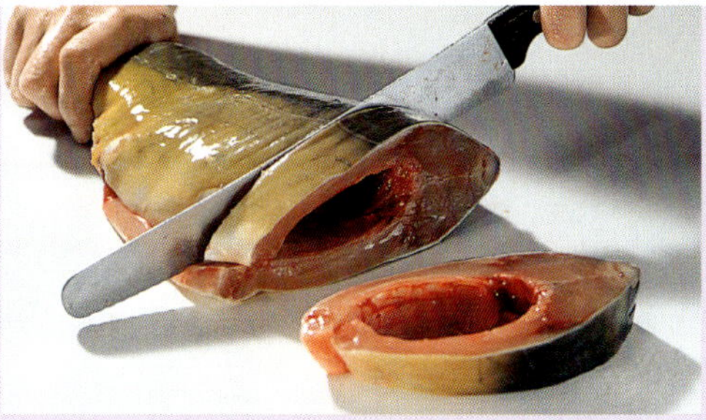

Das Mittelstück des Karpfens mit einem Sägemesser in etwa 3 cm dicke Koteletts schneiden.

Weihnachtskarpfen

mit Petersiliensalat

Für den Petersiliensalat
1 Zwiebel
1 EL eingelegter grüner Pfeffer
1 EL Rotweinessig
3 EL Olivenöl
Salz
Zucker
2 Bund Petersilie
2 Petersilienwurzeln
2 Bio-Mandarinen

Für den Karpfen
4 Karpfenfilets (je 150–200 g)
Salz
2 Eier
50 ml Milch
je 1 Messerspitze gemahlener Piment, gemahlener Zimt und gemahlene Chili
frisch gemahlener Pfeffer
200 g geriebenes entrindetes Weißbrot
100 g Mehl
Öl zum Braten

1 Für den Petersiliensalat die Zwiebel schälen und fein hacken. Die Pfefferkörner im Mörser etwas zerstoßen; mit der gehackten Zwiebel in eine Schüssel geben. Weinessig, Olivenöl, Salz und Zucker hinzufügen und alles zu einer Viniagrette verrühren.

2 Die Petersilie waschen, die Blätter abzupfen und grob zerkleinern. Die Petersilienwurzeln schälen und mit einem Sparschäler in dünne lange Streifen schneiden. Diese mit der gehackten Petersilie in einer großen Schüssel mischen.

3 Die Mandarinen gut waschen und trocken reiben, die Früchte halbieren und in einer Pfanne ohne Fett anrösten.

4 Inzwischen die Karpfenfilets leicht salzen und in breite Streifen schneiden. Die Eier in einer Schüssel aufschlagen und mit der Milch verquirlen. Die gemahlenen Gewürze mit den Weißbrotbröseln in einem tiefen Teller mischen. Etwas Mehl auf einen Teller streuen.

5 Zum Panieren die Karpfenstücke zuerst im Mehl wenden, dann durch die Eimasse ziehen und zum Schluss in den gewürzten Brotbröseln wenden.

6 In einer großen Pfanne reichlich Öl zum Braten erhitzen. Die panierten Fischstücke darin ausbraten. Herausheben und auf Küchenpapier abtropfen lassen.

7 Die warmen Mandarinenhälften schälen, in kleine Stücke teilen. Entweder unter die Petersilienmischung heben oder mit dem Salat zu den Fischstücken anrichten. Die Vinaigrette bis auf einen kleinen Rest über den Salat träufeln und untermischen.

8 Den Salat auf vorgewärmte Tellern verteilen und die restliche Vinaigrette darübergeben. Die Karpfenstücke dazu anrichten.

Gegrillte Lachsforellen

600 g Butter
2 küchenfertige Lachsforellen (je 600 g)
40 g Meersalz, 2 Bio-Limetten
je 140 g Estragon- und Dillblättchen, grob gezupft

Außerdem
2 große Fisch-Grillzangen
extrastarke Alufolie

1 Die Butter in einem Topf bei schwacher Hitze langsam zerlassen. Die Fische kalt abwaschen, trocken tupfen, mit Salz außen und innen würzen. Die Limetten heiß waschen, trocken reiben und in Scheiben schneiden; diese in die Bauchöffnungen legen.

2 Zwei große Stücke extrastarke Alufolie so vorbereiten, dass je 1 Forelle gut darin eingeschlagen werden kann. Die Folie an den Seiten jeweils etwa 10 cm hochziehen. Nun ein großes, die Alufolie jeweils reichlich überlappendes Stück Frischhaltefolie in jede Alu-Form legen.

3 Die Hälfte der Kräuter auf die Alu-Formen verteilen. Die Fische darauflegen; die restlichen Kräuter darüberstreuen. Jeweils die Hälfte der zerlassenen Butter über die Fische gießen. Die Frischhaltefolie über den Fischen so zusammenziehen, dass sie eng in der Butter liegen. Das Ganze fest mit der Alufolie verschließen. Fischpäckchen kühl stellen. Nach 1 Stunde die Folie vorsichtig andrücken, damit die Kräuter-Butter-Schicht die Fische völlig umhüllt. Die Fische 2 Tage im Kühlschrank ziehen lassen.

4 Anschließend die Fisch-Kräuterbutter-Blocks auspacken, in die Fischzangen geben und diese auf den Grillrost legen. Den Backofengrill auf höchster Stufe vorheizen und die Fische daruntersetzen (oberste Schiene). Die Fettpfanne zum Auffangen der Butter darunterschieben.

5 Die Fische zuerst auf jeder Seite 4 Minuten abschmelzen lassen, dann weitere 5 Minuten auf jeder Seite grillen. Die Kräuter verbrennen dabei, schützen jedoch den Fisch. Die Fische aus dem Ofen und aus den Fischzangen nehmen. Verbrannte Kräuter entfernen; die Fische servieren.

Der Kniff bei diesem Rezept besteht darin, dass die Fische vor dem Grillen zwei Tage in einem Kräuter-Butter-Bett im Kühlschrank durchziehen. So kann sich ein ganz besonderes Aroma entwickeln.

Fischstrudel

mit Schaumsauce

Für den Strudel
100 g Fischfiletabschnitte (Endstücke)
100 g kalte Sahne
Salz
frisch gemahlener Pfeffer
frisch geriebene Muskatnuss
2 große Mangoldblätter
2 Lachsforellenfilets ohne Haut (je etwa 80 g)
4 Zanderfilets ohne Haut (je etwa 80 g)
2 Blätter Brick- oder Yufkateig
Butterschmalz zum Braten

Für die Schaumsauce
1 Schalotte
6 Champignonköpfe
2 EL Butter
150 ml trockener Weißwein
200 ml Fischfond
100 g Sahne
1 EL Crème fraîche
1 TL kalte Butterflocken
Salz
frisch gemahlener Pfeffer

Außerdem
4 EL Forellenkaviar

1 Die Fischfiletabschnitte klein schneiden und für etwa 10 Minuten in das Tiefkühlgerät geben. Anschließend mit kalter Sahne sowie Salz, Pfeffer und Muskat im Mixer zu einer glatten Farce verarbeiten. Die Farce eventuell durch ein feinmaschiges Sieb streichen, dann kalt stellen.

2 Den Backofen auf 180 °C vorheizen. Von den Mangoldblättern die dicken weißen Stielen abschneiden und die Blätter kurz in kochendes kräftig gesalzenes Wasser geben; herausheben, kalt abschrecken, auf Küchenpapier ausbreiten und trocken tupfen.

3 Für die Schaumsauce die Schalotte schälen und fein würfeln. Die Champignons putzen und fein hacken. Schalotte und Champignons in Butter andünsten. Weißwein und Fischfond dazugießen; aufkochen und die Flüssigkeit auf die Hälfte reduzieren lassen.

4 Währenddessen die Lachsforellenfilets mit Farce bestreichen und jedes Filet mit Mangold umwickeln. Die eingepackten Fischstücke zwischen 2 Zanderfilets legen; diese dann mit der restlichen Farce bestreichen.

5 Die beiden Fisch-Mangold-Kombinationen in je 1 Teigblatt packen. Die Päckchen in heißem Butterschmalz goldbraun braten, anschließend im heißen Ofen (Mitte) 7–9 Minuten backen.

6 Sahne und Crème fraîche zur Saucenreduktion geben und alles aufschlagen. Die Sauce durch ein Sieb streichen und nochmals mit den Butterflöckchen aufschlagen. Mit Salz und Pfeffer abschmecken. Die Strudel aus dem Ofen nehmen; kurz ruhen lassen, dann in je vier Stücke schneiden. Die Strudelstücke mit der Schaumsauce in vier tiefen Tellern anrichten, mit Forellenkaviar garnieren und sofort servieren.

Saiblingfilets

mit Meerrettich-Maultaschen

2 Bund Frühlingszwiebeln
60 g Butter
Meersalz
150 ml Fischfond
100 g Sahne
4 Saiblingfilets ohne Haut (je 150 g)
50 ml Rote-Bete-Saft
frisch gemahlener Pfeffer

Für die Maultaschen
150 g doppelgriffiges Mehl
1 Ei
5 Eigelb
Salz
4 Scheiben Toastbrot
2 EL Quark
1 EL geriebener Meerrettich
1 EL Schnittlauchröllchen
frisch geriebene Muskatnuss

1 Für die Maultaschen aus Mehl, Ei, 2 Eigelben, 1 Prise Salz und, falls nötig, ein wenig Wasser einen festen Nudelteig herstellen. Den Teig 2 Stunden im Kühlschrank ruhen lassen.

2 Inzwischen das Toastbrot entrinden und im Blitzhacker zu Bröseln verarbeiten. Den Quark in eine Schüssel geben und mit den Bröseln, 2 Eigelben, dem Meerrettich und dem Schnittlauch zu einer glatten Masse verrühren. Mit Salz und Muskat abschmecken; kalt stellen.

3 Die Frühlingszwiebeln waschen, putzen und in etwa 5 cm lange Stücke schneiden. Mit 50 g Butter in eine Kasserolle geben; mit Meersalz würzen. Die Zwiebeln bei schwacher bis mittlerer Hitze zugedeckt in etwa 10 Minuten langsam weich schmoren.

4 Inzwischen den Nudelteig dünn ausrollen und in 6 x 6 cm große Quadrate schneiden. Auf jedes Teigquadrat 1 TL Meerrettichfüllung geben. Die Teigränder mit Eigelb bestreichen und die Teigquadrate über Eck zuklappen; die Ränder fest zusammendrücken. Die Maultaschen in reichlich sprudelnd kochendem Wasser 3 Minuten garen.

5 Die Frühlingszwiebeln aus dem Topf nehmen und warm halten. Fischfond und Sahne mit 10 g Butter in den Topf geben und aufkochen lassen. Die Fischfilets (schmale Enden untergeschlagen) hineinlegen. Den Topf vom Herd nehmen und die Filets in der heißen Flüssigkeit in 3–4 Minuten gar ziehen lassen.

6 Die Maultaschen aus dem Wasser heben und salzen. Die Frühlingszwiebeln auf vier Teller verteilen. Die Fischfilets aus der Sauce heben und mit den Maultaschen auf den Frühlingszwiebeln anrichten.

7 Den Rote-Bete-Saft in die Sauce geben; diese mit dem Stabmixer kurz aufschäumen. Das Gericht mit der Sauce nappieren. Alles mit Pfeffer übermahlen und sofort servieren.

Tipp Hobeln Sie vor dem Servieren noch frischen Meerrettich über die Portionen – das sorgt für eine pikant-scharfe Note.

Flusskrebse

in warmem Kartoffelsalat

etwa 2 kg gekochte Flusskrebse in der Schale (ergibt etwa 400 g Krebsfleisch)
800 g kleine festkochende Kartoffeln
1 EL Kümmelsamen
Salz
2 rote Zwiebeln
2 EL Fenchelsamen
4 EL Olivenöl
1 gelbe Paprikaschote
½ Bund Petersilie
100 ml heiße Gemüsebrühe
1–2 EL Cidre-Essig
Fleur de sel
frisch gemahlener Pfeffer
2 Salz-Zitronen (aus dem Orient-Lebensmittelladen, siehe Tipp; ersatzweise Saft und abgeriebene Schale von 2 Bio-Zitronen)
10 schwarze Oliven
Butter zum Braten

1 Vier Flusskrebse für die Garnitur beiseitelegen. Aus den restlichen Krebsen das Schwanzfleisch auslösen (siehe Seite 107). Dieses anschließend mit einem scharfen Messer einschneiden und die Därme entfernen.

2 Die Kartoffeln mit dem Kümmel in gesalzenes Wasser geben und in 20–25 Minuten weich garen. Inzwischen die Zwiebeln schälen und in feine Streifen schneiden. Diese mit Fenchelsamen und Öl in eine kleine Schüssel geben.

3 Die Paprikaschote waschen, putzen, von Samen und Trennwänden befreien und längs in feine Streifen schneiden. Petersilie waschen, trocken schütteln, die Blätter von den Stängeln zupfen und grob zerkleinern.

4 Die Kartoffeln schälen, dann halbieren oder vierteln und in einer großen Salatschüssel sofort mit heißer Brühe und Essig übergießen; salzen und pfeffern.

5 Die Schalen der eingelegten Zitronen in Stückchen schneiden; mit den Paprikastreifen und den Oliven zu den Kartoffeln geben. Die Zwiebel-Öl-Mischung und die Petersilie hinzufügen. Alles gründlich mischen und mindestens 2 Stunden bei Raumtemperatur durchziehen lassen.

6 Wenn der Kartoffelsalat durchgezogen ist, die ausgelösten Flusskrebsschwänze in etwas Butter bei nicht zu starker Hitze in einer Pfanne anbraten und etwas bräunen lassen. Anschließend nur leicht mit Fleur de sel und Pfeffer würzen und auf dem Kartoffelsalat anrichten. Mit den ganzen Krebsen garnieren.

Tipp Salz-Zitronen sind eine Spezialität der orientalischen Küche. Nach folgender Methode können Sie sie selbst herstellen: 10 Bio-Zitronen unter fließendem heißem Wasser gründlich ab-bürsten und trocken reiben. Die Früchte längs halbieren, in Spalten schneiden und in ein hohes Einmachglas geben. Die Zitronenstücke mit Wasser bedecken. 3 EL Meersalz, 3 Rosmarinzweige, 50 g Zucker und 5 EL Olivenöl hinzufügen und die Zitronen 10–15 Tage im fest verschlossenen Glas ziehen lassen.

Fischfilet aus dem Wurzelsud

mit Sellerie-Chips

4 Stück Waller-, Hecht- oder Zanderfilet (je etwa 200 g)
Salz, frisch gemahlener Pfeffer
1 Knollensellerie
1 Möhre
½ Steckrübe oder Kohlrabi
1 Zwiebel
4 TL Olivenöl
100 ml Weißwein
500 ml Fischfond
Saft von 1 Zitrone
1 TL Safranfäden
3 festkochende Kartoffeln
50 g Butter
2 EL fein gehackte Petersilie
Öl zum Frittieren

1 Die Fischfilets in vier Portionen teilen, mit Salz und Pfeffer bestreuen. Knollensellerie halbieren. Möhre, ½ Sellerieknolle, Steckrübe oder Kohlrabi und Zwiebel schälen. Alles in 2 cm große Würfel schneiden.

2 Die Zwiebel mit dem Gemüse in einem Topf im Öl glasig dünsten; mit Weißwein und 200 ml Fischfond ablöschen. 100 ml Wasser dazugießen. Die Mischung mit Salz, Pfeffer und Zitronensaft würzen. Die Safranfäden unterrühren. Kartoffeln schälen und vierteln. Im Sud in 20 Minuten weich garen. In einem zweiten Topf den restlichen Fischfond erhitzen und die Fischfiletstücke darin in 15 Minuten gar ziehen lassen.

3 Restliche Sellerieknollenhälfte schälen und in dünne Scheiben schneiden. Die Scheiben kurz blanchieren, trocken tupfen und in heißem Öl frittieren.

4 Die Butter in den Gemüsesud rühren; in tiefe Teller gießen, Gemüse und Fisch hineingeben. Mit Petersilie bestreuen. Sellerie-Chips auf dem Fisch anrichten.

Pangasius-Schinken-Röllchen

mit Tomatensauce

2 EL Pinienkerne
50 g Parmesan
1 Bund Basilikum
1 Knoblauchzehe
100 g in Öl eingelegte getrocknete Tomaten
4 Tomaten
Salz
frisch gemahlener Pfeffer
4 Pangasiusfilets (je 150 g)
8 Scheiben Serrano-Schinken
1 EL Öl
150 g Sahne
Oreganoblättchen zum Bestreuen

1 Pinienkerne goldbraun rösten. Parmesan reiben und Basilikum waschen. Die Knoblauchzehe schälen. Alles mit den getrockneten Tomaten und 4 EL vom Einlegöl in der Küchenmaschine zu Pesto verarbeiten.

2 Tomaten überbrühen, häuten, von Stielansätzen und Kernen befreien und klein schneiden. In eine flache ofenfeste Form geben, mit Salz und Pfeffer würzen.

3 Den Backofen auf 200 °C vorheizen. Die Fischfilets trocken tupfen und der Länge nach einmal durchschneiden. Die Filetstreifen salzen und pfeffern, dann mit dem Pesto bestreichen.

4 Die Fischstreifen aufrollen und jedes Röllchen mit 1 Scheibe Serrano-Schinken umwickeln. Die Röllchen nebeneinander auf die Tomaten in die Form legen. Im heißen Ofen (Mitte) etwa 15 Minuten garen, dann die Sahne dazugießen und alles weitere 5 Minuten garen.

5 Die Fischröllchen mit Oregano bestreuen. Sofort mit Reis oder Bandnudeln servieren.

Tilapia-Päckchen

mit Kartoffeln und Champignons

8 kleine Kartoffeln
Salz
400 g Champignons
1 Bund Petersilie
2–3 EL Olivenöl
frisch gemahlener Pfeffer
4 Tilapiafilets (je 120 g)
4 TL Zitronensaft
trockener Weißwein

1 Die Kartoffeln waschen, schälen und längs halbieren. In einen Topf geben, mit Wasser bedecken, salzen und in etwa 8 Minuten knapp gar kochen. Die Kartoffelstücke abgießen und ausdampfen lassen.

2 Inzwischen die Champignons abreiben, putzen und vierteln. Die Petersilie waschen und trocken schütteln. Die Blätter von den Stängeln zupfen und fein hacken.

3 Kartoffeln, Pilze und Petersilie in eine Schüssel geben und mit dem Olivenöl mischen. Alles salzen und pfeffern.

4 Den Backofen auf 200 °C vorheizen. Die Fischfilets kalt abwaschen und trocken tupfen. Mit Salz und Pfeffer würzen und mit Zitronensaft beträufeln.

5 Jeweils 1 Fischfilet auf eine doppelte Lage Alufolie legen. Darauf ein Viertel der Kartoffel-Pilz-Mischung geben und diese mit 2–3 EL Wein beträufeln. Die Folienpäckchen fest verschließen.

6 Die Päckchen mit der Verschlussseite nach oben auf ein Backblech legen. Den Fisch mit den Kartoffeln und Champignons im heißen Ofen (Mitte) etwa 25 Minuten garen.

Die gegarten Kartoffelstücke mit den Champignonscheiben, der gehackten Petersilie und Olivenöl in einer Schüssel mischen.

Die Kartoffelmischung gleichmäßig auf die Fischfilets verteilen, anschließend mit dem Weißwein beträufeln.

Die Alufolie locker über Fisch und Kartoffel-Pilz-Mischung falten und die offenen Enden fest verschließen.

Caipirinha-Wels

in pikanter Kokossauce

Für den Wels
1 Bio-Limette
2 EL weißer Rohrzucker
80 ml Cachaça (Zuckerrohrschnaps)
600 g Welsfilet (Wallerfilet)
Öl zum Braten

Für die Kokossauce
1 rote Zwiebel
2 Knoblauchzehen
2 Frühlingszwiebeln
400 g festkochende Kartoffeln
3 Tomaten
1 EL Olivenöl
250 ml Fischfond
400 ml Kokosmilch
2 EL Tomatenmark
1 Chilischote
1 Messerspitze gemahlener Piment
1 Messerspitze gemahlener Kreuzkümmel
200 g geschälte Garnelen

1 Die Limette heiß waschen und trocken reiben. Die Schale abreiben und den Saft auspressen. Den Saft (etwa 4 EL) mit der Schale, dem Zucker und dem Cachaça in eine Glas- oder Porzellanform geben. (Die Form muss so groß sein, dass der Fisch darin marininiert werden kann.) Alle Zutaten miteinander verrühren.

2 Die Fischfilets in große Würfel schneiden und in die Marinade geben. Den Fisch darin wenden, dies alle 10 Minuten wiederholen. Die Fischstücke insgesamt 2–3 Stunden in der Marinade durchziehen lassen.

3 Für die Sauce die Zwiebel und den Knoblauch schälen und fein würfeln. Die Frühlingszwiebeln putzen, waschen und in 5 cm lange Stücke schneiden. Diese längs in feine Streifen schneiden (nach Belieben nochmals quer halbieren).

4 Die Kartoffeln schälen und je nach Größe nur halbieren oder in etwa 2 cm große Stücke schneiden. Die Tomaten kurz in kochendes Wasser geben, bis die Haut aufplatzt; herausheben und in kaltem Wasser abschrecken. Die Früchte häuten, halbieren und entkernen. Das Fruchtfleisch klein würfeln.

5 Das Olivenöl in einer hohen Pfanne erhitzen. Die Zwiebel mit den Frühlingszwiebeln und dem Knoblauch glasig dünsten. Die Kartoffeln hinzufügen, dann Tomaten, Fischfond und Kokosmilch untermischen und alles etwa 30 Minuten köcheln lassen, bis die Kartoffeln bissfest sind und die Sauce eingedickt ist.

6 Tomatenmark, Chilischote, Piment und Kreuzkümmel sowie die Garnelen in die Pfanne zu Kartoffeln und Sauce geben. Alles etwa 5 Minuten garen.

7 Die Fischwürfel aus der Marinade nehmen und trocken tupfen. Öl einer Pfanne erhitzen und die Fischwürfel darin hellbraun braten; unter die Kartoffelmischung heben. Das Gericht einmal aufkochen lassen, dann servieren. Dazu passt Reis.

Wels im Steinpilzmantel

an Thymian-Rieslingsauce

Für den Fisch
2 Welsfiletstücke (Waller; je 300 g)
1 Bio-Zitrone
Salz, frisch gemahlener Pfeffer
300 g frische Steinpilze
2 Schalotten
30 g Butter
50 g getrocknete Steinpilze
100 g Brioche
1 Bund Petersilie
2 Eier
1 Schweinenetz

Für die Sauce
2 Schalotten
50 g Butter
250 ml Riesling
100 ml Fischfond
200 g Sahne
1 Bund Thymian

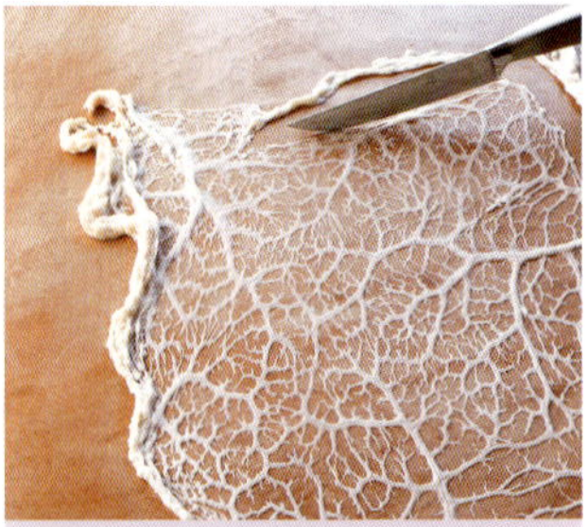

Das Schweinenetz hält die Fischpäckchen während des Garens zusammen. Nach dem Garen ist es geschmolzen (es besteht aus Fett), wodurch das Gargut schön saftig wird.

1 Die Fischfilets kalt abspülen und trocken tupfen. Die Zitrone heiß abspülen, trocknen und die Schale abreiben. Die Fischfilets mit Salz, Pfeffer und Zitronenschale bestreuen, dann die Filets halbieren.

2 Die frischen Steinpilze mit einem Tuch abreiben, braune Stellen abschneiden; die Pilze in nicht zu kleine Würfel schneiden. Die Schalotten schälen und fein würfeln.

3 Die Butter in einer Pfanne erhitzen. Pilz- und Schalottenwürfel hineingeben und kurz bei starker Hitze anbraten. Die Pfanne vom Herd nehmen und die Mischung abkühlen lassen.

4 Die getrockneten Pilze im Blitzhacker pulverisieren. Die Brioche grob zerkrümeln. Die Petersilie waschen und trocken schütteln. Die Blättchen abzupfen und fein hacken.

5 Die abgekühlte Pilzmischung mit den Eiern, den Briochebröseln sowie Steinpilzpulver, Petersilie, Salz und Pfeffer mischen.

6 Den Backofen auf 160 °C (Umluft!) vorheizen. Das Schweinenetz ausbreiten und in vier Stücke teilen. Auf jedes Stück ½ Fischfilet legen und darauf ein Viertel der Pilzfarce verteilen. Jede Portion in das Netz einschlagen und die Päckchen auf ein mit Backpapier belegtes Blech setzen. Im heißen Ofen (Mitte) 20 Minuten garen.

7 Inzwischen für die Sauce die Schalotten fein würfeln. Die Butter in einem Topf erhitzen und die Schalotten darin glasig dünsten. Den Wein dazugießen und auf die Hälfte einkochen lassen. Den Fischfond unterrühren und die Flüssigkeit etwa um ein Drittel einkochen lassen. Sahne dazugießen und die Sauce bei schwacher Hitze etwa 10 Minuten köcheln lassen, bis sie sämig ist.

8 Den Thymian waschen und die Blätter abzupfen. Den Topf vom Herd nehmen und die Sauce mit dem Stabmixer aufschlagen. Thymian unter die Sauce rühren. Die Fischfilets auf vorgewärmten Tellern mit der Sauce anrichten.

Zanderfilet in Kräuterhülle

Für das Tomatenchutney
8 Tomaten
2 kleine rote Zwiebeln
1 rote Chilischote
2–3 EL Olivenöl
20 g Senfkörner
250 ml Apfelsaft
Salz, Zucker
1 Messerspitze Currypulver
Saft von ½ Zitrone

Für den Zander
200 g trockenes Weißbrot, ohne Rinde
60–70 g Kräuter (Petersilie, Basilikum, Dill, Estragon)
600 g Zanderfilet ohne Haut
Salz, frisch gemahlener Pfeffer
gemahlener Koriander
Mehl zum Panieren
1 verquirltes Ei

Außerdem
Fett zum Ausbacken
Rosmarinzweige zum Garnieren

1 Die Tomaten in kochend heißes Wasser geben, bis die Haut aufplatzt. Abschrecken und häuten. Die Früchte halbieren und die Samen entfernen. Tomatenhaut und Samen durch ein Sieb passieren, den Saft auffangen. Das Fruchtfleisch in feine Streifen schneiden. Zwiebeln schälen und in Streifen schneiden. Die Chili entkernen und in feine Ringe schneiden.

2 Das Olivenöl in einer Pfanne erhitzen. Zwiebeln und Senfkörner darin anbraten. Mit Tomaten- und Apfelsaft ablöschen; in 10 Minuten einkochen lassen. Mit Salz, Zucker, Chili, Curry und Zitronensaft würzen. Tomatenstreifen unterheben.

3 Für den Zander das Weißbrot in Stücke brechen; mit den Kräutern im Mixer zu grünem Paniermehl verarbeiten. Zanderfilet in vier Stücke teilen. Jedes mit Salz, Pfeffer und Koriander würzen, dann in Mehl, Ei und dem grünen Paniermehl wälzen.

4 Die panierten Fischstücke im heißen Fett 4–6 Minuten frittieren; auf Küchenpapier abtropfen lassen. Zum Servieren die Fischstücke einmal durchschneidenn und auf Tomatenchutney anrichten; mit Rosmarin garnierren.

Zanderfilet mit Weißweinsauce

4 Stück Zanderfilet (je 150 g)
1 TL Salz
frisch gemahlener Pfeffer

Für die Weißweinsauce
1 kleine Schalotte
30 g Butter
10 ml Noilly Prat
80 ml trockener Weißwein
200 ml Fischfond
80 g Sahne
20 g eiskalte Butterstückchen
Salz
frisch gemahlener Pfeffer
1 EL geschlagene Sahne

Außerdem
gebuttertes Pergamentpapier
Kerbel zum Garnieren

1 Den Backofen auf 180 °C vorheizen. Für die Sauce die Schalotte schälen und fein würfeln. Die Butter in einer ofenfesten Form erhitzen und die Schalottenwürfel darin glasig dünsten.

2 Mit dem Noilly Prat ablöschen; die Flüssigkeit einkochen lassen. Nacheinander Wein und Fischfond in die Form gießen und die Flüssigkeit um etwa ein Drittel reduzieren.

3 Fischfilets salzen, pfeffern und in die Form legen. Die Form mit gebuttertem Pergamentpapier bedecken und in den heißen Ofen stellen. Fisch etwa 8 Minuten im Ofen (Mitte) garen. Auf Tellern anrichten; warm stellen.

4 Den Garsud aus der Form durch ein feines Sieb in eine Kasserolle passieren und erhitzen. Die Sahne unterrühren. Die Butterstückchen mit dem Schneebesen darunterschlagen. Die Sauce salzen und pfeffern, dann die geschlagene Sahne unterheben.

5 Die Sauce mit dem Stabmixer schaumig aufschlagen. Den Fisch auf Teller verteilen und mit der Sauce überziehen. Das Gericht mit Kerbel garnieren. Dazu passen Salzkartoffeln und Spargel.

Zanderfilet auf Rösti

mit Sauerkraut und Speck

10 dünne Scheiben durchwachsener Speck
1 Zwiebel
5–6 EL Sonnenblumenöl
400 g Sauerkraut
50 ml Weißwein
200 ml Geflügelfond
Salz
frisch gemahlener Pfeffer
20 ml Ahornsirup
100 g Sahne
1 TL Speisestärke nach Belieben
600 g Zanderfilet ohne Haut
2 große Kartoffeln (etwa 450 g)
100 g saure Sahne
2 EL gehackte Petersilie

1 Den Speck für 20 Minuten zugedeckt ins Tiefkühlfach legen, so lässt er sich später besser schneiden. Inzwischen die Zwiebel schälen und fein würfeln. Die Hälfte davon in 1 EL Öl glasig dünsten. Das Sauerkraut hinzufügen, den Wein und 50 ml Geflügelfond angießen; alles etwa 10 Minuten köcheln lassen. Das Kraut mit Salz, Pfeffer und etwas Ahornsirup abschmecken und warm halten.

2 Den angefrorenen Speck in 1 mm dicke Streifen schneiden. Diese in einem Topf in 1 EL Öl langsam knusprig rösten. 2 EL Speckstreifen für die Garnitur herausnehmen und auf Küchenpapier abtropfen lassen.

3 Die restlichen Zwiebelwürfel zum Speck in den Topf geben und glasig dünsten. Restlichen Fond und Sahne dazugießen und alles 10 Minuten köcheln lassen. Die Sauce mit Pfeffer und etwas Salz abschmecken. Nach Belieben die Sauce mit angerührter Speisestärke binden; warm halten.

4 Den Backofen auf 160 °C vorheizen. Das Zanderfilet kalt abwaschen und trocken tupfen. In 4 gleich große Stücke schneiden. Die Kartoffeln schälen und in 2 mm dicke Streifen schneiden. Diese leicht salzen und mit den Händen etwas durchkneten.

5 Das restliche Öl in einer großen beschichteten Pfanne mit ofenfestem Griff und Deckel erhitzen. Pro Rösti 2–3 EL Kartoffelstreifen in die Pfanne geben und auf etwa die Größe der Filetstücke etwas flach drücken.

6 Die Enden der Zanderfilets nach unten einschlagen und die Filets auf die Kartoffeln legen. Die Kartoffeln bei mittlerer bis starker Hitze braten, bis sie auf der Unterseite schön knusprig sind. Die Pfanne mit dem Deckel schließen und für 8–12 Minuten, je nach Dicke der Fischfilets, in den Backofen (Mitte) stellen.

7 Kurz vor dem Anrichten die saure Sahne und die gehackte Petersilie unter das Sauerkraut rühren. Das Sauerkraut portionieren und die Rösti mit dem Zander dazu anrichten. Etwas Specksauce angießen und das Kraut mit den beiseitegestellten Speckstreifen bestreuen.

Zander im Speckmantel

1 küchenfertiger Zander (etwa 1 kg)
Saft von ½ Zitrone
Salz
frisch gemahlener Pfeffer
10 lange Scheiben durchwachsener Speck (etwa 150 g)
1 Zwiebel
1 kleines Bund Suppengrün
3 EL Butter
1 EL Speisestärke
100 ml Fischfond
50 ml Weißwein
200 g Sahne

1 Den Fisch innen und außen gut waschen und trocken tupfen. Anschließend schuppen, wie im Bild unten links gezeigt. Nun den Fisch innen und außen mit Zitronensaft beträufeln, salzen und pfeffern.

2 Den Zander rundherum mit den Speckstreifen umwickeln, wie unten im mittleren Bild gezeigt. Die Zwiebel schälen und würfeln, das Suppengrün putzen und klein schneiden.

3 Den Backofen auf 180 °C (Umluft!) vorheizen. In einem Fischbräter die Butter erhitzen und den Fisch darin auf beiden Seiten in 5–8 Minuten anbraten. Das Gemüse hinzufügen und kurz mitbraten. Den Fisch im heißen Ofen (Mitte) 30–40 Minuten garen; herausnehmen und warm halten.

4 Die Speisestärke mit etwas Fischfond glatt rühren. Den restlichen Fischfond und den Wein zum Bratsatz in den Bräter gießen und aufkochen lassen, dabei den Bratsatz losschaben. Sahne und angerührte Stärke hinzufügen. Die Sauce kurz unter Rühren aufkochen und andicken lassen; salzen und pfeffern.

5 Die Speckstreifen vom Fisch entfernen (siehe Bild unten rechts) und den Zander filetieren. Die Filets auf Tellern anrichten und etwas Sauce angießen. Mit kleinen gerösteten Kartoffeln oder Bratkartoffeln servieren.

Den Zander mit einem Fischschupper oder mit dem Rücken eines großen Messers schuppen.

Die Speckscheiben mit Küchengarn auf dem Fisch befestigen: von hinten beginnend kreuzweise nach vorne schlingen.

Nach dem Garen die Speckhülle ablösen; den Zander längs am Rücken waagerecht einschneiden und filetieren.

Hauptgerichte mit Salzwasserfisch

Pfefferdorade

mit Tomaten-Koriander-Sauce

Für die Sauce
500 g Tomaten
2 kleine rote Chilischoten
3 Knoblauchzehen
150 g Zwiebeln
2 EL Olivenöl
je 1 TL Kreuzkümmel- und Anissamen
80 g geschälte Mandeln
1 kleines Bund Koriandergrün
Salz, Zucker

Für den Fisch
2 kleine küchenfertige Doraden
Meersalz
frisch grob gemahlener Pfeffer
Mehl zum Wenden
4 EL Limettenöl

1 Für die Sauce die Tomaten in Würfel schneiden. Chilischoten längs halbieren, von den Samen befreien und klein schneiden. Knoblauch und Zwiebeln schälen und grob würfeln.

2 Das Olivenöl in einer Pfanne erhitzen. Kreuzkümmel und Anis darin anrösten. Mandeln, Zwiebeln, Knoblauch und Chilis etwa 5 Minuten mitbraten. Die Tomaten untermischen; alles in der geschlossenen Pfanne etwa 30 Minuten schmoren.

3 Inzwischen die Doraden außen und innen kalt abwaschen und trocken tupfen. Die Haut mit einem scharfen Messer auf jeder Seite mehrfach einritzen.

4 Die Fische mit Meersalz und sehr grob gemahlenem Pfeffer einreiben, dann mit der Handfläche von der Schwanzflosse zum Kopf hin streichen, damit die Gewürze in die kleinen Schnitte eindringen. Die Doraden in Mehl wenden. Anschließend in einer Pfanne im Limettenöl bei mittlerer Hitze auf beiden Seiten knusprig braten.

5 Das Koriandergrün für die Sauce waschen und trocken schütteln. Die Blätter abzupfen und fein hacken. Die Sauce mit dem Stabmixer pürieren; mit Salz, Zucker und Koriandergrün abschmecken. Die Dorade mit der Sauce servieren.

Tipps Falls Sauce übrig bleibt, können Sie diese als kalten Dip zu Weißbrot servieren.
Limettenöl können Sie herstellen, indem Sie die Schale von 1 Bio-Limette hauchdünn abziehen und diese dann in sehr feine Streifen schneiden. 125 ml Olivenöl mit den Schalenstreifen 8–10 Tage an einem kühlen, dunklen Ort ziehen lassen. Danach das Öl durch ein Sieb gießen, kühl und dunkel aufbewahren.

Dorade im Salzteig

mit Rosmarin-Gemüse

1 große Dorade (mind. 1,5 kg), küchenfertig, ungeschuppt
½ Knolle junger Knoblauch
1 Rosmarinzweig
3 kg grobes Meersalz
6 Eiweiß
Olivenöl und Zitronensaft zum Servieren

Für das Kartoffelpüree
600 g mehligkochende Kartoffeln, Salz
½ Knolle junger Knoblauch
100 ml Milch
100 g Sahne, 50 g Butter
frisch gemahlener Pfeffer
frisch geriebene Muskatnuss

Für das Rosmaringemüse
150 g Möhren, 150 g Brokkoli
6 Mini-Maiskolben
je 1 gelbe und rote Paprikaschote
1 kleine Zucchini
4 EL Olivenöl
50 ml Gemüsebrühe
1 TL gehackter 1 Rosmarin
Salz, frisch gemahlener Pfeffer

1 Den Backofen auf 160 °C vorheizen. Die Dorade kalt abwaschen, außen und innen trocken tupfen. Knoblauch schälen, zerdrücken und mit Rosmarin in die Dorade geben. Meersalz mit den Eiweißen und 2 EL Wasser verrühren. Ein Drittel der Mischung auf ein Backblech geben. Fisch darauflegen, mit der restlichen Salzmischung bedecken; 50 Minuten im Ofen (Mitte) backen.

2 Für das Püree die Kartoffeln schälen, zerkleinern und in Salzwasser garen. Knoblauch aus den Häuten drücken und in der Milch weich kochen.

3 Inzwischen das Gemüse putzen und in Stücke schneiden. Möhren im Olivenöl anbraten, dann Brokkoli und Mais, zuletzt Paprika und Zucchini mitbraten. Brühe angießen. Das Gemüse 5 Minuten dünsten, dann mit Rosmarin würzen und mit Salz und Pfeffer abschmecken.

4 Knoblauch aus der Milch nehmen. Kartoffeln abgießen, mit dem Knoblauch zerdrücken. Aus dieser Masse sowie Sahne und Butter ein Püree bereiten. Mit Salz, Pfeffer und Muskat würzen.

5 Den Salzteig um die Dorade herum mit einem Sägemesser so aufschneiden, dass man einen möglichst großen Deckel abheben kann. Die Haut vom Fisch lösen und die Filets vorsichtig heraustrennen. Mit Gemüse und Püree anrichten. Olivenöl und Zitronensaft im Verhältnis 1:1 mischen und den Fisch mit dem Zitronenöl beträufeln.

Meerbarben auf korsische Art

4 Meerbarben (Streifenbarbe; je 250–300 g)
4 feste reife Tomaten
2 Sardellenfilets
2 EL Olivenöl
2 Knoblauchzehen
1 EL gehackte Petersilie
Salz
frisch gemahlener Pfeffer

Außerdem
4 EL frische Weißbrotbrösel
20 g Butter

1 Von den Fischen nur die Kiemen und die Flossen entfernen. Streifenbarben müssen nicht ausgenommen werden, da sie keine Galle haben und die Innereien bei kleineren Exemplaren (bis zu 15 cm lang) mitgegessen werden können. Zum Entfernen der Kiemen die Kiemendeckel wegklappen, die roten Kiemenbögen an den Ansatzstellen abschneiden und herausziehen. Flossen mit der Küchenschere abschneiden.

2 Die Tomaten unten kreuzförmig einritzen, in kochend heißes Wasser tauchen, mit kaltem Wasser abschrecken und häuten. Die Tomaten halbieren, Stielansätze und Samen entfernen und das Fruchtfleisch würfeln. Die Sardellenfilets fein zerkleinern. Die Knoblauchzehen schälen und mit einer flachen Messerklinge andrücken.

3 Den Backofen auf 220 °C vorheizen. Das Olivenöl in einer flachen ofenfesten großen Form erhitzen. Die Sardellen und die angedrückten Knoblauchzehen darin kurz dünsten. Die Tomatenwürfel und die Petersilie hinzufügen und untermischen. Alles salzen und pfeffern.

4 Die Barben rundherum mit Salz und Pfeffer bestreuen und in die Form legen. Die Fische zuerst mit den Weißbrotbröseln, dann mit der Butter in Flöckchen bestreuen. Die Fische im heißen Backofen in 12–15 Minuten garen. Mit frischem Weißbrot und Salat servieren.

Rotbarben auf apulische Art

8 küchenfertige Rotbarben (je etwa 120 g)
3 Knoblauchzehen
6 Lorbeerblätter
Saft von 1 Zitrone
200 ml Olivenöl
frisch gemahlener Pfeffer
Salz
80–100 g grüne und schwarze Oliven

Außerdem
Pergamentpapier
Öl zum Bestreichen

1 Die Rotbarben innen und außen unter kaltem Wasser abspülen und trocken tupfen, dann in eine flache Schale legen.

2 Den Knoblauch schälen und fein hacken. Die Lorbeerblätter zerkrümeln. Knoblauch und Lorbeer mit Zitronensaft und Olivenöl zu einer Marinade verrühren, dabei 1 TL grob gemahlenen Pfeffer dazugeben. Die Marinade auf die Fische verteilen; die Barben zugedeckt 2 Stunden im Kühlschrank durchziehen lassen.

3 Den Backofen auf 200 °C vorheizen. Acht Bögen festes Pergamentpapier mit Öl bestreichen. Die Rotbarben aus der Marinade nehmen und abtropfen lassen. Jeden Fisch auf einen Bogen Pergamentpapier legen. Die Fische salzen und mit Marinade beträufeln. Die Oliven entsteinen, hacken und auf die Fischportionen verteilen.

4 Die Fische in das Papier einschlagen, dabei die Papierränder mit kleinen Knicken gut verschließen. Die Rotbarben im heißen Ofen etwa 10 Minuten garen. In der Papierhülle servieren. Dazu italienisches Landbrot reichen, mit dem die Marinade aufgetunkt wird.

Info Bei dieser Garmethode (»en papillote«) gart das zarte Fischfleisch schonend im eigenen Saft und im Dampf.

Fisch auf griechische Art

1 küchenfertiger Wolfsbarsch (etwa 1 kg)
Salz
frisch gemahlener schwarzer Pfeffer
1 EL gehackter Kreta-Majoran

Für die Tomatenmischung
3 Schalotten
1 Knoblauchzehe
350 g Tomaten
3 EL gehackte Petersilie
4 EL Olivenöl
3 EL Weißwein
Salz
frisch gemahlener weißer Pfeffer

Außerdem
3 Zwiebeln
1 Bio-Zitrone
50 g Butter
25 g Semmelbrösel
Olivenöl zum Beträufeln und für die Form
1 EL gehackte Petersilie

1 Den Wolfsbarsch innen und außen unter fließend kaltem Wasser gründlich abspülen. Mit Küchenpapier trocken tupfen. Den Fisch auf beiden Seiten mit einem scharfen Messer kreuzweise einschneiden (ziselieren).

2 Für die Tomatenmischung Schalotten und Knoblauch schälen und fein würfeln. Die Tomaten vierteln, von den Stielansätzen befreien und fein würfeln. Schalotten-, Knoblauch- und Tomatenwürfel mit der gehackten Petersilie in eine Schüssel geben. Olivenöl und Weißwein hinzufügen und alles gründlich verrühren. Die Mischung mit Salz und Pfeffer abschmecken.

3 Die Zwiebeln schälen und die Zitrone heiß waschen. Zwiebeln und Zitrone in etwa 3 mm dicke Scheiben schneiden. Die Butter in einer Kasserolle zerlassen und die Semmelbrösel darin unter Rühren anbraten; die Kasserolle vom Herd nehmen.

4 Eine ofenfeste Form mit Öl ausstreichen. Den Fisch hineinlegen. 1 TL Salz, ¼ TL Pfeffer und den Majoran vermischen. Den Fisch innen und außen mit der Würzmischung bestreuen.

5 Den Backofen auf 200 °C vorheizen. Einen Teil der Tomatenmischung in den Fisch füllen und den Rest darauf verteilen. Dann ein paar Zwiebel- und Zitronenscheiben in den Fisch und die restlichen auf die Tomatenmischung auf dem Fisch geben. Zum Schluss das Ganze mit den Semmelbröseln und der Petersilie bestreuen und mit Olivenöl beträufeln. Den Wolfsbarsch im heißen Ofen (Mitte) 35 – 40 Minuten garen.

Tipps Für dieses Gericht können Sie Snapper, Seebarsche oder Brassen anstelle des Wolfsbarschs nehmen.
Kreta-Majoran (oder griechischer Oregano) lässt sich durch eine Mischung aus Thymian und Oregano ersetzen.

Gegrillte Dorade mexikanisch

2 küchenfertige Doraden (je 500 g)
2 EL Limettensaft
Salz, frisch gemahlener Pfeffer
4 EL Öl

Für die Sauce
5 Guajillo-Chilis, 2 Ancho-Chilis
300 g Tomaten
50 g Zwiebel, 4 Knoblauchzehen
1 EL Weinessig, 3 Gewürznelken
je 1 TL getrockneter Thymian und Oregano
½ TL gemahlener Kreuzkümmel
30 g Butter
Salz, frisch gemahlener Pfeffer

1 Von den Fischen die Flossen (ohne Rückenflossen) in Kopfrichtung abschneiden. Die Fische längs so spalten, dass sie sich flach auseinanderklappen lassen.

2 Die Fische innen und außen gründlich abspülen und trocken tupfen. Limettensaft mit Salz und Pfeffer verrühren. Fische damit einpinseln; etwa 30 Minuten in den Kühlschrank stellen.

3 Inzwischen für die Sauce die Chilis halbieren, von Samen und Trennwänden befreien, 10 Minuten in heißem Wasser einweichen. Einweichwasser weggießen, die Schoten zerkleinern. Tomaten blanchieren, häuten, Stielansätze und Samen entfernen. Zwiebel und Knoblauch schälen, grob zerkleinern.

4 Die Zutaten für die Sauce, bis auf Butter, Salz und Pfeffer, mit 200 ml Wasser im Mixer glatt pürieren. Die Butter in einem Topf zerlassen und das Püree dazugeben. Alles aufkochen lassen, dann die Chilisauce etwa 20 Minuten offen köcheln lassen, bis sie etwas eindickt. Anschließend abkühlen lassen; mit Salz und Pfeffer abschmecken.

5 Den Holzkohlengrill anheizen und den Rost leicht fetten. Den Rost etwa 20 cm über die Glut setzen. Die Fische mit der Chilisauce bestreichen und mit Öl beträufeln. Mit der Hautseite nach unten auf den Rost legen und 8–10 Minuten grillen. Wenden, wieder mit Öl beträufeln und weitere 6–8 Minuten grillen. Mit der Sauce servieren. Dazu passen mexikanische Tortillas.

Gebratener Fisch auf Thai-Art

Für die Sauce
3–4 rote Chilischoten
1 grüne und 1 rote Paprikaschote
1 Zwiebel
4 Knoblauchzehen
3 EL Öl
50 ml thailändische Fischsauce
1 EL brauner Zucker
2 EL gehacktes Thai-Basilikum

Für die Fische
2 küchenfertige, nicht zu dicke Fische (je 750 g; z. B. Brassen, Snapper)
½ TL Salz
frisch gemahlener weißer Pfeffer
Mehl zum Bestreuen
250 ml Öl
Koriandergrün zum Garnieren

1 Die Fische unter kaltem Wasser innen und außen abspülen, dann mit Küchenpapier trocken tupfen. Mit einem scharfen Messer mehrere Male auf beiden Seiten bis knapp vor die Mittelgräte einschneiden (ziselieren). Die Fische salzen, pfeffern und mit Mehl bestreuen.

2 In einer großen Pfanne das Öl erhitzen und die Fische darin auf jeder Seite 4 Minuten braten, bis sie schön knusprig sind.

3 Für die Sauce Chili- und Paprikaschoten längs halbieren und von Samen und Trennwänden befreien. Die Chilis ganz fein hacken und die Paprikaschoten in Streifen schneiden.

4 Die Zwiebel schälen und in Ringe schneiden. Den Knoblauch schälen und fein hacken oder zerdrücken.

5 Das Öl in einer mittelgroßen Pfanne erhitzen und darin alle Zutaten für die Sauce, bis auf das Thai-Basilikum, bei mittlerer Hitze 5 Minuten köcheln lassen. Anschließend erst das Basilikum untermischen.

6 Die Fische im Ganzen auf einen großen Servierteller legen und servieren. Oder die Fische filetieren und je 1 Filet auf einem Teller anrichten. Die Chilisauce auf die Fische bzw. Filets verteilen; alles mit Korianderblättern garnieren.

Fragen Sie Ihren Fischhändler nach Produktionsmethode, Handelsbezeichnung und Fanggebiet der angebotenen Seafood-Produkte. Beim Kauf von Fisch und Meeresfrüchten sowie Fischprodukten liefert das blaue Logo des MSC oder der Hinweis auf ökologisch geführte Aquakultur (Bio-Siegel) eine gute Orientierung.

Einkaufsführer Seafood

Fisch und Meeresfrüchte bewusst einkaufen

Etwa 16 Kilogramm Fisch und Meerefrüchte werden derzeit in Deutschland pro Kopf und Jahr verzehrt – Tendenz steigend. Nur knapp die Hälfte davon ist Frischfisch, die andere Hälfte kommt aus Fischkonserven und ist Tiefkühlware. Seafood ist mit seinen wertvollen Inhaltstoffen wichtiger Bestandteil unserer Ernährung, aus diesem Grund ist der kontinuierlich wachsende Konsum begrüßenswert. Doch die Bestände der Meere schrumpfen aufgrund von Überfischung und ökologisch bedenklicher Fangmethoden, die den Meeresboden zunehmend schädigen.

Umweltverantwortlich Meeres-Wildfisch einkaufen

Der World Wide Fund of Nature (WWF) gibt Hinweise auf ökologisch unbedenklichen Seefisch. Gemeinsam mit Unilever, dem größten Seafood-Käufer, hat die internationale Umweltorganisation die Gründung des MSC (Marine Stewardship Council) initiiert. Heute ist der MSC eine unabhängige, gemeinnützige und nichtstaatliche Organisation. Das MSC-Label für Fisch und Meeresfrüchte und daraus hergestellte Produkte bürgt für umweltverträgliche Meeresfischerei und soll die Zukunft der Fischbestände sowie den Erhalt des Meeres-Öko-systems langfristig sichern. Weltweit können sich Fischereien, die nach den Kriterien des MSC arbeiten, zertifizieren lassen.

Ökologischen Zuchtfisch wählen

Seafood kommt heute häufig aus Zuchtanlagen, den aus verschiedenen Gründen nicht unumstrittenen Aquakulturen: Da Zuchtfische krankheitsanfälliger sind als Wildfische, werden immer wieder Medikamente eingesetzt, die für den Menschen gesundheitsschädlich sein können. Darüber hinaus müssen 4 bis 5 Kilogramm Meeresfisch verfüttert werden, um 1 Kilogramm Zuchtfisch zu erzeugen, und für die Anlage von Garnelenfarmen in Asien oder Südamerika gehen wertvolle Wälder verloren – dies sind nur einige negative Auswirkungen auf die Umwelt, die sich aus der Produktion von Seafood durch Aquakultur ergeben können. Kaufen Sie daher am besten nur Produkte aus anerkannt ökologischer Aquakultur, die auch als solche gekennzeichnet sind.

Ökologisch einwandfreie Fische und Meeresfrüchte aus Süß- und Salzwasser

Forellen und Lachs: Hier sind Zuchtfische nur dann eine Alternative, wenn sie aus Bio-Aquakulturen stammen. Das garantiert eine medikamentenfreie Haltung. Zucht-Lachs in Bio-Qualität aus Irland, Schottland und Norwegen ist eine gute Wahl, auch Wildlachs aus Alaska gilt als unbedenklich.

Garnelen: Bei Eismeerganelen aus dem Nordost- und Nordwest-Atlantik ist der Beifang deutlich geinger als bei anderen Garnelenarten.

Goldbrasse: Die Goldbrasse, auch Dorade genannt, kommt in ausreichender Menge im Mittelmeer und Ostatlantik vor. Vorsicht bei Fischen aus konventioneller Aquakultur, sie sind oft schadstoffbelastet.

Hering: Heringe aus Nordsee und Nordatlantik haben einen stabilen Bestand und werden mit wenig Beifang gefischt.

Karpfen: Karpfen sind anspruchslose Süßwasserfische, die sich vorwiegend vegetarisch ernähren und auch aus konventionellen Zuchtbetrieben zu empfehlen sind.

Makrele: Makrelen leben in großen Beständen im Atlantik und Mittelmeer. Sie schwimmen in der oberen Wasserschicht, sodass kaum Beifang anfällt.

Lachs: siehe Forellen.

Wolfsbarsch: Der Wolfsbarsch, auch Loup de Mer, ist ein beliebter Speisefisch aus Mittelmeer und Atlantik, der aus Bio-Aquakultur kommen sollte, da er sonst mit Medikamenten behandelt sein kann.

Da sich die Umweltsituation stetig ändert, empfehlen wir Ihnen, sich auf folgenden Seiten im Internet über die aktuelle Situation zu informieren:
World Wide Fund of Nature (www.wwf.de) und
Greenpeace (www.greenpeace.de)

Darüber hinaus sollten Sie beim Einkauf auf Produkte achten, die mit dem **Gütesiegel des Marine Stewardship Council** (www.msc.org) gekennzeichnet sind und für nachhaltigen Fischfang stehen.

Regenbogenforelle, Bachforelle und Lachs sind beliebte Zuchtfische, die auch aus Bio-Aquakultur angeboten werden und somit aus medikamentenfreier Haltung stammen.

Fish & Chips

Für die Chips
750 g mehligkochende Kartoffeln
Salz

Für den Teig
1 Ei
500 ml Bier (Ale oder dunkles Bier)
170 g Mehl
2 EL zerlassene Butter
1 Spritzer Tabasco
1 TL edelsüßes Paprikapulver
½ TL Salz

Für den Fisch
500 g Kabeljaufilet, Salz
frisch gemahlener weißer Pfeffer
2–3 EL Zitronensaft
50 g Mehl

Außerdem
3–4 l Öl zum Frittieren

1 Die Kartoffeln schälen und in gleichmäßige, etwa 1 ½ cm dicke Stäbchen schneiden. Diese mit kaltem Wasser abspülen und anschließend auf einem Küchentuch trocknen lassen.

2 Für den Teig das Ei trennen. Aus Eigelb, Bier, Mehl, Butter, Tabasco und Paprikapulver einen glatten Ausbackteig anrühren. Diesen bis zur weiteren Verwendung zugedeckt quellen lassen.

3 Das Fischfilet unter fließend kaltem Wasser abspülen. Mit Küchenpapier trocken tupfen und mit Salz, frisch gemahlenem weißem Pfeffer und Zitronensaft würzen. Die Filets in 3 x 5 cm große Streifen schneiden.

4 Zum Frittieren das Öl in einem Topf oder in der Fritteuse auf 140 °C erhitzen. Die Kartoffelstäbchen in drei Portionen darin jeweils 8 Minuten vorfrittieren; jede Portion nach dem Vorfittieren gut abtropfen lassen. Kurz vor dem Servieren das Öl auf 170 °C erhitzen und die Chips darin in etwa 3 Minuten knusprig frittieren; gut abtropfen lassen und mit Salz bestreuen. Die frittierten Chips im 80 °C heißen Backofen warm stellen, bis alle fertig sind.

5 Um den Teig fertigzustellen, das Eiweiß mit dem Salz zu steifem Eischnee schlagen; vorsichtig unter den Teig heben. Die Fischstücke nacheinander in Mehl wenden und durch den Backteig ziehen. Portionsweise im 170 °C heißen Öl pro Portion 5 Minuten frittieren, bis der Teig goldbraun ist. Im Backofen warm stellen, bis aller Fisch ausgebacken ist.

Tipp Statt Kabeljau können Sie Karpfen, Leng, Rotzunge oder Zander verwenden und die Fische mit exotischen Dips wie z. B. Sojasauce, Ingwer-Mayonnaise, Currysauce, Honig-Senf-Sauce oder Mango-Chutney servieren.

Panierter Bratfisch

mit Kartoffelsalat

Für den Kartoffelsalat
800 g festkochende Kartoffeln
Salz
2 Schalotten
1 Bund Grüne-Sauce-Kräuter
200 ml Geflügelfond, mehr nach Bedarf
4 EL Weißweinessig
1 EL Dijonsenf
frisch gemahlener Pfeffer
Zucker
je 3 EL Olivenöl und Traubenkernöl
2 Bund Radieschen

Für den Bratfisch
800 g Fischfilet ohne Haut (z. B. Lengfisch, Rotbarsch, Seelachs)
Salz, frisch gemahlener Pfeffer
50 g Mehl
2 Eier, 2 EL Sahne
80 g Semmelbrösel
50 g Butterschmalz

1 Kartoffeln waschen und in Salzwasser weich garen. Inzwischen Schalotten schälen und fein würfeln. Kräuter waschen, trocken schütteln und hacken.

2 In einer großen Schüssel den Geflügelfond mit Essig, Senf, Salz, Pfeffer und 1 Prise Zucker verrühren. Beide Ölsorten unter die Mischung schlagen, dann die Schalotten und die Kräuter unterrühren. Die Radieschen putzen, waschen und in dünne Scheiben schneiden; unter die Salatsauce mischen.

3 Die Kartoffeln abgießen und abschrecken. Anschließend pellen und in ½ cm dicken Scheiben in die Schüssel zur Salatsauce schneiden; vorsichtig untermischen. Salat bis zum Servieren zugedeckt durchziehen lassen.

4 Das Fischfilet abspülen, trocken tupfen und eventuell vorhandene Gräten entfernen. Das Filet in acht gleich große Stücke schneiden; diese auf beiden Seiten salzen und pfeffern.

5 Das Mehl auf einen flachen Teller geben, Eier und Sahne in einem tiefen Teller verschlagen. Die Semmelbrösel auf einen weiteren Teller streuen. Die Fischfiletstücke zuerst im Mehl, dann in der Eier-Sahne und schließlich in den Bröseln wenden; die Brösel gut andrücken.

6 Das Butterschmalz in einer großen Pfanne erhitzen. Die Fischstücke darin bei mittlerer Hitze auf jeder Seite 3–4 Minuten braten. Kartoffelsalat durchmischen, falls er zu trocken sein sollte, noch etwas Geflügelfond dazugeben. Den Kartoffelsalat zum Fisch servieren.

Fischfrikadellen

2 Brötchen vom Vortag
500 g Seelachsfilet
1 Stange Sellerie
1 Zwiebel
1 Möhre
½ Bund Petersilie
1 Ei
2 EL Semmelbrösel
Salz
Cayennepfeffer
1 EL Zitronensaft
Öl zum Braten

1 Die Brötchen in einer Schüssel mit warmem Wasser übergießen und einweichen. Inzwischen die Fischfilets abspülen, mit Küchenpapier trocken tupfen und in kleinere Stücke schneiden.

2 Die Selleriestange waschen und ebenfalls in Stücke schneiden. Fisch und Sellerie portionsweise im Mixer fein hacken, wie im Bild unten links gezeigt.

3 Die Zwiebel schälen und fein würfeln. Die Möhre schälen und fein reiben. Die Petersilie waschen und trocken schütteln. Die Blättchen abzupfen und hacken. Zwiebel, Möhre und Petersilie in eine große Schüssel geben. Die fein gehackte Fischmasse hinzufügen.

4 Die eingeweichten Brötchen gut ausdrücken und ebenfalls in die Schüssel geben, dann Ei und Semmelbrösel hinzufügen, wie im Bild unten Mitte gezeigt. Alle Zutaten mit den Händen gründlich vermengen, bis eine glatte Masse entstanden ist. Diese mit Salz, Cayennepfeffer und Zitronensaft würzen.

5 Mit angefeuchteten Händen kleine Küchlein aus der Masse formen. In einer großen Pfanne das Öl erhitzen. Die Küchlein portionsweise in die Pfanne setzen und bei mittlerer Hitze auf jeder Seite goldbraun braten, bis sie gar sind (siehe Bild unten rechts). Dazu schmecken Kartoffelpüree und ein Tomaten-Gurken-Salat.

Die Fischstücke und den grob zerkleinerten Stangensellerie in den Mixer geben und fein zerkleinern.

Alle Zutaten für die Fischfrikadellenmasse in einer Schüssel mit den Händen zu einer homogenen Masse verarbeiten.

Aus der Masse flache kleine Frikadellen formen, damit sie in relativ kurzer Zeit auch ganz durchgaren.

Gebratene Fischfilets

mit Kokossauce

4 Stücke Fischfilet mit Haut (z. B. Snapper, Brasse oder Dorade)
Salz, frisch gemahlener Pfeffer
Mehl zum Wenden
Öl zum Braten

Für die Sauce
2 EL gesalzene gelbe Sojabohnen (aus dem Glas)
3–4 rote Chilischoten
2 Zwiebeln
2 Knoblauchzehen
2 EL Öl
1 ½ TL geriebene Ingwerwurzel
1 TL Palmzucker
250 ml Kokosmilch

Für die Garnitur
rote Chilischoten, halbiert
Thai-Basilikum

1 Die Fischfiletstücke salzen und pfeffern. Für die Sauce die Sojabohnen in einem Sieb unter fließendem Wasser abspülen, abtropfen lassen und mit der Gabel zerdrücken. Die Chilischoten längs halbieren und von den Samen befreien. Die Schoten zuerst grob hacken, dann im Mörser fein zerreiben. Die Zwiebeln und den Knoblauch schälen. Die Zwiebeln würfeln und den Knoblauch zerdrücken.

2 In einem kleinen Topf das Öl erhitzen. Chilis, Zwiebeln, Knoblauch und Ingwer darin unter Rühren anschwitzen. Sobald die Zwiebeln beginnen, Farbe anzunehmen, die zerdrückten Sojabohnen dazugeben und unter Rühren 2 Minuten mitdünsten. Den Zucker darüberstreuen und die Kokosmilch dazugießen. Die Sauce unter Rühren köcheln lassen, bis sie dicklich wird. Warm stellen.

3 Etwas Mehl auf einen Teller streuen. Die Fischfiletstücke im Mehl wenden, überschüssiges Mehl mit den Händen vorsichtig abklopfen.

4 In einer großen Pfanne etwa 1 cm hoch Öl füllen und erhitzen. Die bemehlten Fischstücke jeweils mit der Fleischseite nach unten in das heiße Öl legen. Mit dem Pfannenwender leicht flach drücken, damit sich die Stücke an den Rändern nicht nach oben biegen. Nach 3–4 Minuten wenden und auf der Hautseite ebenfalls 3–4 Minuten braten.

5 Die Filets vorsichtig aus dem heißen Öl heben und auf Küchenpapier abtropfen lassen. Mit der Hautseite nach oben auf Teller legen und die Sauce dazu anrichten. Das Gericht mit entkernten halbierten Chilischoten und Thai-Basilikum garnieren.

Kabeljau und Shrimps

auf Zucchiniragout

Für das Ragout
1 Zwiebel
1 Knoblauchzehe
2 Zucchini
1 große Tomate
1 rote Chilischote
3 EL Olivenöl
12 schwarze Oliven (Kalamata)
½ TL getrockneter Thymian
125 ml Gemüsefond
Salz
2 EL gehackte Petersilie

Für Fisch und Shrimps
4 Kabeljaufilets (je 180 g)
12 geschälte rohe Riesengarnelen (Tigerprawns)
Salz
frisch gemahlener weißer Pfeffer
Saft von ½ Zitrone
1 EL Öl
40 g Butter

1 Zuerst das Ragout zubereiten. Dafür Zwiebel und Knoblauch schälen und hacken. Die Zucchini waschen und putzen, dann quer in 2 cm dicke Scheiben schneiden; die Scheiben vierteln.

2 Die Tomate mit kochend heißem Wasser überbrühen, dann kalt abschrecken und häuten. Die Frucht halbieren, von Stielansatz und Kernen befreien und in große Würfel schneiden. Die Chilischote waschen, halbieren, entkernen und fein hacken.

3 Das Olivenöl in einem großen Topf erhitzen. Zwiebel und Knoblauch darin glasig dünsten. Die Zucchinistücke dazugeben und kurz mitdünsten, dann Tomatenwürfel, gehackte Chili sowie Oliven und Thymian untermischen. Den Gemüsefond dazugießen, das Gemüse salzen und zugedeckt etwa 8 Minuten köcheln lassen.

4 Inzwischen Fischfilets und Garnelen trocken tupfen, salzen und pfeffern; nur die Fischfilets mit Zitronensaft beträufeln.

5 In einer Pfanne das Öl mit der Butter erhitzen. Die Fischfilets darin auf einer Seite 2 Minuten braten, dann wenden und die Garnelen dazugeben. Alles zusammen weitere 2 Minuten braten, die Garnelen dabei ab und zu wenden.

6 Das Zucchiniragout auf Teller verteilen, Fisch und Garnelen darauf anrichten. Das Gericht mit Petersilie bestreuen und sofort servieren. Gut dazu passt knuspriges Weißbrot, aber auch Reis oder Tagliatelle.

Fischfondue

800 g Fischfilet von verschiedenen Fischen (z. B. Lachs, Thunfisch, Seeteufel, Petersfisch oder Steinbutt)
Muscheln und küchenfertige kleine Tintenfische (Calamaretti; ersatzweise Kalmar-Ringe; Menge nach Belieben)
500 g Fischkarkassen (vom Fischhändler mitgeben lassen)
4 Schalotten
2 Möhren, 2 Stangen Sellerie
¼ Knollensellerie
1 Fenchelknolle
1 Stange Lauch
300 ml Weißwein
100 ml Noilly Prat
50 ml Pernod
Salz, frisch gemahlener Pfeffer
Safranfäden, nach Belieben

1 Die Fischfilets unter fließend kaltem Wasser abwaschen, dann mit Küchenpapier trocken tupfen und in mundgerechte Stücke schneiden.

2 Die Muscheln putzen und waschen (siehe Seite 134–137). Die Tintenfische waschen und mit Küchenpapier trocken tupfen. Fischstücke, Muscheln und Tintenfische jeweils auf einer Servierplatte anrichten.

3 Für den Fischfond die Fischkarkassen 30 Minuten wässern. Inzwischen Schalotten, Möhren, Sellerie, Fenchel und Lauch putzen, schälen und in kleine Würfel schneiden.

4 Weißwein, Noilly Prat, Pernod und 1,2 l Wasser in einen Topf geben. Die Fischkarkassen mit dem klein gewürfelten Gemüse hinzufügen.

5 Alles aufkochen und mindestens 10 Minuten sprudelnd kochen lassen, je nachdem, wie konzentriert der Fischfond sein soll. Den Fischfond während des Kochens immer wieder abschäumen, anschließend durch ein feines Sieb gießen. Mit Salz, Pfeffer und Safranfäden abschmecken.

6 Bei Tisch die einzelnen Zutaten auf Fonduegabeln stecken und zum Garen in den heißen Fond halten. Fische mit weniger festem Fleisch und Muscheln zum Garen in kleine Drahtkörbchen geben, die man im Asia-Laden bekommt.

Tipps Sie können die Fischfiletstücke auch sehr gut durch einen Tempurateig ziehen und anschließend frittieren (Rezept für Tempurateig siehe Seite 335). Reichen Sie zu dem Fisch scharfe und exotische Saucen sowie verschiedene Dips und in Stücke geschnittenes Gemüse, wie Paprikaschoten, Chinakohl, Champignons oder auch Thai-Spargel.

Stockfisch mit Trockenobst

800 g Stockfisch
2 EL Rosinen
3–4 Backpflaumen
400 g Tomaten
1 Knoblauchzehe
1 Zwiebel
½ Bund Petersilie
3 EL Olivenöl zum Dünsten
frisch gemahlener Pfeffer
Salz
2 EL Pinienkerne

1 Den Stockfisch 3 Tage wässern, das Wasser dabei mehrmals wechseln, wie auf Seite 141 beschrieben. Am Zubereitungstag Rosinen und Backpflaumen in Wasser einweichen.

2 Stockfisch und Tomaten in getrennten Gefäßen jeweils mit kochend heißem Wasser überbrühen; beides einige Minuten ziehen lassen.

3 Die Tomaten kalt abschrecken und häuten. Die Früchte von den Stielansätzen befreien, halbieren und entkernen, dann hacken.

4 Den eingeweichten Stockfisch in ein Sieb abgießen. Die Gräten sorgfältig entfernen; das Fischfleisch in mundgerechte Stücke schneiden. Knoblauch und Zwiebel schälen und hacken. Die Petersilie waschen und trocken schütteln. Die Blättchen abzupfen und hacken.

5 Das Olivenöl in einem Topf erhitzen. Knoblauch, Zwiebel und Petersilie darin andünsten, dann den Fisch dazugeben.

6 Die eingeweichten Trockenfrüchte abtropfen lassen. Die Backpflaumen vierteln; mit Rosinen und Tomaten zum Fisch in den Topf geben. Wenig Wasser dazugießen und alles mit Pfeffer und eventuell etwas Salz würzen. Die Stockfischmischung bei schwacher Hitze etwa 20 Minuten zugedeckt schmoren lassen.

7 Inzwischen die Pinienkerne in einer trockenen Pfanne unter Wenden hellbraun rösten. Die geschmorte Stockfisch-Obst-Mischung auf Teller verteilen und mit Pinienkernen bestreuen. Dazu passt Kartoffelgratin oder Polenta.

Tipp Die Backpflaumen nicht zerkleinern und separat mit der Fischmischung auf den Tellern anrichten (siehe Bild unten). Die Pflaumen mit den Pinenkernen garnieren, das Gericht mit Pfeffer grob übermahlen und mit Kräutern bestreuen.

Skrei

mit Räucherlachs

100 g Räucherlachs
4 Stück Skrei- oder Kabeljaufilet (je 150 g)
Salz, frisch gemahlener Pfeffer
2 Schalotten
3 kleine Champignons
4 EL Butter
200 ml Weißwein
200 ml Fischfond
100 g Sahne, 4 EL Crème fraîche
Saft von 1 Zitrone
1 Salatgurke
Salz, Zucker
1 EL gehackte Dillspitzen

Außerdem
Spicknadel für den Räucherlachs

1 Den Räucherlachs in schmale Streifen schneiden. Die Fischfiletstücke mithilfe einer Spicknadel vorsichtig mit Lachsstreifen durchziehen. Anschließend die Fischstücke mit Salz und Pfeffer würzen. Den Backofen auf 180 °C vorheizen.

2 Die Schalotten schälen und die Champignons putzen. Beides in feine Scheiben schneiden.
3 EL Butter in einem backofenfesten Bräter zerlassen; Schalotten- und Champignonscheiben darin andünsten, dann mit Weißwein und Fischfond aufgießen.

3 Die gewürzten Fischfilets in den Bräter legen. Den Bräter in den heißen Ofen stellen und die Fischfilets 6–7 Minuten in der Flüssigkeit gar ziehen lassen. Aus dem Bräter nehmen, auf eine Platte legen und im (ausgeschalteten) Ofen warm stellen.

4 Fischfond aus dem Bräter durch ein feinmaschiges Sieb gießen, aufkochen und auf ein Drittel reduzieren lassen. Sauce mit Sahne und Crème fraîche binden. Zitronensaft unterrühren.

5 Die Salatgurke schälen und halbieren, die Kerne herausschaben und die Gurkenhälften in gleichmäßig dünne Scheiben schneiden. Mit der restlichen Butter, etwas Salz und Zucker in einer Pfanne glasig braten. Die Fischfilets auf den Gurken anrichten. Das Gericht mit der Sauce überziehen und die Gurken mit Dill bestreuen.

Tipp Beim Spicken wird zunächst ein schmaler Streifen Räucherlachs (oder auch Speck) in eine spezielle Spicknadel eingelegt. Diese wird dann vorsichtig durch ein Stück Fisch oder Fleisch gezogen, wobei der Räucherlachs bzw. der Speck im Fisch verbleibt.

Pochierter Lachs

mit Spargel und Erbsen

1,5 l Court-Bouillon (siehe Seite 104)
4 Stück Lachsfilet ohne Haut (je 200 g)

Für die Safransauce
1 Schalotte
100 ml Weißwein
20 ml Noilly Prat
400 ml Fischfond
250 g Sahne
0,1 g gemahlener Safran
Salz, Cayennepfeffer
einige Tropfen Zitronensaft
20 g kalte Butter in Stücken

Für das Gemüse
200 g weißer Spargel
Salz, etwas Zitronensaft
100 g ausgepalte Erbsen
80 g Morcheln, 30 g Butter
frisch gemahlener Pfeffer

1 Die Court-Bouillon zubereiten, dabei nur die Hälfte der angegebenen Zutaten verwenden, um 1,5 l Fond zu erhalten.

2 Für die Sauce die Schalotte schälen und in Ringe schneiden. Schalotte, Wein und Noilly Prat in eine Kasserolle geben; aufkochen lassen. Den Fond dazugießen und alles bei mittlerer Hitze auf etwa ein Drittel reduzieren. Sahne einrühren und das Ganze cremig einkochen lassen.

3 Die Saucenbasis durch ein Sieb in einen kleinen Topf passieren; mit Safran, Salz, Cayennepfeffer und Zitronensaft würzen und noch 10 Minuten köcheln lassen; beiseitestellen.

4 Für das Gemüse von den Spargelstangen die unteren Enden abschneiden und die Stangen schälen. In einem Topf Wasser mit etwas Salz und Zitronensaft aufkochen, Spargel darin 10–12 Minuten garen. Herausheben; Spargel abtropfen lassen. Erbsen in Salzwasser gar kochen, abgießen und abtropfen lassen. Morcheln waschen und abtropfen lassen; größere Exemplare halbieren.

5 Die Fischstücke in der Court-Bouillon in 5 Minuten gar ziehen lassen. In einer Kasserolle 20 g Butter zerlassen, Spargel und Erbsen darin schwenken, salzen und pfeffern. In einer Pfanne die restliche Butter (10 g) zerlassen und die Morcheln darin 2 Minuten braten; salzen und pfeffern.

6 Sauce erwärmen. Die Butterstücke mit dem Stabmixer unter die Sauce arbeiten; abschmecken. Lachs aus dem Sud heben und abtropfen lassen. Mit der Safransauce und dem Gemüse auf Tellern anrichten.

Lachs und Gemüse in Filoteig

Für die Füllung
2 Schalotten, 1 Knoblauchzehe
1 Chilischote
5 g frische Ingwerwurzel
½ kleine Fenchelknolle mit Grün
1 EL Olivenöl
100 g rote, grüne und gelbe Paprikawürfel
1 Zweig Thymian
Salz, frisch gemahlener Pfeffer

Für die Tomaten-Salsa
100 g Tomaten
1 EL gehackte Kapern
2 EL fein gewürfelte schwarze Oliven
Salz, frisch gemahlener Pfeffer
4–5 EL Olivenöl

Für den Fisch
4 Stück Lachsfilet ohne Haut (je etwa 140 g)
Salz, frisch gemahlener Pfeffer
4 Filoteigblätter (28 x 28 cm)
1 Eiweiß zum Bestreichen
5–6 EL Olivenöl

1 Für die Füllung die Schalotten und den Knoblauch schälen und beides fein würfeln. Die Chilischote längs halbieren, von den Samen befreien und in feine Streifen schneiden. Den Ingwer schälen und fein hacken. Fenchel putzen, waschen und mitsamt dem Grün ebenfalls fein hacken.

2 Das Olivenöl in einer Pfanne erhitzen. Die Schalotten mit dem Knoblauch darin glasig dünsten. Chili, Ingwer, Fenchel und Paprikawürfel hinzufügen, den Thymianzweig dazugeben und alles einige Minuten dünsten. Mit Salz und Pfeffer würzen und den Thymianzweig herausnehmen.

3 Für die Salsa die Tomaten in kochend heißes Wasser tauchen und kalt abschrecken, dann häuten, von Samen befreien und fein würfeln. Die Tomatenwürfel mit den Kapern und Oliven mischen. Salsa mit Salz und Pfeffer würzen, dann das Olivenöl unterrühren. Bis zum Servieren beiseitestellen.

4 Backofen auf 200 °C vorheizen. Die Lachsfilets salzen und pfeffern. Die Filoteigblätter auf einer Arbeitsfläche ausbreiten; die Gemüsemischung und die Lachsstücke darauf verteilen (siehe Bild unten links). Teigränder mit Eiweiß bestreichen und den Teig zu Päckchen falten.

5 Das Öl in einer ofenfesten Form erhitzen. Die Lachspäckchen darin auf beiden Seiten kurz anbraten. Dann die Form in den Ofen (Mitte) schieben und die Päckchen 5–7 Minuten garen (siehe Bild unten rechts). Mit der Salsa auf vorgewärmten Tellern anrichten und sofort servieren. Dazu passt Blattsalat mit Olivenöl-Balsamico-Vinaigrette.

Jeweils ein Viertel der Gemüsemischung mittig auf die Filoteigblätter verteilen. Auf jedes Teigblatt 1 Stück Lachsfilet legen. Die Teigblätter zu Päckchen verschließen.

Die Filoteigpäckchen in Öl in der Form auf dem Herd auf beiden Seiten anbraten, dann im heißen Backofen in 5–7 Minuten fertig garen.

Lachs mit Rahmsauerkraut

800 g Lachsfilet mit Haut
2 TL schwarze Pfefferkörner
1 TL Fenchelsamen
1 TL Koriandersamen
2 TL grobes Meersalz
2 TL Zucker
30 g Butterschmalz

Für das Rahmsauerkraut
2 Zwiebeln
16 Wacholderbeeren
800 g frisches Sauerkraut
40 g Butter
50 g Zucker
1 Lorbeerblatt
400 g Sahne
1 Kartoffel
Salz
frisch gemahlener Pfeffer

1 Das Lachsfilet auf der Hautseite schuppen und eventuell vorhandene Gräten herausziehen. Das Filet unter kaltem Wasser abwaschen und mit Küchenpapier trocken tupfen, dann in vier gleich große Stücke schneiden. Die Filetstücke auf der Hautseite mit einem scharfen Messer jeweils viermal schräg einschneiden.

2 Pfeffer, Fenchel, Koriander und Meersalz im Mörser zerstoßen, dann den Zucker dazugeben und untermischen. Die Fischstücke auf der Hautseite mit der Gewürzmischung einreiben und zugedeckt für 45 Minuten in den Kühlschrank stellen.

3 Inzwischen für das Rahmsauerkraut die Zwiebeln schälen und fein würfeln. Die Wacholderbeeren andrücken. Das Sauerkraut leicht ausdrücken.

4 Die Butter in einem großen Topf zerlassen und den Zucker darin bei schwacher Hitze schmelzen lassen. Die Zwiebeln dazugeben und unter gelegentlichem Rühren glasieren. Lorbeerblatt, Sauerkraut, zerdrückte Wacholderbeeren und die Sahne hinzufügen. Alles zugedeckt aufkochen, dann bei schwacher Hitze mit halb geöffnetem Deckel 20 Minuten kochen lassen.

5 Die Kartoffel schälen und in das Rahmsauerkraut reiben, um die Flüssigkeit zu binden. Zugedeckt weitere 20 Minuten garen.

6 Die Lachsfiletstücke vorsichtig trocken tupfen. Butterschmalz in einer Pfanne zerlassen und die Lachstücke auf der Hautseite bei mittlerer Hitze 5 Minuten braten, dann wenden und weitere 3 Minuten braten.

7 Das Rahmsauerkraut mit 1 Prise Zucker, Salz und Pfeffer abschmecken. Den Lachs auf dem Sauerkraut anrichten und servieren. Dazu passen Stampfkartoffeln mit Kräutern.

Lachskoteletts mit Lauch

Für das Lauchgemüse
400 g Lauch
50 g Butter
100 ml Gemüse- oder Fischfond
etwas Trüffelöl nach Geschmack
1 schwarze Trüffel (15–20 g)
2 EL Crème fraîche
1 EL gehackte Kräuter (Dill, Petersilie)
Salz, frisch gemahlener Pfeffer

Für die Koteletts
4 Lachskoteletts (je etwa 200 g)
1 TL Salz
frisch gemahlener weißer Pfeffer
3 EL Öl

Außerdem
Dillzweige zum Garnieren

1 Für das Lauchgemüse den Lauch putzen und waschen. Nur die weißen Teile der Stangen in etwa ½ cm dicke Ringe schneiden. Die Butter in einem Topf zerlassen und den Lauch darin andünsten. Den Fond dazugießen und das Gemüse 5 Minuten im geschlossenen Topf dünsten.

2 Das Lauchgemüse mit ein paar Tropfen Trüffelöl aromatisieren. Die Trüffel putzen, in hauchdünne Scheiben schneiden bzw. hobeln und zum Gemüse geben. Die Crème fraîche unterrühren, die Kräuter einstreuen. Das Gemüse mit Salz und Pfeffer abschmecken; warm halten.

3 Die Lachskoteletts auf beiden Seiten salzen und pfeffern. Mit Öl bepinseln und auf dem vorgeheizten Grill auf jeder Seite 5 Minuten grillen. Die Lachskoteletts mit dem Lauchgemüse auf Tellern anrichten, mit Dill garnieren; sofort servieren.

Tipp Dazu passen in der Schale im Ofen gebackene Kartoffeln gut. Dafür möglichst eine mehligkochende Sorte verwenden. Jede Kartoffel in ein ausreichend großes Stück Alufolie wickeln und im 180 °C heißen Ofen 40–45 Minuten backen; auswickeln und oben einschneiden. Mit Crème fraîche servieren.

Lachsforelle in der Salzkruste

2 küchenfertige Lachsforellen (je etwa 700 g)
je 3 Stängel Dill sowie glatte und krause Petersilie
Salz, frisch gemahlener Pfeffer
200 g Schwarzwälder Schinken, in dünnen Scheiben
40 g Butter

Für die Salzkruste
2 kg grobes Meersalz, 4 Eiweiß

Für die Zitronenbutter
1 Zitrone, 50 g Butter
Salz, frisch gemahlener Pfeffer
1 EL gehackte Petersilie
1 EL gehackter Dill

1 Von den Forellen die Flossen abschneiden. Die Fische innen und außen abspülen und mit Küchenpapier trocken tupfen.

2 Die Kräuter waschen und trocken schütteln. Jede Lachsforelle jeweils innen salzen und pfeffern, dann mit den Kräuterstängeln und jeweils 3 Scheiben Schinken füllen. Für die Salzkruste das Meersalz gründlich mit den Eiweißen mischen und kurz ruhen lassen.

3 Die Lachsforellen mit den restlichen Schinkenscheiben so umwickeln, dass sich die Scheiben leicht überlappen. Pro Fisch je ein Viertel der Salzmasse nebeneinander auf ein Blech schütten, jede Salzportion etwas größer als ein Fisch formen und glatt streichen. Alternativ kann man aus mehrfach gefalteten Streifen von Alufolie eine Fischkontur formen und diese nacheinander mit den Salzportionen füllen (siehe Seite 90).

4 Den Backofen auf 200 °C vorheizen. Die Fische auf die Salzmassen legen, die restlichen Salzmasse darauf verteilen und die Lachsforellen gut damit umhüllen. Die Fische 30–35 Minuten im Ofen garen.

5 Inzwischen die Zitrone filetieren. Dafür oben und unten einen Deckel von der Frucht abschneiden. Die Zitrone so dick schälen, dass auch die weiße Schicht mit entfernt wird. Die Fruchtsegmente mit einem sehr scharfen Messer entlang den Trennwänden einschneiden und die Zitronenfilets herauslösen.

6 Die Butter in einer kleinen Kasserolle zerlassen und leicht bräunen. Die Zitronenfilets darin unter vorsichtigem Rühren erhitzen, bis sie zu zerfallen beginnen. Die Zitronenbutter mit Salz, Pfeffer und Kräutern würzen.

7 Die Lachsforellen aus dem Ofen nehmen. Die Salzkrusten behutsam aufklopfen und abheben. Die Schinkenscheiben entfernen und die Haut von den Fischen zum Kopf hin abziehen. Mit der Spitze eines Löffels vorsichtig die graue, eventuell tranig schmeckende Schicht abschaben.

8 Die oberen Filets von den Gräten heben und auf zwei vorgewärmten Teller anrichten. Die Mittelgräten sowie Kräuter und Schinken entfernen; die unteren Filets von der Haut lösen und auf zwei weitere Teller legen. Die Fischfilets mit der Zitronenbutter beträufeln; sofort servieren. Dazu passen Salzkartoffeln.

Qualität und Frische der Fische sind grundlegende Voraussetzungen für gute Fischgerichte. Bei ganzen Fischen lässt sich das an Augen, Flossen und Kiemen leicht erkennen. Bei Fischfilets testen Profiköche die Frische, indem sie mit einer Messerklinge behutsam darüberstreichen: Je weniger Fischfleisch am Messer hängen bleibt, desto frischer ist das Filet.

Fischqualität erkennen

Wie frisch ist Fisch wirklich?

Frische ist das entscheidende Kriterium beim Meeresfisch, gleichgültig, ob er in Küstenregionen angeboten wird oder weite Wege bis ins Binnenland zurücklegen muss. Bei Süßwasserfischen ist Frische sicher weniger ein Thema, weil sie beim Fischhändler meist in Bassins gehalten werden. Meeresfisch wird hingegen nicht lebend gehandelt, und es kann Stunden oder gar Tage dauern, bis er zum Verbraucher kommt. Grund genug, beim Fischeinkauf auf Frische zu achten: Haut, Flossen, Augen, Kiemen und Geruch geben Aufschluss darüber.

Frische-Qualitätsmerkmale

Die **Haut** frischer Fische soll natürlichen Glanz und Farbe aufweisen, nicht verblasst wirken, ohne Druckstellen sowie ohne Beschädigung irgendwelcher Art und, entsprechend der Fischart und der Fangmethode, normal beschuppt sein. Hering, Makrele und andere Meeresfische verlieren beim Fang fast stets die meisten Schuppen. Das ist bei diesen Fischarten normal. Bei Fischen guter, frischer Qualität ist der Schleim auf der Haut klar und durchsichtig.

Die **Flossen** sollten gut erhalten sein. Beschädigungen sind häufig die Folge langer Schleppdauer und sehr voller Netze. Bei starker Schleimbildung, was besonders bei unsachgemäßer Lagerung der Fische auftritt, können die Flossen verkleben.

Die **Augen** fangfrischer Fische sind prall und klar, nicht eingesunken oder trüb.

Das Aussehen der **Kiemen** ist ein besonders wichtiges Frische-Kriterium. Am frischsten ist der Fisch, wenn die Kiemen leuchtend rot, die einzelnen Blättchen klar und deutlich zu erkennen, nicht verschleimt und nicht verklebt sind. Grauweiße, hellgelbliche, braune, verklebte oder auch schleimige

Kiemen weisen darauf hin, dass der Fisch seit längerer Zeit tot oder schlecht gelagert ist. Die Symptome können auch bei kranken Fischen auftreten, z. B. gelegentlich bei Zuchtfischen.
Bei **ausgenommenen Fischen** sollte die Bauchhöhle sauber ausgeweidet und weitgehend geruchlos sein. Blutreste müssen leuchtend rot sein. Die **Eingeweide** bei nicht ausgenommenen frischen Fischen weisen scharfe Konturen auf. Je länger der Fisch tot ist, umso undeutlicher sind die Umrisse zu erkennen, bis sich schließlich die Eingeweide mit zunehmend breiiger Konsistenz ganz auflösen. Auch der **Geruch** ist aufschlussreich: Bei frischen Fischen riechen Eingeweide angenehm, er wird mit der Zeit mehr und mehr unangenehm bis faulig.
Ähnliches gilt auch für den **ganzen Fisch**: Frischer Fisch riecht fast nicht! Der »typische Fischgeruch« ist daher für frischen Fisch keinesfalls typisch; und auch säuerlich, tranig oder faulig darf Fisch nicht riechen. Die Frische von **Fischfilets** lässt sich feststellen, indem man mit einer Messerklinge behutsam darüberstreicht. Je weniger daran hängen bleibt, desto frischer ist das Filet (siehe auch linke Seite Bild oben rechts).

Flossen frischer Fische sollen gut erhalten und möglichst wenig beschädigt sein.

Klare Augen sind ein gut erkennbares Frischemerkmal.

Trübe Augen sind ein deutliches Zeichen dafür, dass der Fisch nicht mehr ganz frisch ist.

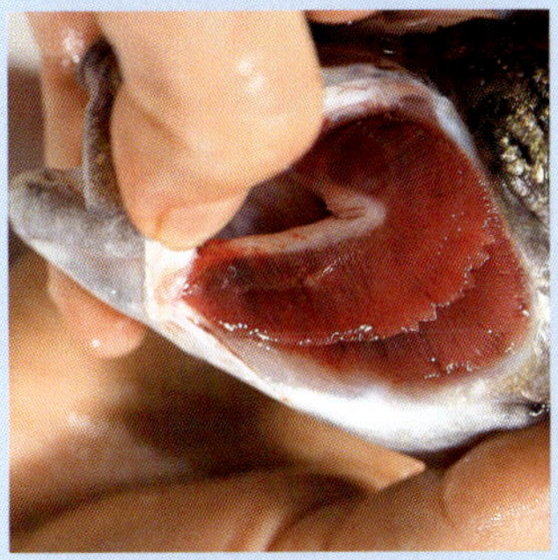

Leuchtend rote Kiemen signalisieren Frische. Die Kiemenblättchen müssen klar zu erkennen sein. Sie dürfen weder fleckig noch verschleimt aussehen.

Frisches Fischfilet hat keinen ausgeprägten Geruch. Es darf weder leicht fischig, noch säuerlich, tranig oder gar faulig riechen.

Makrelen vom Grill

mit Beerensauce

4 küchenfertige Makrelen
(je etwa 300 g)
mehrere Zweige Fenchelgrün
1 Bund Dill
2 EL Öl
Saft von 1 Zitrone
Salz
frisch gemahlener Pfeffer

Für die Sauce
400 g schwarze Beeren (Johannisbeeren, Brombeeren)
1 EL Zitronensaft
1 Prise Salz
2 EL Zucker
1 Messerspitze Cayennepfeffer

1 Die Makrelen innen und außen waschen und trocken tupfen. Auf den Seiten je dreimal einschneiden. Das Fenchelgrün in die Fischbäuche stecken. Dill waschen, Spitzen abzupfen und hacken. Das Öl mit Zitronensaft, Dill, Salz und Pfeffer verrühren. Die Fische mit dem Dill-Öl bestreichen und zugedeckt etwa 1 Stunde marinieren.

2 Die Marinade großzügig von den Fischen streifen und auffangen. Die Makrelen auf einem Blech unter dem heißen Backofengrill 20–30 Minuten grillen, dabei dreimal wenden und mit Marinade bestreichen.

3 Inzwischen für die Sauce die Beeren waschen und entstielen. Mit Zitronensaft, Salz, Zucker und 3 EL Wasser in einem Topf aufkochen und in 5–8 Minuten weich garen. Die Beeren durch ein feines Sieb passieren. Das Püree mit Cayennepfeffer würzen und abkühlen lassen.

4 Die Makrelen auf vorgewärmten Tellern anrichten und mit Beerensauce servieren. Dazu frisches Baguette reichen.

Makrelenfilet

mit Tomatenkruste

4 küchenfertige Makrelen
Salz
frisch gemahlener Pfeffer
8 EL passierte Tomaten
4 EL Semmelbrösel
1 EL gehackte Petersilie
3 Knoblauchzehen
3 EL Olivenöl

1 Den Backofen auf 220 °C vorheizen. Die Makrelen filetieren (siehe Seite 82/83) – die Haut dabei nicht entfernen. Die Fischfilets kalt waschen und trocken tupfen; dann mit Salz und Pfeffer bestreuen.

2 Für die Tomatenkruste die passierten Tomaten mit den Semmelbröseln und der Petersilie mischen. Den Knoblauch schälen, fein würfeln und unter die Tomatenmischung rühren.

3 Ein Backblech mit Backpapier belegen. Das Öl in einer Pfanne erhitzen. Die Makrelenfilets darin auf der Fleischseite 1–2 Minuten anbraten. Die Filets wenden und auf der Hautseite nochmals 1–2 Minuten braten; herausnehmen und auf das vorbereitete Backblech legen.

4 Die Fischfilets dünn mit der Tomatenmischung bestreichen und im heißen Ofen (Mitte) etwa 5 Minuten überbacken.

Tipps Richten Sie die Makrelenfilets einmal auf Blattspinat mit Pinienkernen an. Gut dazu passen außerdem knusprig gebratene Kartoffelwürfel, die mit Salz und Paprikapulver gewürzt wurden, oder geröstetes Bauernbrot.

Marlinsteaks

mit Pak Choi und Bohnen

4 Marlinsteaks (je 200 g)
2 TL Cajun-Gewürzmischung (siehe Tipp)
1 EL Sonnenblumenöl

Für den Limettenschaum
100 ml Gemüse- oder Fischfond
Saft von 1 Limette
100 g Sahne
Salz
frisch gemahlener Pfeffer
50 g kalte Butter, in Würfeln

Für das Gemüse
4 kleine Pak Choi (etwa 250 g)
1 Knoblauchzehe
200 g fermentierte schwarze Bohnen
1 EL Öl
1 EL Austernsauce
100 ml Gemüsefond
Zucker
frisch gemahlener Pfeffer
1 EL Fischsauce
1 EL Sojasauce
1 Spritzer Limettensaft

1 Den Backofen auf 80 °C vorheizen. Jedes Fischsteak mit ½ TL Cajun-Gewürzmischung bestreuen und in 1 EL Sonnenblumenöl auf beiden Seiten kurz anbraten. Anschließend auf einer ofenfesten Servierplatte in den vorgeheizten Backofen schieben und etwa 12 Minuten garen – so bleibt der Fisch schön saftig.

2 Inzwischen den Limettenschaum zubereiten: Dafür den Bratsatz mit dem Gemüse- oder Fischfond ablöschen, Limettensaft und Sahne dazugeben und die Sauce auf die Hälfte einkochen lassen.

3 Pak Choi putzen, waschen, trocken tupfen und halbieren. Den Knoblauch schälen und in hauchdünne Scheiben schneiden. Die fermentierten Bohnen nach Packungsangabe einweichen.

4 In einer Pfanne das Öl erhitzen und die Knoblauchscheiben darin goldgelb rösten. Den Pak Choi dazugeben und rundherum kurz anbraten. Mit Austernsauce und Gemüsefond ablöschen und mit Zucker, Pfeffer, Fisch- und Sojasauce würzen.

5 Die Bohnen in ein Sieb abgießen, kurz abtropfen lassen und zum Pak Choi geben. 4–5 Minuten mitköcheln lassen, bis der Kohl gar ist. Das Gemüse abschmecken und mit Limettensaft verfeinern.

6 Den Limettenschaum fertigstellen. Dafür die Saucen-Reduktion mit Salz und Pfeffer abschmecken. Die Butterwürfel in die Sauce einrühren und das Ganze mit dem Stabmixer kurz aufschäumen. Als Beilage passt Basmatireis.

Tipp Für die Cajun-Gewürzmischung 75 g Salz mit 2 TL Cayennepfeffer, je 1 TL scharfem Paprikapulver, schwarzem und weißem Pfeffer sowie 1 Messerspitze gemahlenen Senfkörnern und 1 Prise gemahlenen Nelken mischen.

Pochierter Meeraal

mit Thai-Curry und Papayasalat

Für das Curry
8 getrocknete Shiitakepilze
1 Zwiebel
1 Möhre
1 kleine Salatgurke (150 g)
2 Tomaten
1 Stängel Zitronengras
2 EL Öl
200 ml Gemüsebrühe
200 ml Fischfond
100 ml passierte Tomaten
2 TL gelbe Currypaste
180 g Basmatireis
1 Bund Koriandergrün
Salz

Für den Salat
1 große grüne, nicht zu reife Papaya
1 kleine rote Zwiebel
½ rote Paprikaschote
50 g frischer Meerrettich
3 Zweige Koriandergrün
3 Zweige Minze
Saft von 1 Limette
50 ml Fischfond
½–1 TL geriebene frische Ingwerwurzel
1 TL brauner Zucker

Für den Fisch
4 Schlangenbohnen
800 g küchenfertiger Meeraal (gehäutet und entgrätet) an einem Stück
Salz, frisch gemahlener Pfeffer

Außerdem
Holzspießchen zum Fixieren

1 Zuerst für das Curry die Shiitakepilze 30 Minuten in Wasser einweichen. Für den Salat Papaya halbieren, entkernen und die Hälften schälen. Zwiebel schälen und längs halbieren. Die halbe Paprika waschen und putzen. Alles in dünne Streifen schneiden. Meerrettich schälen und fein reiben. Die Kräuter waschen und trocken schütteln, die Blätter abzupfen und hacken. In einer großen Schüssel Limettensaft mit Fischfond, Ingwer und Zucker verrühren. Papaya-, Zwiebel- und Paprikastreifen untermischen; Salat zugedeckt beiseitestellen.

2 Die Bohnen für 1 Minute in sprudelnd kochendes Wasser geben. Abgießen; kalt abschrecken. Den Fisch rundherum pfeffern und salzen und von einer Längsseite her eng aufrollen. Die Rolle in vier gleichdicke Rouladen schneiden; jede spiralförmig mit 1 Bohne umwickeln. Die Enden der Bohnen jeweils mit Holzspießchen fixieren.

3 Für das Curry die Pilze ausdrücken, putzen und achteln. Die Zwiebel schälen und in Streifen schneiden. Die Möhre waschen, putzen und in 1–2 mm dicke Scheiben schneiden. Die Gurke schälen, längs vierteln, entkernen und längs in Streifen schneiden.

4 Tomaten überbrühen, häuten, entkernen und das Fruchtfleisch würfeln. Das äußere Blatt vom Zitronengras entfernen und den faserigen Stängel weich klopfen oder anquetschen.

5 Das Öl in einem Wok erhitzen. Zwiebelstreifen darin kurz dünsten, dann die Möhrenstreifen 1 Minute mitdünsten. Die Pilze und ½ Minute später die Gurkenstreifen hinzufügen und alles zusammen noch ½ Minute dünsten. Gemüse aus dem Wok nehmen und beiseitestellen.

6 Brühe und Fond in den Wok gießen; aufkochen lassen. Zitronengras dazugeben und 3 Minuten mitköcheln lassen. Mit den passierten Tomaten andicken und mit der Currypaste würzen.

7 Die Aalstücke in den Sud legen und 8–10 Minuten darin gar ziehen lassen (die Brühe darf nicht aufkochen). Herausheben und warm stellen.

8 Den Reis in den Sud schütten und 10 Minuten garen. Das vorgegarte Gemüse und die gewürfelten Tomaten dazugeben; mitgaren. Das Koriandergrün waschen, Blättchen abzupfen und hacken. Das Curry mit Koriandergrün und eventuell etwas Salz würzen, mit Aal und Papayasalat anrichten.

Petersfisch mit Rosmarin

und gefüllten Tomaten

2 Petersfischfilets mit Haut (je etwa 150 g)
Salz, frisch gemahlener Pfeffer
4 Rosmarinzweige (etwas länger als die Fischfilets)
4 Tomaten (je etwa 150 g)
2 Schalotten
1 kleine Zucchini
100 g Champignons
1 Brötchen vom Vortag
150–200 ml heiße Milch
5 EL Olivenöl
1 Ei
1 große Knoblauchzehe
Zucker
30 g kalte Butter, in Flöckchen
Fett für die Form

1 Die Fischfilets trocken tupfen, salzen und pfeffern. Je 1 Rosmarinzweig so durch jedes Filet fädeln, dass er auf der Hautseite zu sehen ist (siehe Tipp).

2 Die Tomaten waschen und oben jeweils einen Deckel abschneiden. Die Früchte mit einem Teelöffel aushöhlen; Samen und Kerne aufbewahren. Schalotten schälen, Zucchini waschen und putzen, Champignons mit einem Tuch abreiben. Schalotten, Zucchini und Pilze in kleine Würfel schneiden. Brötchen in der Milch einweichen.

3 Den Backofen auf 160 °C vorheizen. 2 EL Olivenöl in einer Pfanne erhitzen und die Zwiebeln darin glasig dünsten. Zucchini und Pilze 2–3 Minuten mitdünsten. Den Pfanneninhalt in eine Schüssel umfüllen; etwas abkühlen lassen. Das Brötchen ausdrücken und zerpflücken; mit dem Ei unter das Gemüse mischen. Knoblauch schälen und dazupressen. Die Masse mit Salz und Pfeffer würzen. Die Tomaten mit der Masse füllen und in eine gefettete Auflaufform setzen; im Ofen (Mitte) 30 Minuten garen.

4 Nach 20 Minuten Garzeit das restliche Öl in einer Pfanne erhitzen. Die Fischfilets auf der Hautseite darin in 5 Minuten bei mittlerer Hitze goldbraun braten, dann wenden und in weiteren 3 Minuten fertig braten. Aus der Pfanne nehmen; warm stellen.

5 Für die Sauce den Bratsatz mit Tomatensamen und -kernen ablöschen. Im Mixer aufmixen; mit Zucker, Salz und Pfeffer abschmecken und mit der kalten Butter binden. Die Fischfilets mit der Sauce und den gefüllten Tomaten anrichten.

Tipp Um einen Rosmarinzweig durch ein Fischfilet zu ziehen, dieses an den Enden mit einer Spicknadel durchstechen; den Zweig durch die Löcher fädeln.

Petersfisch mit Bündnerfleisch

und Kürbis

Für den Kürbis
500 g Kürbisfruchtfleisch
150 g Zucker
100 ml weißer Aceto balsamico
3 Sternanis
1 Lorbeerblatt
1 TL geriebene frische Ingwerwurzel
Saft und abgeriebene Schale von 1 Bio-Zitrone

Für den Fisch
4 Scheiben Bündnerfleisch (ersatzweise Parmaschinken)
400 g Petersfischfilet (ersatzweise Seeteufel) ohne Haut
2 EL Olivenöl

Für die Vinaigrette
3 EL Weißweinessig
3 EL Geflügelfond
6 EL Olivenöl
Salz
Zucker
frisch gemahlener Pfeffer
½ Bund Brunnenkresse oder Portulak

1 Das Kürbisfruchtfleisch in 2 cm große Rauten schneiden. Die Kürbisrauten mit den restlichen Zutaten für den Kürbis und 100 ml Wasser in einen Topf geben; aufkochen lassen und garen, bis der Kürbis bissfest ist. Beiseitestellen; auskühlen lassen.

2 Für den Fisch das Bündnerfleisch in Streifen schneiden. Die Fischfilets abspülen, trocken tupfen und in vier gleich große Stücke teilen. Die Filetstücke mit den Bündnerfleisch-Streifen spicken. Dazu mit einem kleinen scharfen Messer den Fisch leicht einschneiden und die Bündnerfleisch-Streifen hineinstecken.

3 Alle Zutaten für die Vinaigrette in einer großen Schüssel verrühren. Die Brunnenkresse oder den Portulak dazugeben und locker unterheben. Die Fischfilets in heißem Olivenöl kurz auf beiden Seiten braten, auf dem Kürbis anrichten und mit der Brunnenkresse bzw. dem Portulak garnieren.

Info Das Spicken des Filets mit dem Bündnerfleisch verbessert Aroma und Saftigkeit des Fisches.

Petersfisch im Kokossud

mit Reisrollen

Für die Reisrollen
80 g Basmatireis
12 Blätter Reispapier
60 g Erdnusskerne
8 frische Shiitakepilze
3 EL Erdnussöl
1 TL Fischsauce
1 EL Austernsauce
1 EL Korianderblättchen

Für den Fisch
600 g Petersfischfilet
10 g frische Ingwerwurzel
1 Knoblauchzehe
250 ml Kokosmilch
100 ml Fischfond
2 frische Kaffirlimettenblätter
1 TL Sesamöl
2 TL Fischsauce
Saft von 1 Limette

Außerdem
Koriandergrün und feine Chilistreifen für die Garnitur
Dampfgarer oder Dämpfkörbchen

1 Den Basmatireis mit 200 ml Wasser bedecken und 15 Minuten vorquellen lassen. Danach bei schwacher Hitze 15–20 Minuten zugedeckt quellen lassen, bis er sehr weich ist. Den Reis in ein Sieb schütten und auskühlen lassen, anschließend mit einem Stößel zu Püree zerdrücken oder durch das Sieb streichen.

2 Die Reisblätter zwischen zwei feuchte Tücher legen, damit sie weich und formbar werden. Die Erdnüsse klein hacken, die Shiitakepilze putzen und klein schneiden. Die Nüsse in 1 EL Erdnussöl rösten; auf Küchenpapier abtropfen lassen. Anschließend die Shiitakepilze im restlichen heißen Erdnussöl braten und ebenfalls auf Küchenpapier abtropfen lassen.

3 Das Basmatipüree mit Fisch- und Austernsauce abschmecken. Die Korianderblättchen klein schneiden und mit den Erdnüssen und den Shiitakepilzen gründlich unter das Reispüree rühren. Die Masse nochmals abschmecken, dann auf die Reisblätter verteilen. Die Reisblätter aufrollen, dabei die Enden gut verschließen.

4 Das Fischfilet in acht gleichmäßig große Stücke schneiden. Ingwer und Knoblauch schälen und klein würfeln. Die Kokosmilch mit dem Fischfond, dem Ingwer, dem Knoblauch, den Kaffirlimettenblättern, dem Sesamöl, der Fischsauce und dem Limettensaft in einem flachen weiten Topf aufkochen.

5 Das Fischfiletstücke in den Sud legen und den Topf schließen. Den Fisch bei sehr schwacher Hitze etwa 5 Minuten ziehen lassen – der Sud darf dabei nicht mehr kochen; idealerweise sollte er etwa 80 °C heiß sein.

6 Inzwischen die Reisrollen etwa 4 Minuten dämpfen (siehe Tipp). Die Fischfiletstücke aus dem Sud heben. Auf vorgewärmten Tellern anrichten, mit etwas Kokossud begießen und alles mit Koriandergrün und Chilistreifen garnieren. Die Reisrollen dazu servieren.

Tipp Wer keinen Dampfgarer besitzt, kann asiatische Bambussiebeinsätze nehmen, um die Reisrollen zu dämpfen. Diese kann man in einen herkömmlichen Kochtopf setzen.

Frischer Fisch ist eine delikate Angelegenheit. Wie viel für das kulinarische Vergnügen nach dem Ausnehmen und Filetieren tatsächlich übrig bleibt, hängt nicht nur von der Größe des Fisches, sondern auch von der Fischart ab.

Was vom Fisch übrig bleibt

Wie viel verwertbares Fleisch hat Fisch?

Der essbare Anteil von Fisch

Wenn Sie für ein Fischessen einen ganzen Fisch selbst schuppen (siehe Bild oben links), ausnehmen und/oder filetieren möchten, ist es für Ihre Planung entscheidend zu wissen, wie hoch der essbare Anteil des Fisches (also das verwertbare Fleisch) letztlich sein wird. Schon beim Einkauf ist es wichtig, einen Anhaltspunkt zu haben, wie das Verhältnis von verwertbarem Fleisch zu den Abfällen ist. Das kann bei den verschiedenen Fischarten sehr unterschiedlich sein.
Die Tabelle auf Seite 311 liefert Anhaltspunkte für den Fleischanteil verschiedener Fische.

Der essbare Anteil von Meeresfrüchten

Bei Schalen- und Krustentieren beträgt der verzehrbare Anteil oft nur einen Bruchteil des Bruttogewichts. Hier sind einige Anhaltspunkte:

Bei **Austern** geht man von einem Fleischanteil von 10 bis 16 % aus. 1 kg Austern liefern demnach 100–160 g Austernfleisch.
Etwas günstiger ist die Relation bei **Miesmuscheln**: Hier kann man mit einem Fleischanteil von etwa 18 % rechnen, also 180 g pro kg Muscheln.
Bei **Krustentieren** liegt der verzehrbare Anteil bei 20 bis 35 %, je nach Tier. Der Fleischanteil bei 1 kg **Hummer** beträgt z. B. etwa 250 g.

Die Tabelle unten liefert Richtwerte über den Fleischanteil einiger Fische. Ausgegangen wird dabei von handelsüblichen Größen und Gewichten. Mit der Fischgröße ändern sich auch die Relationen: So hat ein kleiner Fisch, prozentual gesehen, einen geringeren Filetanteil als ein größerer. Der Anteil an Filetgewicht ist von Fisch zu Fisch verschieden, wie aus der Tabelle zu entnehmen ist.

Das Bruttogewicht eines Fisches, also sein Gesamtgewicht, sagt nicht allzuviel über seinen essbaren Anteil (z. B. die Filetgröße) aus. Je nach Größe fällt der Anteil nicht verwertbarer Abfälle (Innereien und Flossen) unterschiedlich aus.
Übrigens: Aus den verwertbaren Abgängen wie Kopf, Gräten, Haut und Flossensaum kann man einen Fond kochen (siehe Seite 100).

Fisch, Bruttogewicht	Fisch, küchenfertig		Verwertbare Abgänge	Filetgewicht
	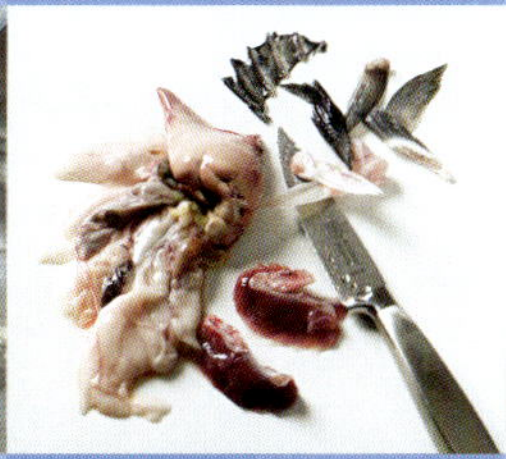			
	Nettogewicht	Abfälle, nicht verwertbar	zum Beispiel für Fonds (Kopf, Haut, Gräten, Flossen)	(ohne Haut, sauber pariert)
Aal, 670 g	450 g/67,2 %	220 g	70 g/10,5 %	380 g/56,7 %
Dorade rosé/Brassen, 390 g	350 g/90,2 %	40 g	190 g/48,9 %	160 g/41,3 %
Ganzer Rochen, 7000 g	6650 g/95,0 %	350 g	4900 g/70,0 %	1750 g/25,0 %
Karpfen, 985 g	810 g/82,2 %	175 g	480 g/48,7 %	330 g/33,5 %
Lotte/Seeteufel, 730 g (ohne Kopf)	470 g/64,2 % (enthäutet)	–	360 g/49,4 %	370 g/50,6 %
Loup de mer, 860 g	815 g/94,8 %	45 g	425 g/49,4 %	390 g/45,3 %
Petersfisch/St. Pierre, 650 g	500 g/77,0 %	150 g	330 g/50,8 %	170 g/26,2 %
Rochenflügel, 2320 g	–	–	1310 g/56,5 %	1.010 g/43,5 %
Seezunge, 525 g	495 g/94,2 %	30 g	280 g/53,8 %	215 g/40,4 %
Steinbutt, 2700 g	2640 g/97,8 %	60 g	1790 g/66,4 %	850 g/31,4 %
Tilapia, 800 g	630 g/78,8 %	170 g	390 g/48,8 %	240 g/30,0 %
Wildlachs, 2670 g	2500 g/93,5 %	170 g	1000 g/37,4 %	1.500 g/56,1 %
Zander, 1000 g	900 g/90,0 %	100 g	460 g/46,0 %	440 g/44,0 %

Red-Snapper-Filet

mit Mandelkruste

Für das Fenchelcarpaccio
2 Fenchelknollen (450 g)
2 EL Olivenöl
Salz, Zucker

Für das Gemüse
2 Zucchini (etwa 300 g)
200 g Kirschtomaten
4 Zweige Thymian
3 EL Olivenöl
Salz, frisch gemahlener Pfeffer
Zucker

Für den Fisch
100 g gehobelte Mandeln
80 g weiche Butter
Salz, frisch gemahlener Pfeffer
Saft und Schale von 2 Bio-Limetten
4 Red-Snapper-Filets, mit Haut
4 EL Olivenöl
3 EL Mehl

1 Für das Carpaccio den Fenchel waschen und putzen. Die Knollen längs in sehr dünne Scheiben schneiden oder hobeln.

2 Für das Gemüse die Zucchini waschen, putzen und in etwa ½ cm dicke Scheiben schneiden, diese nach Belieben halbieren oder vierteln. Die Kirschtomaten waschen und quer halbieren. Die Thymianzweige waschen, trocken schütteln, die Blättchen abzupfen und klein schneiden.

3 Für die Fischkruste die Mandeln in einer großen Pfanne ohne Fett unter gelegentlichem Wenden hellbraun rösten. Diese auf einem Teller abkühlen lassen und anschließend in der Küchenmaschine grob zerkleinern.

4 Die weiche Butter in einer Schüssel cremig schlagen. Mandeln, Salz, Pfeffer, die Schale und den Saft von 1 Limette dazugeben und unterheben; die Mandel-Limetten-Butter kühl stellen (siehe Bild unten links).

5 Falls nötig, aus den Fischfilets mit einer Pinzette noch verbliebene Gräten ziehen. Die Filets trocken tupfen. 4 EL Olivenöl in eine heiße große Pfanne geben und erhitzen. Die Fischfilets inzwischen mehlieren (siehe Bild unten Mitte), dann in dem Öl auf der Hautseite etwa 1 Minute und 20 Sekunden auf der anderen Seite braten.

6 Für das Gemüse das Olivenöl in einer zweiten Pfanne erhitzen.

Für die Kruste zuerst eine Limetten-Mandel-Butter zubereiten; diese bis zur weiteren Verwendung kalt stellen.

Das Mehl auf einen Teller streuen und die Fischfilets darin wenden; überschüssiges Mehl vorsichtig abklopfen.

Die Mandel-Limetten-Butter auf der Hautseite der angebratenen Red-Snapper-Filets verteilen und leicht andrücken.

Die Zucchini darin etwa 10 Minuten bei mittlerer Hitze braten. Die Thymianzweige und die halbierten Kirschtomaten dazugeben. Das Zucchinigemüse mit Salz, Pfeffer und Zucker abschmecken und zugedeckt etwa 2 Minuten schmoren. Inzwischen den Backofengrill auf mittlerer Stufe vorheizen.

7 Die Mandel-Limetten-Butter mit einem Löffelrücken auf der Hautseite der Fischfilets gleichmäßig verteilen (siehe Seite 312 Bild unten rechts) und die Filets unter dem Grill etwa 5 Minuten gratinieren.

8 Für das Carpaccio die Fenchelstreifen im Olivenöl kurz anbraten und mit Salz und Zucker würzen. Aus der Pfanne nehmen und mit dem beiseitegestellten Limettensaft beträufeln.

9 Die Fenchelstreifen auf Serviertellern wie für ein Carpaccio auslegen. Die Fischfilets mit dem Tomaten-Zucchini-Gemüse darauf anrichten. Sofort servieren.

Gebratener Rochenflügel

mit Pimientos de Padrón

500 g mehligkochende Kartoffeln
Salz
1 Schalotte
1 Knoblauchzehe
Olivenöl zum Braten
2 EL Tomatenmark
1 Dose geschälte Tomaten (400 g)
50 g schwarze Oliven
100 g Serranoschinken, dünn aufgeschnitten
1 EL gehackter Salbei
2 EL Nussbutter (siehe Tipp)
2 Eigelb
etwa 100 g Mehl
Salz
frisch gemahlener Pfeffer
Zucker
4 Stück Rochenflügel (je 150–200 g)
2 EL Butter
250 g frische Pimientos de Padrón (siehe Tipp; ersatzweise grüne Paprikaschotenstücke)
grobes Meersalz zuum Bestreuen
Mehl zum Arbeiten

1 Die Kartoffeln schälen und in gesalzenem Wasser in etwa 20 Minuten weich kochen. Inzwischen Schalotte und Knoblauch schälen und fein würfeln. Beides in 2 EL Olivenöl kurz braten. Das Tomatenmark dazugeben und kurz mitbraten.

2 Den Saft der Tomaten aus der Dose angießen, aufkochen und 2 Minuten kochen lassen, bis der Saft etwas eingedickt ist. Die Tomaten in grobe Stücke und die Oliven vom Stein schneiden; die Oliven hacken. Beides in die Tomatensauce rühren und das Ganze weitere 10 Minuten zugedeckt bei schwacher Hitze köcheln lassen.

3 Inzwischen die Kartoffeln gut ausdampfen lassen und den Schinken sehr fein würfeln. Die Kartoffeln durch die Presse drücken. Zuerst Schinken, Salbei, Nussbutter und Eigelbe untermischen, dann nach und nach das Mehl einarbeiten, bis die Masse nicht mehr klebt.

4 Sofort aus dem Kartoffelteig 3 cm dicke Rollen formen und diese quer in 3 cm dicke Stücke schneiden. In einem großen Topf Salzwasser aukochen und die Gnocchi darin 3 Minuten sprudelnd kochen lassen, bis sie an die Oberfläche steigen; herausnehmen und kalt abschrecken.

5 Die Tomatensauce mit Salz, Pfeffer und Zucker würzen. Die Rochenflügelstücke kalt abwaschen, trocken tupfen und salzen. Die Rochenflügel in etwas Mehl wenden. In zwei beschichteten Pfannen je 3 EL Olivenöl erhitzen und die Rochenflügel darin auf jeder Seite 2 Minuten goldbraun braten. Herausnehmen; im Ofen warm halten.

6 Die Pfannen mit Küchenpapier auswischen. Die Butter in einer Pfanne erhitzen und die Gnocchi darin hellbraun braten. 2 EL Olivenöl in der zweiten Pfanne erhitzen und die Pimientos de Padrón kurz darin anbraten; herausnehmen und mit grobem Salz bestreuen. Mit der Tomatensauce zu den Rochenflügelstücken und den Gnocchi servieren.

Tipps Pimientos de Padrón sind milde kleine grüne Paprikaschoten, die aus der Gegend um die galizische Stadt Padrón (Spanien) stammen. Sie werden traditionell braun gebraten und mit Meersalz bestreut serviert.
Für Nussbutter Butter bei mittlerer Hitze langsam zerlassen, bis sie goldbraun ist; dabei entwickelt sie ein nussiges Aroma. Anschließend noch durch ein mit Küchenpapier ausgelegtes Sieb gießen und verwenden (siehe auch Seite 345).

Rotbarbenfilets

mit Pesto-Kartoffelsalat

Für den Kartoffelsalat
400 g festkochende Kartoffeln
Salz
15 g Pinienkerne
10 g Parmesan
1 Knoblauchzehe
20 g Basilikumblätter
10 g Petersilienblätter
40–50 ml Olivenöl, etwas mehr zum Frittieren
frisch gemahlener Pfeffer
50 ml weißer Aceto balsamico
Pinienkerne zum Bestreuen

Für die Rotbarben
4 Rotbarben (je etwa 300 g)
Salz
frisch gemahlener Pfeffer
4 EL Mehl
3 Knoblauchzehen
4 EL Olivenöl
4 Zweige Thymian

1 Für den Kartoffelsalat die Kartoffeln abbürsten und in der Schale in Salzwasser in 20–25 Minuten garen. Inzwischen die Pinienkerne in einer Pfanne ohne Fett rösten, den Parmesan reiben und den Knoblauch schälen.

2 Die Rotbarben schuppen (siehe Seite 78) und filetieren (siehe Seite 82/83; die Haut dabei daran belassen). Die Filets entgräten, unter kaltem Wasser abwaschen und trocken tupfen.

3 Für das Pesto die Basilikumblätter (bis auf 4 für die Dekoration) und die Petersilienblätter sowie Pinienkerne, Olivenöl, Knoblauch und Parmesan in der Küchenmaschine zu einer Paste mixen. Das Pesto mit Salz und Pfeffer abschmecken.

4 Die Basilikumblätter für die Dekoration kurz in heißem Öl in einer kleinen Pfanne frittieren, herausnehmen und auf Küchenpapier abtropfen lassen. Noch heiß mit 1 Prise Salz würzen.

5 Die Kartoffeln abgießen und auskühlen lassen; schälen und in Würfel schneiden. Das Pesto und den Aceto balsamico zu den Kartoffeln geben und gründlich unterheben. Den Salat abschmecken; durchziehen lassen, bis die Fischfilets gebraten sind.

6 Die Rotbarbenfilets auf beiden Seiten mit Salz und Pfeffer würzen, anschließend in Mehl wenden. Die Knoblauchzehen schälen und leicht andrücken. Das Olivenöl in einer Pfanne erhitzen. Die Knoblauchzehen und die Thymianzweige hineingeben und kurz anrösten; herausnehmen, abtropfen lassen und beiseitelegen.

7 Die Fischfilets mit der Hautseite nach unten in die Pfanne legen und im heißen Öl etwa 2 Minuten braten, dann wenden und auf der anderen Seite weitere 30 Sekunden braten. Die gebratenen Filets sofort auf Teller geben, je 1 Thymianzweig und etwas Knoblauch darauflegen.

8 Den Pesto-Kartoffelsalat zu den Filets anrichten und mit Pinienkernen bestreuen. Die frittierten Basilikumblättern dazulegen; das Gericht sofort servieren.

Tipp Zum Servieren können Sie den Kartoffelsalat in die Tellermitte geben, die Rotbarbenfilets mit der Hautseite noch oben darauflegen und 1 frittiertes Basilikumblatt auf jeden Teller platzieren, dann etwas Balsamicocreme rundherum träufeln und noch ein geröstete Pinienkerne auf den Teller streuen.

Rotbarben mit Rucolarisotto

Für Tomaten und Pfifferlinge
12 Kirschtomaten
Salz, frisch gemahlener Pfeffer
Zucker
250 g kleine Pfifferlinge
1 kleines Bund Schnittlauch
2 EL Olivenöl

Für den Risotto
2 Bund Rucola
Olivenöl zum Frittieren
2 Schalotten
4 EL Olivenöl
200 g Risottoreis (z. B. Carnaroli)
100 ml trockener Weißwein
500–600 ml heißer Geflügelfond
50 g Butter, in Stückchen
Salz, frisch gemahlener Pfeffer
50 g Parmesan, gerieben

Für die Fischvelouté
1 Schalotte
1 EL Butter
1 EL Mehl
50 g Sahne
200 ml Fischfond, Salz

Für den Fisch
8 Rotbarbenfilets mit Haut (je etwa 70 g), Salz
Mehl zum Wenden
2 EL Olivenöl

1 Den Backofen auf 80 °C vorheizen. Die Tomaten waschen, trocken tupfen und quer halbieren. Die Hälften mit den Schnittflächen nach oben auf ein Backblech geben und mit Salz, Pfeffer und Zucker würzen. Das Blech in den Ofen (Mitte) schieben und die Tomaten etwa 1 Stunde rösten.

2 Inzwischen für den Risotto Rucola waschen und trocken tupfen. Die Stiele entfernen. In einer hohen Pfanne Öl zum Frittieren auf 160 °C erhitzen und die Blättchen darin 20–30 Sekunden frittieren. Aus dem Fett heben und auf Küchenpapier gut abtropfen lassen. Ein paar Blättchen für die Garnitur beiseitelegen. Die restlichen in Küchenpapier ausdrücken und anschließend sehr fein hacken.

3 Die Schalotten schälen, fein würfeln und im Öl glasig dünsten. Den Reis dazugeben und 1 Minute mitdünsten. Alles mit dem Wein ablöschen und drei Viertel des Geflügelfonds dazugießen. Den Risotto bei schwacher Hitze 20–25 Minuten quellen lassen. Nach Bedarf mit dem restlichen Fond auffüllen.

4 Für die Fischvelouté die Schalotte schälen und fein würfeln. Die Sauce zubereiten, wie in der Bildfolge unten beschrieben.

5 Die Pfifferlinge putzen. Den Schnittlauch waschen und trocken schütteln, dann in feine Röllchen schneiden. 2 EL Olivenöl in einer Pfanne erhitzen. Die Pfifferlinge darin in etwa

Für die Velouté die Butter in einem Topf zerlassen. Die Schalotte darin glasig dünsten, dann das Mehl kurz anschwitzen.

Sahne und Fischfond unter Rühren dazugießen, dann alles aufkochen und etwas einkochen lassen. Die Sauce beiseitestellen.

Vor dem Servieren, falls nötig, noch einmal kurz erwärmen. Mit dem Stabmixer aufschlagen; mit Salz abschmecken.

3 Minuten scharf anbraten. Mit Salz und Pfeffer würzen, den Schnittlauch dazugeben.

6 Die Fischfilets kalt abwaschen und trocken tupfen, dann salzen und in etwas Mehl wenden; überschüssiges Mehl abklopfen. Öl in einer Pfanne erhitzen und die Filets darin auf der Hautseite anbraten (eventuell beschweren, damit sie sich nicht wölben). Die Filets nach etwa 2 Minuten wenden (wenn sie fast gar sind) und nur noch 10 Sekunden braten; warm stellen.

7 Unter den Risotto zuerst die Butterstückchen, dann die gehackten frittieren Rucolablätter rühren. Risotto mit Salz und Pfeffer abschmecken und den Parmesan unterheben.

8 Den Risotto auf vorgewärmte Teller verteilen. Die Fischfilets mit Pfifferlingen, Tomaten, etwas Sauce und den frittierten Rucolablättern auf einem zweiten Teller anrichten.

Gebratene Sardinen

auf Tomaten mit Pesto

Für das Pesto
2 EL Pinienkerne
50 g Rucola
20 g Parmesan, gerieben
100 ml kalt gepresstes Olivenöl
Meersalz
frisch gemahlener Pfeffer

Für Tomaten und Sardinen
250 ml Aceto balsamico
50 g Zucker
150 ml kalt gepresstes Olivenöl
2 EL Pinienkerne
6 reife Flaschentomaten
Salz
frisch gemahlener Pfeffer
Zucker zum Würzen
500–600 g kleine Sardinenfilets (am besten als Doppelfilets)
etwas Mehl zum Wenden
1 EL Olivenöl zum Braten

1 Für das Pesto die Pinienkerne in einer Pfanne ohne Fett goldgelb rösten, sofort aus der Pfanne auf einen Teller geben und abkühlen lassen.

2 Den Rucola waschen und trocken schütteln. Die groben Stiele abschneiden und die Blätter klein schneiden. Mit den Pinienkernen, dem Parmesan und dem Olivenöl im Mixer zu einer Paste pürieren. Das Pesto mit Meersalz und Pfeffer ab.

3 Für die Tomaten den Aceto balsamico mit dem Zucker in einer Kasserolle bei schwacher Hitze dickflüssig einkochen und auskühlen lassen. Das Olivenöl unterrühren und die Pinienkerne hinzufügen.

4 Den Backofen auf 160 °C vorheizen. Die Tomaten waschen und in etwa 1 cm dicke Scheiben schneiden. Die Scheiben auf einem Backblech ausbreiten und mit Salz, Pfeffer sowie 1 Prise Zucker würzen.

5 Die Backofentemperatur auf 100 °C herunterschalten und das Blech mit den Tomaten in den Ofen (Mitte) schieben; darin lassen, bis die Tomaten warm sind.

Sardellen (links im Bild) werden bis zu 15 cm lang, Sardinen können über 20 cm lang werden, ab einer Größe von 15 cm werden sie als Pilchard bezeichnet.

6 Die Sardinenfilets kalt abwaschen, falls nötig, noch vorhandene Gräten herausziehen. Die Filets trocken tupfen, dann im Mehl wenden; überschüssiges Mehl gut abklopfen. Die Fische in 1 EL Olivenöl auf der Hautseite 1 Minute braten, dann wenden und nehmen sofort aus der Pfanne nehmen.

7 Die warmen Tomaten auf vorgewärmten Tellern verteilen und mit Rucolapesto bestreichen. Die Sardinenfilets auf den Tomaten anrichten und alles mit der Balsamico-Olivenöl-Mischung beträufeln. Dazu passt am besten italienisches Landbrot.

Seelachsfilet im Reisblatt

3 Möhren
½ Stange Lauch
2 EL Sesamöl
Salz
frisch gemahlener schwarzer Pfeffer
400 g Seelachsfilet
½ Bund Koriandergrün
8 Reispapierblätter (je 22 cm Ø)
1 Knoblauchzehe
125 ml Fischfond (Seite 100)
125 ml Kokosmilch
1 EL Butter

1 Möhren und Lauch waschen und putzen. Die Möhren in schmale Stifte und den Lauch in schmale Streifen schneiden.

2 Das Sesamöl in einer Pfanne erhitzen, Möhren und Lauch darin kurz anbraten, mit etwas Wasser ablöschen und bei mittlerer Hitze 2–3 Minuten garen. Mit Salz und Pfeffer würzen.

3 Die Fischfilets in etwa 1,5 cm große Würfel schneiden. Mit Salz und Pfeffer bestreuen; zum Gemüse in die Pfanne geben. Zugedeckt 2–3 Minuten garen, dann etwas abkühlen lassen.

4 Inzwischen den Koriander waschen, die Blätter klein schneiden und über die Fisch-Gemüse-Mischung verteilen.

5 Die Reispapierblätter zwischen angefeuchteten Geschirrtüchern weich werden lassen. Je 2 Blätter aufeinander auf die Arbeitsfläche legen und mit Küchenpapier trocken tupfen.

6 Jeweils etwas Fisch-Gemüse-Mischung auf die Reispapierblätter verteilen. Die Blätter zu Päckchen zusammenfalten. Den Backofen auf 220 °C vorheizen.

7 Den Knoblauch schälen und halbieren. Eine Auflaufform damit ausstreichen. Die restliche Fisch-Gemüse-Mischung in die Form geben, die Päckchen darauflegen. Fischfond und Kokosmilch angießen. Die Butter in Flöckchen auf den Reispapierpäckchen verteilen und die Form mit Alufolie schließen.

8 Die Päckchen im Backofen 8–10 Minuten garen; die Alufolie nach 4–5 Minuten entfernen. Die Päckchen mit Reis servieren.

Die Reispapierblätter zwischen angefeuchteten Geschirrtüchern weich werden lassen.

Jeweils etwas Fisch-Gemüse-Mischung auf die Reispapierblätter verteilen; zu Päckchen formen.

Die Päckchen in eine flache Auflaufform auf die restliche Fisch-Gemüse-Mischung setzen.

Gebackener Seeteufel

im Olivenmantel

700 g Seeteufelfilet
4 Stängel Zitronengras
4 Scheiben Toastbrot
16 schwarze Oliven, entsteint
Salz
frisch gemahlener Pfeffer
Mehl zum Wenden
2 Eiweiß
4 EL Butterschmalz

1 Das Seeteufelfilet kalt abspülen, trocken tupfen und in vier gleich große Stücke schneiden.

2 Vom Zitronengras die äußeren Blätter entfernen und die Stängel der Länge nach etwas einritzen. Je 1 Stängel durch jedes Fischfilet schieben.

3 Das Toastbrot entrinden und zwischen den Fingern zu Krümeln zerreiben. Die Oliven und das zerkrümelte Weißbrot in den Mixer geben und fein mahlen.

4 Die Fischfilets auf beiden Seiten mit Salz und Pfeffer würzen. Das Mehl auf einen Teller streuen, die Eiweiße in einen tiefen Teller geben und leicht verschlagen. Die Oliven-Semmelbrösel-Mischung ebenfalls auf einen Teller geben. Die Fischfilets zuerst im Mehl, dann im Eiweiß wenden und zum Schluss in der Oliven-Semmelbrösel-Mischung wenden.

5 Das Butterschmalz in einer großen Pfanne bei starker Hitze heiß werden lassen. Die Fischfilets in die Pfanne legen und auf jeder Seite 3–5 Minuten braten.

Tipp Stellen Sie die Fischfilets aufrecht auf Teller und stecken Sie frittierte hauchdünne Kartoffelscheiben oben hinein. Gut dazu passt Tomaten-Dicke-Bohnen-Gemüse, das mit Bohnenkraut abgeschmeckt wurde.

Gebratener Seeteufel

Für die Zucchinisauce
1 Zwiebel
1 Stange Sellerie
300 g Zucchini
1 rote Chilischote
1 EL Olivenöl
1 EL Weißweinessig
15 g weiche Butter
1 TL Mehl
½ TL edelsüßes Paprikapulver
Salz, frisch gemahlener Pfeffer
150 ml Milch

Für den Seeteufel
4 Seeteufelscheiben (je 180 g)
Salz
frisch gemahlener Pfeffer
2 EL Olivenöl
30 g Butter
Petersilienblättchen zum Garnieren

1 Für die Zucchinisauce die Zwiebel schälen und würfeln. Selleriestange und Zucchini putzen und ebenfalls würfeln. Die Chili längs halbieren, von den Samen befreien und fein hacken.

2 Das Olivenöl in einer Kasserolle erhitzen. Die Zwiebel mit dem Sellerie darin glasig dünsten. Zucchini und Chili hinzufügen und etwa 5 Minuten mitdünsten. 100 ml Wasser und den Essig dazugießen; alles zugedeckt bei schwacher Hitze etwa 5 Minuten köcheln lassen.

3 Das Gemüse mit dem Stabmixer pürieren. Butter und Mehl mit einer Gabel verkneten und die Mehlbutter unter das Zucchinipüree rühren. Mit Paprikapulver, Salz und Pfeffer würzen. Die Milch einrühren und die Sauce bei mittlerer Hitze unter Rühren etwa 8 Minuten köcheln lassen. Warm stellen.

4 Von den Seeteufelscheiben die Haut so gut wie möglich entfernen (sie wird beim Braten hart). Die Scheiben salzen und pfeffern. Das Olivenöl und die Butter in einer Pfanne erhitzen und die Fischscheiben darin 3–4 Minuten auf jeder Seite braten.

5 Den Fisch mit der Sauce auf Tellern anrichten, mit Petersilienblättchen garnieren und sofort servieren. Dazu passen Salzkartoffeln.

Seeteufel-Garnelen-Burger

600 g Seeteufelfilet (etwa 6 cm dick)
12 geschälte mittelgroße Garnelen
1 gelbe Zucchini (sie sollte etwa so dick wie das Seeteufelfilet sein)
Salz
frisch gemahlener Pfeffer
Olivenöl zum Braten
12 lange Zweige Thymian
300 g Zuckerschoten
20 Kirschtomaten (200 g)
200 ml Fischfond
30 g Butter
1 TL Pernod

1 Vom Seeteufelfilet die Haut so gut wie möglich entfernen, dann das Filet in 12 Scheiben schneiden. Die Garnelen an der Unterseite so aufschneiden, dass sie am Rücken noch zusammenhalten.

2 Die Zucchini waschen und trocken tupfen. Die Frucht in 24 Scheiben von etwa 4 mm Dicke schneiden. Falls die Zucchinischeiben größer als die Seeteufelscheiben sein sollten, die Zucchinischeiben entsprechend zuschneiden.

3 Die Seeteufelscheiben, die Zucchinischeiben und die Garnelen salzen und pfeffern. Fisch- und Gemüsescheiben sowie die Garnelen nacheinander in einer sehr heißen Pfanne in wenig Olivenöl 1 Minute auf beiden Seiten anbraten. Alles aus der Pfanne nehmen und abkühlen lassen.

4 Je 1 Zucchinischeibe, 1 Seeteufelscheibe, 1 Garnele und noch 1 Zucchinischeibe aufeinanderlegen; alles leicht zusammendrücken.

5 Die Thymianzweige waschen und trocken schütteln. Von den unteren zwei Dritteln der Zweige die Blättern abstreifen. Jedes Fisch-Zucchini-Türmchen mit 1 Thymianzweig zusammenstecken bzw. -»nähen«, wie im Bild oben und beschrieben. Alternativ kann man die Türmchen auch mit je 2 Holzspießchen zusammenstecken.

6 Die Zuckerschoten waschen und putzen. Die Tomaten waschen und halbieren.

7 Den Fischfond mit der Butter in einem weiten flachen Topf aufkochen lassen. Mit Pernod sowie Salz und Pfeffer abschmecken. Die Zuckerschoten und die halbierten Tomaten hineingeben und den Fond etwa 6 Minuten köcheln lassen.

8 Die Seeteufel-Garnelen-Burger aufrecht in den Gemüsesud setzen. Den Topf schließen und die Burger 5 Minuten bei schwacher Hitze köcheln lassen. Aus dem Sud heben; je 3 Burger auf einen Teller setzen. Das Zuckerschoten-Tomaten-Gemüse ebenfalls aus dem Garsud heben und dazu anrichten. Alles mit etwas Garsud beträufeln; sofort servieren.

Um die Türmchen zusammenzustecken, 1 Thymianzweig von oben durch alle Schichten stecken, dann von unten ziehen, bis nur noch das beblätterte Zweigstück herausschaut. Nun den Zweig etwas versetzt von unten nach oben durchziehen, dabei festziehen.

Hinweis Wenn Sie die Burger wie auf dem Titelfoto abgebildet zubereiten möchten, schneiden Sie 1 grüne Zucchini (evtl. 2 dünne Zucchini verwenden) in Schritt 2 längs in 12 dünne Scheiben. Anschließend, wie in Schritt 3 beschrieben, anbraten und die angebratenen Seeteufelscheiben damit umwickeln. Jeweils mit einem Rosmarinzweig (statt des Thymians) zusammenstecken – Schritt 4 entfällt. Dann die Burger wie im Rezept beschrieben fertigstellen.

Seeteufel-Piccata

mit Pesto-Nudeln

Für die Pesto-Nudeln
1 EL Pinienkerne
75 g Basilikum
1 Knoblauchzehe
1 EL geriebener Parmesan
5 EL Olivenöl
Salz
250 g Tagliatelle oder Spaghetti

Für die Ofentomaten
20 Kirschtomaten
2–3 EL Olivenöl
Salz
frisch gemahlener Pfeffer

Für die Piccata
500 g Seeteufel
Salz
frisch gemahlener Pfeffer
Mehl zum Wenden und für die Panade
2 Eier
3–4 EL geriebener Parmesan
etwa 250 g Butterschmalz zum Ausbacken

1 Für das Pesto die Pinienkerne in einer trockenen Pfanne goldgelb rösten, auf einen Teller geben und abkühlen lassen. Die Basilikumblätter von den Stängeln zupfen und den Knoblauch schälen. Pinienkerne, Basilikumblätter, Knoblauch und Parmesan mit dem Olivenöl im Mörser fein zerstoßen. Das Pesto mit Salz abschmecken.

2 Den Backofen auf 185 °C vorheizen. Die Nudeln in reichlich sprudelnd kochendes Salzwasser geben und nach Packungsangabe bissfest garen.

3 Für die Ofentomaten die Kirschtomaten in eine ofenfeste Form geben. Mit dem Olivenöl beträufeln und mit Salz und Pfeffer würzen. Die Form in den heißen Ofen (Mitte) schieben und die Tomaten 10–15 Minuten garen, bis die Haut aufplatzt.

4 Für die Piccata vom Seeteufel die Haut so gut wie möglich entfernen und von beiden Seiten der Mittelgräte die Filets abtrennen. Diese in 16 dünne Scheiben schneiden. Die Scheiben (am besten zwischen zwei Lagen Frischhaltefolie) noch etwas dünner plattieren. Anschließend die Scheiben mit Salz und Pfeffer würzen und in Mehl wenden.

5 Eier, Mehl und Parmesan in einer flachen Schale zu einer Panade verrühren; die Fischfiletscheiben darin panieren. Das Butterschmalz in eine Pfanne füllen und erhitzen – es soll etwa 1 cm hoch in der Pfanne stehen. Die panierten Seeteufelstücke hinenlegen und goldbraun ausbacken, dabei einmal wenden. Die Stücke herausheben und auf Küchenpapier abtropfen lassen.

6 Die Nudeln abgießen und wieder in den Topf geben. Das Pesto hinzufügen und gründlich untermischen. Zum Servieren die Seeteufel-Piccata auf Teller verteilen. Die Pestonudeln mit einer Gabel aufrollen und daraufsetzen. Die Ofentomaten dazu anrichten; sofort servieren.

Tipp Für dieses Gericht können Sie auch das Filet von anderen Fischen verwenden. Wichtig ist, dass es festfleischig ist, damit die Filets beim Ausbacken nicht auseinanderfallen.

Seeteufel-Lachs-Zopf

Für das Gemüse
2 Tomaten
30 g Butter
Salz
frisch gemahlener Pfeffer
Zucker
1 Stange Lauch
50 ml Gemüsebrühe

Für das Selleriepüree
25 Salbeiblätter
150 ml Öl
1 kleine Knolle Sellerie (400 g)
2 EL Zitronensaft
Salz
100 g eiskalte Butter in Würfeln
frisch gemahlener Pfeffer
frisch geriebene Muskatnuss

Für die Fischzöpfe
500 g Seeteufel
300 g Lachsfilet
Salz
frisch gemahlener Pfeffer
abgeriebene Schale von 1 Bio-Zitrone
2 EL Knoblauchöl
4 Holzspießchen zum Fixieren

1 Die Tomaten in kochend heißes Wasser tauchen, abschrecken und häuten. Die Früchte halbieren, entkernen und in Streifen schneiden.

2 In einer kleinen Pfanne 20 g Butter zerlassen und die Tomatenstreifen darin kurz andünsten. Mit Salz, Pfeffer und 1 Prise Zucker würzen. Den Lauch putzen, waschen, trocken schütteln und in feine Streifen schneiden; beiseitestellen.

3 Für das Püree die Salbeiblätter in einer Pfanne in heißem Öl knusprig frittieren. Herausheben und auf Küchenpapier abtropfen lassen. Den Sellerie schälen, in grobe Würfel schneiden und in einen Topf geben. Sofort mit Wasser bedecken, damit sie nicht braun werden. 1 EL Zitronensaft und Salz hinzufügen, alles aufkochen lassen und den Sellerie in 20 Minuten weich kochen.

4 Den Backofen auf 180 °C vorheizen. Für die Fischzöpfe das Stück Seeteufel, falls nötig, häuten. Die Filets von der Mittelgräte lösen und jedes Filet längs in vier dünne Streifen schneiden (insgesamt also 8 Streifen). Das Lachsfilet in vier dickere Längsstreifen schneiden. Die Fischstreifen rundherum mit Salz, Pfeffer sowie etwas Zitronenschale bestreuen und mit Knoblauchöl beträufeln.

5 Aus je 2 Seeteufelfilet- und 1 Lachsfiletstreifen einen Zopf flechten; dabei die Enden mit jeweils 1 Holzspießchen fixieren. Ein Backblech mit Backpapier belegen und die Zöpfe darauflegen. Das Blech in den heißen Ofen (Mitte) schieben und die Fischzöpfe 10 Minuten garen.

6 Inzwischen für das Gemüse den Lauch in der restlichen Butter (10 g) andünsten. Mit Salz und Pfeffer würzen. Mit der Gemüsebrühe aufgießen, diese aufkochen und den Lauch bei schwächster Hitze 5 Minuten ziehen lassen. Die Tomatenstreifen unter den Lauch mischen.

7 Vom Sellerie das Wasser abgießen. Die kalte Butter dazugeben und alles mit dem Stabmixer fein pürieren. Das Selleriepüree mit Salz, Pfeffer, Muskat und dem restlichen Zitronensaft (1 EL) herzhaft würzen.

8 Die Fischzöpfe mit dem Selleriepüree und dem Gemüse anrichten. Das Püree mit den frittierten Salbeiblättern garnieren und die Fischzöpfe mit der restlichen Zitronenschale bestreuen. Sofort servieren.

Tipp Für die Fischzöpfe sollten die Fischfilets gleich lang sein. Falls dies nicht möglich ist, können Sie das Lachsfilet dekorativ mit dem Seeteufel umwickeln.

Schellfisch mit Senfsauce

4 Stück Schellfischfilet
(je etwa 200 g)
Salz
2 EL Zitronensaft
1 Zwiebel
1 EL Butter
125 ml trockener Weißwein
250 g Sahne
2 EL scharfer Senf
Salz
frisch gemahlener weißer Pfeffer
etwas Zitronensaft
1 Bund Petersilie

1 Die Fischfilets kurz unter kaltem Wasser abspülen und trocken tupfen. Auf beiden Seiten etwas salzen und mit Zitronensaft beträufeln.

2 Die Zwiebel schälen und klein würfeln. Die Butter in einem breiten Fischtopf zerlassen und die Zwiebelwürfel darin glasig dünsten. Den Wein dazugießen und die Fischfilets hineinlegen. Den Topf schließen und den Fisch bei schwacher Hitze 10 Minuten dünsten. Herausnehmen und warm stellen.

3 Für die Sauce die Sahne und den Senf in den Fischsud rühren. aufkochen lassen. Unter Rühren kurz kochen lassen, bis die Sauce cremig ist. Diese mit Salz, Pfeffer und etwas Zitronensaft abschmecken. Die Fischfilets in die Sauce legen und heiß werden lassen.

4 Die Petersilie waschen, trocken schütteln und hacken. Die Schellfischfilets auf vorgewärmten Tellern mit der Sauce anrichten und mit der Petersilie bestreuen. Dazu schmecken Pellkartoffeln oder Salzkartoffeln.

Finkenwerder Scholle

4 küchenfertige Schollen (je 400 g)
300 g Bauchspeck
12 Scheiben Bacon
750 g Kartoffeln
Salz
frisch gemahlener schwarzer Pfeffer
2 EL gehackte Petersilie
8–10 EL Öl
4 EL Mehl

1 Die Schollen innen und außen unter kaltem Wasser abspülen und trocken tupfen. Die Fische auf der dunklen Oberseite mehrmals schräg zur Mittelgräte einschneiden.

2 Den Bauchspeck würfeln und den Bacon in dünne Streifen schneiden. Kartoffeln schälen und sehr klein würfeln. Speck und Bacon in einer heißen Pfanne auslassen. Die Kartoffelwürfel hinzufügen und in 10–15 Minuten knusprig braten. Die Speck-Kartoffeln salzen, pfeffern und die Petersilie untermischen.

3 Das Öl in einer oder zwei Pfannen erhitzen. Die Schollen auf beiden Seiten mit Mehl bestäuben oder besieben. Die Fische in die Pfanne bzw. Pfannen geben und bei schwacher Hitze auf jeder Seite 5 Minuten braten, bis sie knusprig sind.

4 Die Fische auf vorgewärmte Teller gleiten lassen. Die Speck-Kartoffeln dazu anrichten und das Gericht servieren. Dazu passen Kartoffelsalat und Kopfsalat.

Tipp Speck und Bacon können auch im Bratöl für die Fische zuerst ausgebraten werden; dann herausnehmen und die Fische im Speckfett braten (etwas Speckfett für die Kartoffeln abnehmen). Kartoffeln im restlichen Speckfett braten, Speck und Bacon erst zum Schluss untermischen.

Gefüllte Seezungenröllchen

mit Kaviarsauce

Für die Röllchen
500 g geschälte Garnelen
2 EL Limettensaft
125 g kalte Sahne
Salz
frisch gemahlener Pfeffer
8 Seezungenfilets (je 100 g)
2 EL Limettensaft

Für die Sauce
600 ml trockener Weißwein
4 Zweige Stangenselleriegrün
1 EL weißer Aceto balsamico
4 Eigelb
120 g kalte Butter
Salz, frisch gemahlener Pfeffer
40 g Kaviar

1 Für die Farce, mit der die Röllchen gefüllt werden, die Garnelen halbieren. Die Hälften in je vier Stücke schneiden. Diese in eine Schale geben; für 10 Minuten ins Tiefkühlgerät stellen.

2 Die Seezungenfilets häuten. Mit der Hautseite nach unten auf die Arbeitsfläche legen und mit dem Limettensaft beträufeln, leicht salzen und wenden.

3 Die kalten Garnelen mit dem Limettensaft im Mixer zu einer glatten Farce pürieren, dabei nach und nach die Sahne zugeben; salzen und pfeffern. Die Farce auf die Seezungenfilets streichen und vom breiten zum schmalen Ende hin aufrollen; mit Hölzchen fixieren. Die Röllchen 30 Minuten kalt stellen.

4 Für die Sduce den Wein in einen Topf mit Dämpfeinsatz geben und zugedeckt aufkochen lassen. Die Seezungenröllchen in den Einsatz geben, dazwischen das Stangenselleriegrün legen und 15 Minuten zugedeckt dämpfen; dabei soll der Wein köcheln. Röllchen im Dämpfeinsatz zugedeckt warm stellen.

5 Den Wein bei starker Hitze auf 50 ml einkochen lassen und durch ein feines Sieb in einen Schlagkessel gießen. Den Aceto balsamico und die Eigelbe mit einem Schneebesen darunterschlagen. Über dem heißen Wasserbad cremig aufschlagen, dabei nach und nach die Butter in Würfeln dazugeben. Die Sauce mit Salz und Pfeffer würzen.

6 Die Sauce als Spiegel auf vorgewärmte Teller geben, den Kaviar mit einem Löffel darauf verteilen (auf keinen Fall vorher unter die Sauce rühren, die Körner würden sofort platzen). Die Seezungenröllchen (ohne das Stangenselleriegrün) darauf anrichten. Dazu passen schmale Bandnudeln (z. B. Fettuccine).

Seezunge im Tempurateig

mit Ananas-Chutney

Für das Chutney
Fruchtfleisch von 2 Babyananas
4 Schalotten
2 Bio-Limetten
10 g frische Ingwerwurzel
100 g brauner Zucker
frisch gemahlener Pfeffer
1 TL rote Chiliwürfel
150 ml Mango-Essig
Salz

Für die Seezungen
8 Seezungenfilets (je 20 cm lang)
120 g Reismehl und etwas Mehl zum Wenden
175 ml kaltes Mineralwasser (mit Kohlensäure)
1 Eigelb, Salz
Öl zum Ausbacken

Für den Reis
4 Frühlingszwiebeln
4 EL Erdnussöl
200 g gekochter Basmatireis (vom Vortag)
2 Eier
3 EL Sojasauce
½ TL Salz
frisch gemahlener Pfeffer
2 TL gehacktes Koriandergrün

Für die Garnitur
Samen von 1 Granatapfel

1 Für das Chutney das Ananasfruchtfleisch in 1 cm große Stücke schneiden. Schalotten schälen und fein würfeln. Von den Limetten mit dem Zestenreißer Schalenstreifen abziehen, dann die Früchte auspressen. Ingwer schälen und fein reiben.

2 Zucker in einer Pfanne karamellisieren lassen und alle Zutaten für das Chutney, bis auf die Limettenzesten, dazugeben. Bei schwacher Hitze 30 Minuten offen köcheln lassen, bis die Flüssigkeit fast verdampft ist. Zesten unterrühren; abkühlen lassen.

3 Die Fischfilets in zwei bis drei Stücke schneiden. Für den Teig Reismehl in das Mineralwasser rühren. Eigelb und Salz dazugeben; Teig glatt rühren.

4 Für den Reis die Frühlingszwiebeln fein zerkleinern. In Wok oder Pfanne im Öl anbraten, dann den Reis mitbraten. Eier mit Sojasauce mischen; dazugießen und rühren, bis das Ei gestockt ist. Salzen, pfeffern; Koriandergrün untermischen.

5 Die Fischfilets in Mehl wenden und durch den Tempurateig ziehen. Anschließend im 180 °C heißen Öl in 1–2 Minuten goldbraun ausbacken. Die Fischstücke mit den Granatapfelsamen anrichten und mit dem Reis und dem Ananas-Chutney servieren.

Seezungenröllchen auf Spinat

3 EL Olivenöl
Saft von 1 Zitrone
2 EL gehacktes Basilikum
8 Seezungenfilets, gehäutet
800 g frischer Blattspinat
1 Knoblauchzehe
30 g Pinienkerne
100 g Sahne
frisch gemahlener Pfeffer
Salz

Außerdem
Holzspießchen zum Fixieren

1 In einer flachen Schale 2 EL Olivenöl mit dem Zitronensaft und dem Basilikum zu einer Marinade verrühren.

2 Die Seezungenfilets unter fließend kaltem Wasser abspülen und mit Küchenpapier trocken tupfen. In die Marinade legen, darin wenden und mindestens 30 Minuten durchziehen lassen (siehe Bild unten links).

3 Anschließend die Filets aufrollen, dabei die Enden mit Holzspießchen fixieren (siehe Bild unten Mitte).

4 Den Spinat waschen und verlesen. Den Knoblauch schälen und hacken. Das restliche Öl (1 EL) in einem Topf erhitzen. Knoblauch und Pinienkerne kurz darin braten. Den tropfnassen Spinat hinzufügen und bei starker Hitze zusammenfallen lassen. Die Sahne unterrühren und den Spinat mit Salz und Pfeffer abschmecken.

5 In einem Topf mit Dämpfeinsatz 2 cm hoch Wasser aufkochen lassen. Die Seezungenröllchen in den Dämpfeinsatz legen und über dem heißen Wasserdampf 4–5 Minuten dämpfen (siehe Bild unten rechts).

6 Den Rahmspinat auf vorgewärmte Teller verteilen und pro Portion 2 gedämpfte Seezungenröllchen darauf anrichten.

Die Seezungenfilets in der Olivenöl-Basilikum-Marinade mindestens 30 Minuten durchziehen lassen.

Anschließend die Fischfilets aus der Marinade nehmen und abtropfen lassen. Jedes mit der Außenseite nach innen aufrollen.

Die Seezungenröllchen dicht nebeneinander in den Dämpfeinsatz legen und 4–5 Minuten dämpfen.

Snapper im Bananenblatt

Für die Gewürzpaste
3 rote Chilischoten
3 Knoblauchzehen, 2 Schalotten
4 cm frische Ingwerwurzel
1 EL Tamarindenmark, mit etwas Wasser verrührt
100 g Tomaten, entkernt, gehäutet
1 TL gemahlene Kurkuma
1 TL Koriandersamen
20 g Macadamianüsse
1 TL Garnelenpaste
2 EL Öl, Salz

Für die Fischpäckchen
4 Stück Bananenblatt (25 x 25 cm)
8 Holzspießchen
4 Filets von Snapper, Grouper oder von der Dorade (je 180 g)
2 EL Öl
200 ml Fischfond

Für das Gemüse
50 g Zwiebel, 1 rote Chilischote
100 g Möhren, 100 g Maiskölbchen
1 Stange Sellerie
100 g kleine runde Auberginen
50 g Bambussprossen (Dose)
2 EL Erdnussöl
150 ml Gemüsefond, Salz
1 EL gehacktes Koriandergrün

1 Für die Gewürzpaste Chilis halbieren und entkernen. Knoblauch, Schalotten und Ingwer schälen und alles zerkleinern.

2 Tamarindenmark durch ein Sieb gießen und ausdrücken. Den aufgefangenen Saft, die Tomaten, alle Gewürze, Nüsse und Garnelenpaste im Mixer fein pürieren. Das Öl in einer Pfanne erhitzen und die pürierten Zutaten darin goldgelb anbraten; abschmecken und abkühlen lassen.

3 Die Bananenblätter auf eine Arbeitsfläche legen. Je 1 Fischfilet darauf platzieren und mit Gewürzpaste bestreichen. Die Filets in die Blätter einschlagen und die Päckchen mit Holzspießchen fixieren.

4 Das Öl im Wok erhitzen. Die Päckchen hineinlegen, den Fischfond dazugießen und die eingepackten Fische 5 Minuten garen; herausnehmen und warm halten.

5 Das Gemüse zubereiten. Dafür die Zwiebel schälen und in dünne Ringe schneiden. Die Chili halbieren, entkernen und in dünne Streifen schneiden. Die Möhren schälen und in dünne Scheiben schneiden. Maiskölbchen halbieren, Sellerie in Scheiben schneiden. Die Auberginen putzen und vierteln. Bambussprossen in Scheiben schneiden.

6 Das Erdnussöl im Wok erhitzen. Zwiebeln und Chili darin kurz anbraten. Das Gemüse in der Reihenfolge der Zutatenliste im 2-Minuten-Abstand dazugeben und pfannenrühren. Den Gemüsefond dazugießen und alles 2 Minuten köcheln lassen.

7 Das Gemüse abschmecken, auf Teller verteilen und mit dem Koriandergrün bestreuen. Die Bananenblätter öffnen und zum Gemüse anrichten.

Thunfischsteaks

auf sizilianische Art

Für die Marinade
5 Knoblauchzehen
je 1 Zweig Rosmarin und Thymian
200 ml Weißwein

Für den Fisch
800 g Thunfischsteaks (aus dem Schwanzstück)
1 TL Salz
grob gemahlener Pfeffer
Olivenöl zum Bepinseln

Für die Semmelbrösel
1 EL Olivenöl
30 g Semmelbrösel

Für die Kapern-Zitronen-Mischung
1 EL gesalzene Kapern
1 EL Olivenöl
Saft von ½ Zitrone
Salz, frisch gemahlener Pfeffer

1 Für die Marinade den Knoblauch schälen und fein hacken. Rosmarin- und Thymianblätter von den Zweigen zupfen und hacken. Knoblauch und gehackte Kräuter mit dem Wein in einer flachen Form mischen.

2 Die Thunfischsteaks mit Salz und Pfeffer bestreuen. In die Marinade legen und darin wenden. Die Form mit Frischhaltefolie bedecken und den Fisch etwa 1 Stunde im Kühlschrank durchziehen lassen.

3 Die Thunfischsteaks aus der Marinade nehmen und trocken tupfen. Den Backofen oder Elektrogrill vorheizen. Die Fischsteaks auf beiden Seiten mit Öl bepinseln und 15–20 Minuten grillen, dabei immer wieder wenden und mit der Marinade bepinseln.

4 Für die Semmelbrösel das Öl in einer großen Pfanne erhitzen. Die Semmelbrösel in die Pfanne streuen und unter Rühren goldgelb braten.

5 Die Kapern kalt abspülen, gut abtropfen lassen und fein hacken. In eine kleine Schüssel geben und mit dem Olivenöl, dem Zitronensaft sowie etwas Salz und Pfeffer verrühren.

6 Die gegrillten Thunfischsteaks auf Tellern anrichten und mit den gebräunten Semmelbröseln bestreuen. Mit der Kapern-Zitronen-Mischung bestreichen und sofort servieren. Am besten passen dazu ein Tomatensalat und italienisches Weißbrot.

Catfish mit Nusskruste

auf Blattspinat

Für den Fisch
250 g Pekannusskerne
40 g Mehl
Salz
frisch gemahlener Pfeffer
Cayennepfeffer
1 Ei
4 EL Milch
4 Catfishfilets (je 120 g)
Fett für das Blech

Für den Spinat
1 kg junger Blattspinat
120 ml Gemüsefond
3–4 EL Zitronensaft
1 EL Zesten von 1 Bio-Zitrone
150 g Crème fraîche
Salz
frisch gemahlener Pfeffer
Zucker

1 Für die Fischkruste ein Drittel der Pekannusskerne im Blitzhacker fein mahlen, die restlichen Nüsse grob hacken. Die gemahlenen und gehackten Nüsse mischen und auf einen Teller geben.

2 Das Mehl mit Salz, Pfeffer und 1 Prise Cayennepfeffer würzen. Diese Mischung ebenfalls auf einen Teller geben. Das Ei mit der Milch in einem tiefen Teller verschlagen.

3 Den Backofen auf 220 °C vorheizen. Ein Backblech fetten. Die Fischfilets unter kaltem Wasser abwaschen und mit Küchenpapier trocken tupfen. Zuerst im gewürzten Mehl wenden; überschüssiges Mehl abklopfen. Die Filets anschließend in den Eiern und den Pekannüssen wenden, dabei die Nüsse gut andrücken.

4 Die panierten Fischfilets auf das gefettete Backblech legen und im heißen Ofen (Mitte) 12–15 Minuten backen.

5 Inzwischen den Spinat verlesen, gründlich waschen und putzen. Den Spinat tropfnass in einen großen Topf geben, den Topf schließen und den Spinat bei starker Hitze zusammenfallen lassen. Den Spinat in ein Sieb schütten und die Flüssigkeit ausdrücken.

6 Den Gemüsefond mit dem Zitronensaft und den Zitronenzesten in den Topf gießen und zugedeckt aufkochen lassen. Bei schwacher Hitze etwa 3 Minuten köcheln lassen. Die Crème fraîche dazugeben und unterrühren, dann den Spinat untermischen und alles einmal aufkochen lassen. Den Spinat mit Salz, Pfeffer und 1 Prise Zucker würzen.

7 Die Catfishfilets mit dem Spinatgemüse auf Tellern anrichten. Dazu passen Tomatenchutney und Kartoffelpüree.

Info Der Catfish (Zwergwels) ist mit dem europäischen Wels verwandt. Da er ein Knorpelfisch ist, ist sein Fleisch praktisch grätenfrei und eignet sich zum Braten in der Pfanne und zum Backen im Ofen (meist als Filet und in Scheiben). In den USA zählt der Catfish zu einem der beliebtesten Speisefische.

Wolfsbarsch auf indische Art

1 TL Cayennepfeffer
½ TL gemahlene Kurkuma
4 TL Koriandersamen
1 TL Kreuzkümmelsamen
½ TL weiße Pfefferkörner
100 g Sesamsamen
2 EL Kokosflocken
1 EL getrocknete Curryblätter
4 EL Öl
2 rote Zwiebeln
2 Knoblauchzehen
2 EL Erdnusscreme
3 EL Tamarindenpaste
etwa 500 ml Fischfond
Salz
4 Wolfsbarschfilets mit Haut (je etwa 150 g)

1 Cayennepfeffer mit Kurkuma, Koriander, Kreuzkümmel, Pfeffer, Sesamsamen, Kokosflocken und Curryblättern in 2 EL Öl in einer Pfanne unter Rühren etwa 1 Minute anbraten. Abkühlen lassen. Etwa ½ EL der Gewürzmischung im Mörser mittelgrob zerstoßen und beiseitestellen. Den Rest der gerösteten Gewürzmischung im Mörser fein zerstoßen oder im Blitzhacker nicht zu fein zermahlen.

2 Die Zwiebeln schälen und würfeln. Im restlichen Öl (2 EL) im Wok oder in einer Pfanne unter Rühren leicht anbraten; abkühlen lassen. Den Knoblauch schälen und fein hacken. Die gemahlenen Gewürze mit den Zwiebeln, dem Knoblauch, der Erdnusscreme und der Tamarindenpaste im Mixer mit dem Fischfond fein pürieren; mit Salz abschmecken.

3 Die Zwiebel-Gewürz-Sauce in einer Pfanne erhitzen. Die Fischfilets hineinlegen (sie sollen von der Sauce bedeckt sein) und bei schwacher Hitze zugedeckt in etwa 8 Minuten gar ziehen lassen. Vor dem Servieren die grob zerkleinerten Gewürze auf den Fisch streuen. Mit Reis oder Süßkartoffeln servieren.

Tipp Dazu schmecken zwei gegarte und längs halbierte Süßkartoffeln, die mit etwas Honig und Salz bestrichen und dann unter dem heißen Grill gratiniert werden. Je 1 Süßkartoffelhälfte auf einen Teller geben. Den Fisch mit der Sauce darauf verteilen und mit den grob zerkleinerten Gewürzen bestreuen.

Fisch in Joghurtsauce

600 g Goldbrassenfilets mit Haut
Salz
frisch gemahlener Pfeffer
4 TL schwarze Senfsamen
1 TL Kreuzkümmelsamen
4 rote Chilischoten
½ grüne und ½ rote Paprikaschote
4 Stängel Zitronenmelisse
3 EL Senföl
200 ml Fischfond
300 g Joghurt
1 TL gemahlene Kurkuma
2 EL Erdnussöl
1 TL Zwiebelsamen (Kalonji; Asia-Laden)

1 Die Fischfilets in mundgerechte Stücke schneiden; mit Salz und Pfeffer bestreuen. Senfsamen, Kreuzkümmel und 1 Prise Salz in der Gewürzmühle mahlen oder im Möser fein zerstoßen. Die Chilischoten waschen, entkernen und in Streifen schneiden. Paprikaschoten halbieren, von Samen und Trennwänden befreien und würfeln. Zitronenmelisse waschen, trocken schütteln, die Blättchen abzupfen und in Streifen schneiden.

2 Für die Sauce im Wok 1 EL Senföl erhitzen. Chilistreifen und Paprikawürfel darin anbraten. Fischfond angießen und alles bei schwacher Hitze etwa 3 Minuten schwach köcheln lassen. Joghurt, Kurkuma, die Gewürzmischung und das restliche Senföl (2 EL) unterrühren und die Sauce abschmecken. In ein Schälchen gießen und warm halten.

3 Das Erdnussöl im Wok erhitzen. Die Fischwürfel darin bei mittlerer Hitze 3–4 Minuten unter vorsichtigem Wenden braten. Die Zitronenmelisse unter die Joghurtsauce mischen, dann die Sauce vorsichtig unter den Fisch heben.

4 Den Fisch mit der Joghurtsauce auf Teller oder Schalen verteilen, mit den Zwiebelsamen bestreuen und servieren. Dazu schmecken Basmatireis oder indisches Fladenbrot (Naan) und Mango-Chutney.

Tipp Frische Kurkumawurzel schälen, in dünne Scheiben schneiden, frittieren und auf das Gericht streuen (siehe Bild oben).

Wolfsbarschfilet

in Brothülle

- 2 Wolfsbarschfilets (je 300–350 g)
- 1 Knoblauchzehe
- 1 haselnussgroßes Stück frische Ingwerwurzel
- 200 g Weißbrot ohne Rinde
- 10 schwarze Oliven, entsteint
- 3 in Öl eingelegte getrocknete Tomatenviertel
- je 1 Zweig Zitronenmelisse, Basilikum, Petersilie, Estragon und Zitronenthymian
- 4 Salbeiblätter
- 2 Kaffirlimettenblätter
- 60 g Nussbutter (siehe Tipp rechtsunten und auf Seite 315)
- abgeriebene Schalen von ½ Bio-Zitrone und ¼ Bio-Orange
- 2 Eier
- Salz
- frisch gemahlener Pfeffer
- 1 Schweinenetz (siehe Seite 262)
- 3 EL Öl zum Braten

1 Die Fischfilets unter kaltem Wasser abwaschen und mit Küchenpapier trocken tupfen. Die Knoblauchzehe schälen und halbieren. Eine Hälfte durch die Presse drücken oder sehr fein hacken. Den Ingwer fein reiben (z. B. auf der Micro-Reibe). Die beiden Wolfsbarschfilets mit der unzerkleinerten halben Knoblauchzehe und etwas geriebenem Ingwer einreiben, dann die Filets aufeinanderlegen.

2 Das Weißbrot fein reiben. Die Oliven und die abgetropften Tomaten fein hacken. Die Kräuter waschen und trocken tupfen. Die Blättchen abzupfen und sehr fein zerkleinern. Salbei- und Kaffirlimettenblätter ebenfalls fein zerkleinern.

3 Die Nussbutter zerlassen und leicht abkühlen lassen. In eine Rührschüssel geben. Brotbrösel, abgeriebene Zitronen- und Orangenschale sowie Oliven, Tomaten, Kräuter, zerdrückten Knoblauch und die Eier hinzufügen. Alles mit den Knethaken der Küchenmaschine zu einer Paste verrühren. Diese mit Salz und Pfeffer würzen.

4 Den Backofen auf 180 °C vorheizen. Ein Stück Frischhaltefolie von etwa 40 cm Länge auf der Arbeitsfläche ausbreiten, darauf das Schweinenetz glatt auslegen und auf die Größe der Frischhaltefolie zuschneiden. Mit einem Spachtel die Kräuterpaste auf dem Schweinenetz verstreichen. Die beiden aufeinandergelegten Wolfsbarschfilets darauflegen und mithilfe der Folie in das Schweinenetz wickeln. Die Folie dann abziehen.

5 Das Öl in einer beschichteten Pfanne erhitzen und das Wolfsbarschpäckchen darin rundherum goldbraun anbraten. In eine ofenfeste Form legen und das Fischpäckchen im Ofen (Mitte) 10–12 Minuten backen. Herausnehmen und etwa 4 Minuten ruhen lassen.

6 Die Päckchen mit einem scharfen Messer in 3 cm breite Scheiben schneiden. Die Scheiben nach Belieben auf Sauce Béarnaise und Wildreis anrichten und sofort servieren.

Tipp Für Nussbutter Butter in einer Pfanne bei mittlerer bis starker Hitze braun werden lassen, dabei gelegentlich umrühren, damit es nicht spritzt. Die braune Butter anschließend durch einen Papierfilter gießen, damit auch die kleinsten dunklen, d. h., verbrannten und bitter schmeckenden Partikelchen entfernt werden. Die Butter schmeckt dann nussig und süß, daher auch ihr Name.

Wolfsbarschfiletstreifen

im Speckmantel

2 Wolfsbarschfilets (je 300–350 g) mit Haut
1 Bund Rucola
100 g fester Frischkäse (z. B. Robiola oder formfester Ricotta)
16 Scheiben roher Schinken (nicht bzw. nicht zu stark geräuchert; z. B. Südtiroler Speck)
Olivenöl zum Braten, nach Bedarf

1 Die Wolfsbarschfilets kalt abwaschen und mit Küchenpapier trocken tupfen. Die Filets in je 16 gleich große, längliche Stücke schneiden. Rucola waschen, grobe Stiele entfernen und die Blätter trocken tupfen. Den Frischkäse in 16 Portionen teilen.

2 Je 2 Filetstücke mit den Hautseiten nach außen mit 1 Stück Frischkäse und einigen Rucolablättern dazwischen zusammensetzen. Jedes Fischpäckchen mit 1 Schinkenscheibe umwickeln (siehe großes Bild rechts).

3 Die Fischpäckchen am besten auf dem Holzkohlengrill grillen. Alternativ kann man sie auch in der Grillpfanne auf dem Herd braten. Dafür die Pfanne mit Öl ausstreichen und die Päckchen darin auf beiden Seiten anbraten, dann bei schwacher Hitze weiterbraten, bis der Frischkäse zu schmelzen beginnt und der Fisch im Kern noch glasig ist. Das dauert insgesamt 8–10 Minuten.

Tipps Dazu passen hervorragend Kartoffelgnocchi mit einer Miesmuschel-Sahnesauce. Ohne weitere Beigaben können Sie die Fischpäckchen sehr gut als Vorspeise servieren.
Nach diesem Rezept können Sie beispielsweise auch Lachsfiletstreifen füllen.

Hauptgerichte mit Meeresfrüchten

Krabbenragout

mit Erbsen und Spargel

150 g ausgepalte grüne Erbsen (etwa 450 g mit Schoten)
Salz
400 g ausgelöste Nordseekrabben (Sandgarnelen)
Saft von ½ Zitrone
frisch gemahlener weißer Pfeffer
500 g weißer Spargel
Zucker
50 g Butter
2 EL Mehl
125 ml Geflügelfond
125 g Sahne

1 Die Erbsen in kochendes Salzwasser geben; 10 Minuten bei mittlerer Hitze kochen lassen. Anschließend in ein Sieb abgießen, kalt abschrecken und gut abtropfen lassen.

2 Die Nordseekrabben kalt abspülen und mit Küchenpapier trocken tupfen. In einer Schale mit etwas Zitronensaft beträufeln und mit Pfeffer würzen.

3 Von den Spargelstangen die Enden abschneiden. Die Stangen von oben nach unten schälen und in 3 cm lange Stücke schneiden.

4 In einem Topf reichlich Wasser mit Salz und 1 Prise Zucker zum Kochen bringen. Die Spargelstücke hineingeben und in etwa 10 Minuten bissfest garen. Herausheben und gut abtropfen lassen. Das Spargelwasser nicht weggießen.

5 In einem großen Topf die Butter zerlassen. Das Mehl darin anschwitzen, dann nach und nach den Geflügelfond unter Rühren dazugießen. Etwa 125 ml vom Spargelwasser abmessen und unter die Sauce rühren. Die Sahne hinzufügen und die Sauce bei schwacher Hitze unter gelegentlichem Rühren köcheln lassen, bis sie schön cremig ist. Mit Salz, Pfeffer, Zucker und Zitronensaft abschmecken.

6 Die Erbsen zur Sauce geben, untermischen und 10 Minuten darin bei schwacher Hitze garen. Anschließend die Nordseekrabben und die Spargelstücke in die Sauce geben und das Ragout heiß werden lassen. Das Gericht mit Salz und Pfeffer abschmecken und mit Reis servieren.

Tipps Die frischen Erbsen können Sie durch TK-Erbsen ersetzen. Diese nach Packungsangabe garen, dann in die Sauce rühren.
Das Ragout schmeckt auch gut mit größeren Garnelen oder mit in Würfel oder Streifen geschnittenem Lachsfilet statt der kleinen Nordseekrabben.

Kräuterrührei

mit Nordseekrabben

½ Bund Schnittlauch
½ Bund Dill
8 Eier
3 EL Sahne
Salz
frisch gemahlener Pfeffer
1 Schalotte
3–4 EL Butter
200 g ausgelöste Nordseekrabben (Sandgarnelen)

1 Den Schnittlauch und den Dill waschen und trocken schütteln. Den Schnittlauch in Röllchen schneiden, die Dillspitzen abzupfen und hacken. Die Eier in einer Schüssel mit Sahne, Salz und Pfeffer verquirlen (siehe Bild unten links). Die Masse durch ein feinmaschiges Sieb passieren; die Hälfte der Kräuter untermischen.

2 Die Schalotte schälen und fein würfeln. 1 EL Butter in einer Pfanne zerlassen und die Schalottenwürfel darin kurz dünsten. Die Nordseekrabben hinzufügen und die Mischung mit Salz und Pfeffer würzen.

3 Die restliche Butter (2–3 EL) in einer zweiten Pfanne zerlassen und die Rühreimasse hineingießen (siehe Bild unten Mitte). Bei schwacher Hitze unter ständigem Rühren und Wenden mit einem Holzspatel stocken lassen. Dabei jeweils bereits gestockte Masse mit dem Spatel vom Pfannenboden oder auch vom Pfannenrand schieben, sodass sie sich mit noch flüssigem Ei vermischt.

4 Wenn das Rührei bereits cremig, aber noch etwas flüssiger als gewünscht ist, die Nordseekrabben dazugeben. Weiterrühren, bis das Rührei die richtige Konsistenz hat (siehe Bild unten rechts).

5 Das Rührei mit den restlichen Kräutern bestreuen. Mit Vollkornbrot und Butter servieren.

Für das Rührei die Eier mit der Sahne sowie Salz und Pfeffer mit einer Gabel kräftig verquirlen.

In einer großen Pfanne Butter erhitzen, bis sie schäumt. Dann die Rühreimasse hineingießen.

Das Rührei bei schwacher Hitze unter Rühren stocken lassen – ansonsten würde es zäh werden.

Asia-Garnelenbällchen

Für die Garnelenbällchen
200 g festfleischiges Fischfilet
250 g geschälte rohe Garnelen
1 EL Reiswein
40 g Frühlingszwiebeln
2 cm frische Ingwerwurzel
½ TL Salz
1 grüne Chilischote, 1 Eiweiß
1 EL gehacktes Koriandergrün
3–4 EL Erdnussöl

Für die Sauce
1–2 Chilischoten
50 g Frühlingszwiebeln
2 Knoblauchzehen
200 g Tomaten
100 g rote Paprikaschote
1 TL brauner Zucker
2–3 EL helle Sojasauce
5 g frische Ingwerwurzel, gehackt
300 ml Fischfond
½ TL Speisestärke, in wenig Fond angerührt
Salz, frisch gemahlener Pfeffer

1 Für die Garnelenbällchen Fischfilet und Garnelen in Stücke schneiden, diese in den Mixer geben. Den Reiswein dazugeben. Frühlingszwiebeln putzen, Ingwer schälen und beides fein hacken; ebenfalls in den Mixer geben. Etwa 60 ml Wasser und das Salz hinzufügen. Alle Zutaten zu einer glatten Masse mixen. Sollte sie zu fest sein, noch etwas Wasser dazugeben.

2 Die Chilischote entkernen und mit dem Eiweiß unter die Garnelenmasse mixen. Die Masse in eine Schüssel füllen. Koriander und 1 EL Öl unterarbeiten und die Masse abschmecken. Aus der Masse mit feuchten Händen Bällchen (jeweils etwa 25 g schwer) formen. In einem großen Topf Salzwasser aufkochen. Die Bällchen hineinlegen und bei schwacher Hitze gar ziehen lassen, bis sie an die Oberfläche steigen. Herausnehmen und gut abtropfen lassen.

3 Für die Sauce die Chilis entkernen und fein hacken. Frühlingszwiebeln putzen und in feine Ringe schneiden. Knoblauch schälen und fein hacken. Die Tomaten blanchieren und häuten. Von Stielansätzen und Samen befreien und klein würfeln. Paprika putzen und ebenfalls in kleine Würfel schneiden.

4 2–3 EL Öl im Wok erhitzen und die Bällchen darin portionsweise rundherum anbraten. Herausnehmen und auf Küchenpapier abtropfen lassen.

5 Frühlingszwiebeln und Knoblauch im Wok anbraten. Chili hinzufügen und kurz mitbraten, dann Tomaten und Paprika dazugeben und ebenfalls mitbraten. Die Mischung mit Zucker, Sojasauce und Ingwer würzen. Den Fischfond dazugießen, aufkochen und 5 Minuten köcheln lassen. Die Sauce mit der angerührten Speisestärke leicht binden, dann würzen. Die Bällchen in der Sauce erhitzen. Mit Koriandergrün garnieren. Dazu passt Kurkumareis.

Garnelenreis

200 g Langkornreis
Salz
½ TL gemahlene Kurkuma
150 g Hähnchenfleisch
250 g geschälte Garnelen
1 EL Speisestärke
4 Eier
6 Schalotten
3 Knoblauchzehen
200 g Wirsing
1 Tomate
1 Chilischote
6 EL Öl
1 EL gehackte Kräuter (Petersilie, Schnittlauch)

Außerdem
1 Schalotte
30 g Butter
Thai-Basilikumblätter

1 Den Reis in Salzwasser bissfest garen und mit Kurkuma würzen; beiseitestellen. Das Hähnchenfleisch klein schneiden und mit den Garnelen in der Speisestärke wenden. Die Eier in einer Schüssel verquirlen.

2 Schalotten und Knoblauch schälen; beides in Scheiben schneiden. Wirsing waschen, in Streifen schneiden. Die Tomate entkernen und fein würfeln. Die Chilischote in Ringe schneiden.

3 Das Öl in einem Wok erhitzen. Schalotten und Knoblauch darin 1 Minute goldgelb anschwitzen. Das Hähnchenfleisch dazugeben, 1 Minute unter Rühren braten, herausnehmen und warm stellen. Die Garnelen im Wok ganz kurz anbraten. Das Fleisch wieder dazufügen, den Wirsing hinzufügen; alles 1 Minute braten. Tomate untermischen und alles salzen.

4 Die verquirlten Eier über die Garnelenmischung gießen; etwa 30 Sekunden rühren. Dann den Reis untermischen. Alles bei starker Hitze 3 Minuten kräftig pfannenrühren, dann die Chiliringe und die gehackten Kräuter dazugeben.

5 Die Schalotte schälen, in feine Ringe schneiden und in der Butter braten. Basilikum in Streifen schneiden. Das Gericht mit Zwiebeln und Basilikum garnieren.

Garnelenrisotto

mit Limetten-Koriander-Pesto

Für das Pesto
20 g Korianderblätter
10 g Petersilienblätter
1 Bio-Limette
30 g gehobelte Mandeln
30 g geriebener Pecorino
80 ml Olivenöl
Salz
frisch gemahlener Pfeffer

Für den Risotto
100 g Schalotten
2 Knoblauchzehen
8 Zweige Thymian
½ rote Chilischote
4 EL Olivenöl
2 Lorbeerblätter
240 g Risottoreis
150 ml trockener Weißwein
500 ml Hummerfond (ersatzweise Geflügelfond)
40–60 g kalte Butter, in Stückchen
Salz
frisch gemahlener schwarzer Pfeffer
Korianderblättchen zum Bestreuen, nach Belieben

Für die Garnelen
8 rohe Riesengarnelen
16 rohe kleine Garnelen
3 EL Olivenöl
Meersalz

1 Für das Pesto die Koriander- und Petersilienblätter waschen und trocken tupfen. Die Limette heiß waschen und abtrocknen. Die Schale abreiben und den Saft auspressen. Die Mandeln in einer Pfanne ohne Fett hellbraun rösten. Die Kräuterblätter mit Limettenschale und -saft sowie Mandeln, Käse und Olivenöl in den Mixer geben und alles zu einer Paste mixen. Diese mit Salz und Pfeffer abschmecken.

2 Für den Risotto die Schalotten und den Knoblauch schälen, alles fein würfeln. Thymian waschen und trocken schütteln; die Blätter abstreifen. Chilischote waschen und zerkleinern.

3 Das Olivenöl in einem Topf erhitzen. Schalotten und Knoblauch darin kurz dünsten, dann Thymian, Chili, Lorbeerblätter und den Risottoreis hinzufügen. Alles unter Rühren etwa 1 Minute braten, bis der Reis glasig ist. Anschließend den Wein und 350 ml Hummerfond dazugießen. Zugedeckt etwa 20 Minuten köcheln lassen, dabei alle 5 Minuten rühren!

4 Inzwischen die Riesengarnelen schälen, dabei die Schwanzfächer daran belassen, dann jeweils auf der Rückenseite einschneiden und entdarmen (siehe Seite 111). Die Garnelen dann mit einem scharfen Messer bis fast zur Schwanzspitze durchschneiden, damit sie sich zu Schmetterlingen aufklappen lassen (siehe Seite 112). Die Garnelen zugedeckt beiseitestellen.

5 Die kleinen Garnelen schälen und entdarmen. Etwas Olivenöl in einer Pfanne erhitzen und diese Garnelen darin bei starker Hitze unter Wenden anbraten. Herausnehmen und auf einem Teller beiseitestellen.

6 Kurz bevor der Risotto gar ist, die kleinen Garnelen dazugeben und untermischen, dabei den restlichen Hummerfond dazugießen und unterrühren. Den Risotto anschließend noch 3–5 Minuten ziehen lassen. Inzwischen in der Pfanne das restliche Olivenöl erhitzen und die Riesengarnelen auf beiden Seiten je 1 Minute braten, wie auf dem Bild auf Seite 113 zu sehen ist; mit Meersalz würzen.

7 Die Butterstückchen unter den Risotto rühren. Die Lorbeerblätter entfernen und den Risotto mit Salz und Pfeffer abschmecken. Den Reis auf tiefe Teller verteilen und die Riesengarnelen-Schmetterlinge darauf anrichten. Den Garnelenrisotto nach Belieben mit Korianderblättchen bestreuen und das Pesto separat dazu servieren.

Garnelen-Steak-Spieße

mit Salat

Für die Spieße
8 Holzspieße
12 rohe Riesengarnelen
300 g Rumpsteak (ohne Fettrand)
Öl zum Braten

Für die Marinade
2 TL süße Sojasauce
1 EL helle Sojasauce
3 EL Olivenöl, 2–3 TL Chiliöl
1 Knoblauchzehe

Für die Kartoffeln
12 kleine neue Kartoffeln, Salz
2 EL Olivenöl

Für den Salat
1–2 Römersalatherzen
100 g Kirschtomaten
1 TL Dijonsenf
1 TL flüssiger Honig
2–3 EL Limettensaft
Salz
frisch gemahlener Pfeffer
3 EL Olivenöl

1 Die Holzspieße für 30 Minuten in kaltes Wasser legen, damit sie beim Grillen nicht verbrennen. Inzwischen die Garnelen schälen, dabei die Schwanzflossen jedoch daran belassen (siehe Bild unten links). Von den Garnelen die Köpfe behutsam abdrehen, beim Entfernen vorsichtig den Darm mit herausziehen (siehe Bild unten Mitte). Die Garnelen trocken tupfen. Die Steaks in 12 gleich große Würfel schneiden.

2 Die Steakwürfel und die Garnelen abwechselnd auf 2 parallele Holzspieße stecken, wie im Bild unten rechts gezeigt. Dadurch können sich die Garnelen während des Grillens beim Wenden nicht mitdrehen. Zwischen Garnelen und Fleisch jeweils etwas Abstand lassen.

3 Beide Sojasaucen mit den Ölen in ein Schälchen geben und verquirlen. Den Knoblauch schälen und dazupressen. Fleisch und Garnelen mit der Sojasaucenmischung bestreichen; für 1 Stunde zugedeckt beiseitestellen. Inzwischen die Kartoffeln gründlich waschen und abbürsten. Mit der Schale in Salzwasser zugedeckt aufkochen und 10–15 Minuten kochen lassen.

4 Während die Kartoffeln garen, den Salat putzen und in

Die Garnelen so schälen, dass die Schwanzfächer nicht mitentfernt werden.

Den Kopf vorsichtig abdrehen und abziehen, den Darmfaden behutsam herausziehen.

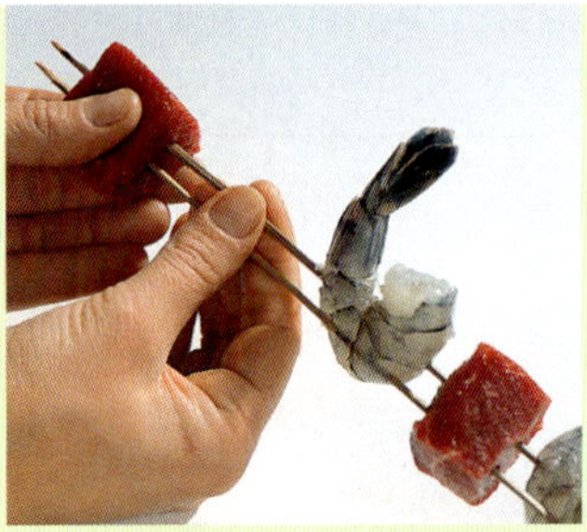

Vorbereitete Garnelen und Steakwürfel jeweils auf zwei parallele Holzpieße stecken.

mundgerechte Stücke schneiden. Die Tomaten waschen und quer halbieren. Für die Salatsauce den Senf mit dem Honig und dem Limettensaft verrühren. Die Sauce salzen und pfeffern, dann 3 EL Olivenöl darunterschlagen.

5 Die Kartoffeln abgießen und kurz abdämpfen lassen, dann halbieren und die Kartoffelhälften mit 2 EL Olivenöl mischen.

6 Eine Grillpfanne erhitzen und mit Öl auspinseln. Die Garnelen-Steak-Spieße darin auf jeder Seite 5–6 Minuten braten. Dabei die Kartoffeln auf den Schnittflächen 5 Minuten in der Pfanne mitbraten.

7 Den Salat und die Tomatenhälften auf vier Teller verteilen. Die gebratenen Kartoffeln dazu anrichten und den Salat mit dem Senfdressing beträufeln. Die Spieße salzen, pfeffern und dekorativ zu Salat und Kartoffeln auf die Teller legen. Sofort servieren, damit Spieße und Kartoffeln nicht abkühlen.

Würzige Garnelen

auf Thai-Art

2 Chilischoten
4 Schalotten
2 cm Galgantwurzel
1 EL rote Currypaste
1 Stängel Zitronengras
2 Knoblauchzehen
1 EL Erdnussöl
400 ml Kokosmilch
2 EL Fischsauce
1 EL Palmzucker oder brauner Zucker
700 g rohe Garnelen
2 Kaffirlimettenblätter
10 Blätter süßes Thai-Basilikum

1 Die Chilischoten waschen, putzen und nur grob zerkleinern. Schalotten und Galgant schälen. Die Schalotten fein würfeln und den Galgant in feine Scheiben schneiden. Schalotten und Galgant mit der Currypaste im Mörser zu einer feinen Paste verarbeiten.

2 Vom Zitronengras die Enden und die äußere Schicht entfernen, anschließend den Stängel in dünne Scheiben schneiden. Den Knoblauch schälen und ebenfalls in feine Scheiben schneiden.

3 Das Öl im Wok oder in einem Topf erhitzen. Knoblauch und Zitronengrasscheiben hineingeben und leicht anbraten, dann Kokosmilch, Würzpaste, Fischsauce und Zucker hinzufügen. Alles bei schwacher Hitze offen etwa 8 Minuten köcheln lassen.

4 Inzwischen die Garnelen schälen und entdarmen (siehe Seite 110). Anschließend die Garnelen in die gewürzte Kokosmilch legen und darin etwa 4 Minuten ziehen lassen. Danach die Garnelen mit der Sauce in eine Schüssel füllen.

5 Die Kaffirlimettenblätter waschen und in feine Streifen schneiden; mit den Basilikumblättern über die Garnelen streuen. Dazu schmeckt thailändischer Duftreis.

Tipps Currypasten sind je nach Hersteller unterschiedlich scharf. Deshalb sollten Sie besser zuerst etwas weniger davon nehmen und bei Bedarf noch etwas nachschärfen. Ist die Sauce dennoch zu scharf geworden, lässt sie sich mit etwas mehr Kokosmilch sowie Zucker und Limettensaft abmildern.
Verarbeiten Sie die Würzzutaten in einem Mörser, um ein möglichst gutes Aroma zu erhalten.

Zweierlei Garnelen

mit grünen Bandnudeln

400 g rohe kleine Süßwassergarnelen ohne Kopf, geschält (ersatzweise TK-Garnelen)
4 rohe große Salzwassergarnelen mit Kopf
Salz
frisch gemahlener Pfeffer
1 Knoblauchzehe
2 Tomaten
Salz
500 g grüne Bandnudeln
3 EL Öl
20 ml Cognac
1 Bund Petersilie
50 g Butter

1 Die Süßwassergarnelen kalt abwaschen und trocken tupfen, dann längs halbieren. Die Salzwassergarnelen mit der Schale längs halbieren und entdarmen (siehe Seite 111). Anschließend die Garnelenhälften kalt abwaschen und trocken tupfen. Alle Garnelen salzen und pfeffern.

2 Die Knoblauchzehe schälen und in dünne Scheiben schneiden. Die Tomaten halbieren, von Stielansätzen und Kernen befreien und achteln.

3 In einem großen Topf reichlich Salzwasser zum Kochen bringen. Die Bandnudeln darin nach Packungsangabe garen.

4 Während die Nudeln garen, 1 EL Öl in einer großen Pfanne erhitzen und die Salzwassergarnelen hineinlegen. Sobald sich die Schale der Salzwassergarnelen verfärbt hat (nach 2–3 Minuten), die Garnelen umdrehen, kurz weiterbraten, dann aus der Pfanne nehmen.

5 Das restliche Öl in der Pfanne erhitzen. Die Süßwassergarnelen hineinlegen und 2–3 Minuten braten, dann wenden und mit den Knoblauchscheiben und den Tomaten kurz weiterbraten. Alles mit dem Cognac ablöschen, den Cognac aufkochen und die Mischung kurz kochen lassen.

6 Die Nudeln in ein Sieb abgießen und abtropfen lassen. Die Petersilie waschen und trocken schütteln, die Blätter abzupfen und hacken. Die Butter im Nudeltopf zerlassen und die Nudeln mit der Petersilie darin kurz durchschwenken.

7 Zum Servieren die Süßwassergarnelen unter die Nudeln heben und das Ganze auf Tellern mittig anrichten. Die Salzwassergarnelen dazu reichen.

Info Süßwasser- bzw. Freshwater-Garnelen sind preiswerter und nicht ganz so festfleischig wie Salzwasser- bzw. Seawater-Garnelen.

Meeresfrüchte

mit Couscous

Für die Meeresfrüchte
2 kleine Schalotten
1 kleine Stange Lauch (nur der helle Teil)
1 kleine Möhre
400 g Muscheln in der Schale (z. B. Herzmuscheln)
100 ml Olivenöl
200 ml trockener Weißwein
1 Tomate
2 EL fein zerkleinerte gemischte Kräuter (z. B. Petersilie, Kerbel, Zitronenmelisse, wenig Estragon und Thymian)
20 g kalte Butter in Flöckchen
1 kleine Knoblauchzehe
12–16 küchenfertige kleine Tintenfische (Calamaretti)
150 ml Fischfond
etwas Zitronensaft

Für den Couscous
2 EL Olivenöl
½ TL Salz
250 g Instant-Coucous
1 EL Butter in Flöckchen

Außerdem
4 ofenfeste Tassen
Butter zum Fetten
Kräuter zum Garnieren

1 Den Backofen auf 120 °C vorheizen. Die Schalotten schälen und in feine Würfel schneiden. Lauch und Möhre waschen und putzen, dann jeweils in feine Streifen (Julienne) schneiden. Die Muscheln waschen; bereits geöffnete wegwerfen.

2 Drei Viertel der Schalotten mit Lauch und Möhren in 2 EL Olivenöl glasig dünsten. Alles mit 100 ml Wein ablöschen. Die Muscheln dazugeben und zugedeckt 8 Minuten bei schwacher Hitze garen.

3 Inzwischen für den Couscous in einem Topf 250 ml Wasser mit dem Olivenöl und dem Salz aufkochen lassen. Den Topf vom Herd nehmen. Den Couscous in das kochend heiße Wasser rühren und 2–3 Minuten quellen lassen. Anschließend die Butterflocken mit einer Gabel unter den Couscous heben. Den Couscous bei schwacher Hitze in 3 Minuten fertig garen; nochmals mit der Gabel auflockern.

4 Die Tassen mit Butter ausfetten und mit Couscous füllen. Couscous etwas festdrücken und die Tassen für etwa 8 Minuten in den Ofen (Mitte) stellen.

5 Die Muscheln mit einem Sieblöffel aus dem Sud heben. Geschlossene Exemplare wegwerfen. Den Sud auf die Hälfte einkochen lassen. Die Muscheln, bis auf einige zum Garnieren, aus den Schalen lösen.

6 Die Tomate mit kochend heißem Wasser überbrühen, dann häuten und entkernen. Das Fruchtfleisch klein würfeln und die Würfel mit den zerkleinerten Kräutern in den Sud geben. Die Butterflöckchen nach und nach darunterschlagen. Das Muschelfleisch in den Tomaten-Kräuter-Sud geben.

7 Den Knoblauch schälen und fein würfeln. Die Tintenfische ein- bis zweimal durchschneiden. 2 EL Olivenöl in einer Pfanne erhitzen und die Tintenfischstücke darin kurz anbraten.

8 Den Knoblauch mit den restlichen Schalotten hinzufügen und mitdünsten. Alles mit 100 ml Wein und dem Fischfond ablöschen; mit Zitronensaft abschmecken, dann etwa 60 ml Olivenöl nach und nach einrühren.

9 Pro Portion den Couscous aus einer Tasse auf einen Teller stürzen. Muscheln und Tintenfische um die Couscouskuppeln anrichten, mit Muscheln in der Schale und Kräuterblättchen garnieren. Etwas Tomaten-Kräuter-Sauce über Muscheln und Kalmare träufeln. Sofort servieren.

Kleine Meeresfrüchte-Quiches

Für den Teig
200 g Weizenmehl, Type 550
Salz
2 EL Olivenöl
100 g kalte Butter

Für den Belag
400 g gemischte küchenfertige Meeresfrüchte
Salz
150 g Ricotta
2–3 TL frisch geriebener Meerrettich
1 Ei

Für den Eierguss
2 Eier
1 EL Mehl
80 ml Milch
100 g Sahne
0,1 g Safranfäden, in 1 TL heißem Wasser aufgelöst
Salz
frisch gemahlener Pfeffer
1–2 EL gehackte Dillspitzen

Außerdem
8 Tartelettförmchen (je 8 cm Ø)
Butter für die Form

1 Das Mehl mit 2 Prisen Salz in eine Schüssel häufen. In die Mitte eine Mulde drücken und das Olivenöl hineingeben. Die Butter in Flocken auf dem Mehlrand verteilen. Alle Zutaten mit den Knethaken des Handrührgeräts rasch zu einem glatten Teig verarbeiten, dabei nach und nach 2 EL Wasser zugeben. Den Teig in Frischhaltefolie wickeln und für 2 Stunden kalt stellen.

2 Die Förmchen mit Butter ausfetten. Den Teig in 8 gleich große Portionen teilen. Jedes Förmchen mit einer Teigportion auskleiden. Die ausgekleideten Förmchen zugedeckt kalt stellen.

3 Den Backofen auf 250 °C vorheizen. Für den Belag die Meeresfrüchte 3 Minuten in Salzwasser kochen, dann in ein Sieb abschütten. Ricotta mit so viel geriebenem Meerrettich verrühren, bis der Frischkäse angenehm scharf schmeckt.

4 Die Teigböden mit einer Gabel mehrmals einstechen. Das Ei trennen. Für den Belag das Eiweiß verquirlen und die Teigböden mit etwas davon bepinseln. Die Meerrettich-Ricotta-Creme auf die Teigböden streichen und anschließend die Meeresfrüchte darauf verteilen.

5 Für den Eierguss das restliche Eiweiß und das Eigelb vom Belag mit den beiden Eiern verquirlen. Das Mehl mit ein wenig Milch in einem Rührbecher anrühren. Die restliche Milch, die Sahne, die Safranlösung und die verquirlten Eier hinzufügen und alles gründlich mit einem Schneebesen verrühren. Den Eierguss mit Pfeffer und Salz würzen. Den Dill unter den Eierguss mischen. Den Guss auf die Meeresfrüchte verteilen.

6 Die Förmchen in den heißen Backofen (Mitte) stellen. Die Temperatur auf 200 °C zurückschalten und die Meeresfrüchte-Quiches 25–30 Minuten backen, bis der Guss goldbraun ist und die Teigränder ebenfalls appetitlich gebräunt sind.

Tipp Nach diesem Rezept können Sie auch eine große Meeresfrüchte-Quiche zubereiten. Dafür eine große Quiche- oder Springform von 26 cm Ø nehmen. Die Quiche ebenfalls etwa 30 Minuten backen. Falls nötig, die Oberfläche gegen Ende der Backzeit mit Backpapier abdecken (das gilt übrigens auch für die kleinen Quiches). Die Quiche nach dem Backen noch 10 Minuten im ausgeschalteten Ofen ruhen lassen.

Meeresfrüchte-Risotto

400–500 g Seeteufelfilet
je 500 g Venus- und Miesmuscheln
80 g Möhren, 50 g Stangensellerie
1 Lorbeerblatt, Salz
5 weiße Pfefferkörner
50 g Zwiebel, 1 Knoblauchzehe
8 Jakobsmuscheln
40 g Butter
300 g Risottoreis (z. B. Vialone)
125 ml Weißwein
frisch gemahlener weißer Pfeffer
1 EL gehackte Petersilie

1 Fisch in 2 cm große Stücke schneiden. Muscheln kalt abspülen, offene Exemplare wegwerfen. Miesmuscheln entbarten. Möhren und Sellerie in kleine Würfel schneiden. In einem Topf 1,2 l Wasser mit dem Gemüse, Lorbeer, Salz und Pfefferkörnern zum Kochen bringen. Fischstücke darin bei schwacher Hitze 5 Minuten ziehen lassen; herausheben. Sud erneut aufkochen. Venus- und Miesmuscheln darin garen, bis sie sich öffnen. Herausnehmen, geschlossene Exemplare wegwerfen. Sud durch ein mit einem Tuch ausgelegtes Sieb passieren; 700 ml abmessen.

2 Zwiebel und Knoblauch schälen, fein würfeln. Muscheln säubern; Muskelfleisch und Corail auslösen (siehe Seite 133). Das Muskelfleisch quer halbieren.

3 In einem Topf die Butter zerlassen, Jakobsmuschelfleisch und Corails darin auf jeder Seite 1 Minute braten; herausnehmen.

4 Zwiebeln und Knoblauch in der Butter glasig dünsten. Den Reis dazugeben, ebenfalls glasig werden lassen. Mit dem Wein ablöschen, diesen unter Rühren reduzieren. Salzen und pfeffern; den abgemessenen Sud nach und nach unter Rühren angießen. Nach 15–18 Minuten ist der Reis gar. Muscheln bis auf einige zum Garnieren aus den Schalen lösen.

5 Fischstücke, alles Muschelfleisch und Corail in den letzten Minuten unter den Risotto heben und darin erwärmen. Die Petersilie untermischen. Den Risotto abschmecken und auf Teller verteilen. Die Portionen mit den Muscheln in der Schale garnieren. Sofort servieren.

Pasta alle vongole

60 g Möhre
60 g Stangensellerie
2 Schalotten
1 Knoblauchzehe
1 rote Chilischote
1,2 kg frische Venusmuscheln
125 ml Olivenöl
250 ml trockener Weißwein
½ TL Salz
frisch gemahlener Pfeffer
1 EL gehackte Petersilie
je 1 TL gehacktes Basilikum und gehackte Zitronenmelisse
400 g Tagliatelle

1 Möhre und Sellerie putzen und klein würfeln. Schalotten und Knoblauch schälen und beides klein würfeln. Die Chilischote entkernen und klein hacken. Die Muscheln unter fließendem kaltem Wasser abbürsten. Geöffnete Exemplare wegwerfen.

2 Das Öl in einer Kasserolle erhitzen. Die Schalotten mit dem Knoblauch darin glasig dünsten. Die Gemüsewürfel hinzufügen und etwa 3 Minuten mitdünsten. Den Weißwein dazugießen.

3 Die Muscheln zum Gemüse geben; alles salzen und pfeffern, die Kasserolle zudecken und die Muscheln einige Minuten kochen lassen, bis sie sich geöffnet haben. Noch geschlossene Exemplare herausnehmen und wegwerfen. Die Kräuter in den Sud streuen und die Flüssigkeit offen bei schwacher Hitze etwa 15 Minuten köcheln lassen.

4 Inzwischen die Tagliatelle in reichlich sprudelnd kochendem Salzwasser nach Packungsangabe bissfest garen. In ein Sieb abgießen und in eine große vorgewärmte Servierschüssel füllen. Die Muschelmischung unterheben. Sofort servieren.

Meeresfrüchte-Tomaten-Tarte

Für den Teig
250 g Mehl
1 TL Salz
125 g Butter
40 ml eiskaltes Wasser
Butter für die Form

Für den Belag
500 g küchenfertige gemischte Meeresfrüchte (z. B. Garnelen, Muscheln, Tintenfischringe)
1 rote Zwiebel
1 Knoblauchzehe
4 in Öl eingelegte getrocknete Tomaten, abgetropft
5 Kirschtomaten
½ Bund Basilikum
2 Eier
300 g Sahne
2 EL Zitronensaft
½ TL Salz
½ TL Cayennepfeffer
frisch geriebene Muskatnuss

Außerdem
1 Quiche- oder Springform von 28 cm Ø
Fett für die Form
getrocknete Hülsenfrüchte zum Blindbacken

1 Für den Teig aus Mehl mit Salz und Butter in Stückchen eine krümelige Mischung herstellen. Dafür die Zutaten am besten mit einem Messer zusammenhacken. Die Krümel mit den Fingern zerreiben, bis das gesamte Mehl gebunden ist. Anschließend das eiskalte Wasser nach und nach unter die Mischung kneten, bis ein glatter Teig entstanden ist. Diesen zur Kugel formen, in Frischhaltefolie wickeln und für mindestens 1 Stunde in den Kühlschrank legen.

2 Den Backofen auf 200 °C vorheizen. Die Form mit Butter ausfetten. Den Teig zwischen zwei Stücken Frischhaltefolie ausrollen und die Form damit auskleiden. Den Teig mehrmals mit einer Gabel einstechen, mit Backpapier belegen und mit getrockneten Hülsenfrüchten beschweren. Den Quicheboden im heißen Ofen (Mitte) 10 Minuten vorbacken.

3 Für den Belag die Meeresfrüchte in einem Sieb kalt abspülen, dann abtropfen lassen und zwischen Küchenpapier trocken tupfen. Zwiebel und Knoblauch schälen und in kleine Würfel schneiden. Die getrockneten Tomaten in Streifen schneiden. Die Kirschtomaten waschen und halbieren.

4 Die Meeresfrüchte mit den getrockneten und den halbierten Tomaten sowie der Zwiebel mischen. Die Basilikumblätter abzupfen und in Streifen schneiden. Die Eier mit der Sahne, dem Knoblauch, den Basilikumstreifen, dem Zitronensaft sowie Salz und Cayennepfeffer in einer Schüssel verquirlen.

5 Den Quicheboden aus dem Backofen nehmen. Hülsenfrüchte und Papier entfernen. Den Boden etwas abkühlen lassen. Die Ofentemperatur auf 180 °C reduzieren. Die Meeresfrüchtemischung auf dem Quicheboden verteilen und mit der Eiersahne bedecken. Etwas Muskat darüberreiben und die Quiche im Ofen (Mitte) in etwa 50 Minuten goldbraun backen.

Tipp Zu der Quiche passt eine Avocadocreme. Dafür 1 reife Avocado halbieren, entkernen, schälen und mit einer Gabel fein zerdrücken. 1 fein zerkleinerte Knoblauchzehe, 2 EL Zitronensaft, ½ TL Senf, 1 TL Olivenöl, ½ TL Zucker, ½ TL Salz sowie frisch gemahlenen Pfeffer und Tabasco (nach Geschmack) unter die zerdrückte Avocado mischen. Wer mag, kann noch das fein gewürfelte Fruchtfleisch von 1 großen Tomate unter die Avocadocreme ziehen.

Hummer-Carpaccio

2 ausgelöste, gegarte Hummerschwänze (etwa 400 g)

Für das Knoblauchöl
2 Chilischoten
1 Knoblauchzehe
3 EL Olivenöl
½ Bund Basilikum
2 TL Meersalz

Für den Gemüsesalat
200 g violette Kartoffeln (z. B. Trüffelkartoffeln)
1 Zwiebel
400 g Hokkaidokürbis
3 EL Olivenöl
50 ml trockener Weißwein
1 EL abgeriebene Schale von 1 Bio-Orange
1 Zimtstange
Salz
frisch gemahlener Pfeffer
1 TL Honig
4 EL Walnussessig
20 g Pinienkerne
1 Bund Petersilie

1 Für das Knoblauchöl die Chilischoten längs aufschneiden und von den Samen befreien. Kurz waschen, dann fein zerkleinern. Den Knoblauch schälen, fein würfeln und mit dem Olivenöl im Mörser zerdrücken. Die Blätter vom Basilikum abzupfen und fein zerkleinern.

2 Zwei Stück Frischhaltefolie auf einer Arbeitsfläche ausbreiten. Die Folienstücke mit dem Knoblauchöl einpinseln. Chiliwürfel, Salz und Basilikum darauf verteilen und auf jede Folie 1 Hummerschwanz legen. Diese fest einwickeln und für mindestens 2 Stunden einfrieren.

3 In der Zwischenzeit für den Gemüsesalat die Kartoffeln gründlich unter fließendem Wasser abbürsten und mit Schale in Wasser garen. Die Zwiebel schälen und in dünne Ringe schneiden. Kürbis schälen, von Samen und wattigem Inneren befreien und das Fruchtfleisch in 1 cm große Würfel schneiden.

4 Das Olivenöl in einem Topf erhitzen. Die Zwiebel darin glasig dünsten, dann die Kürbiswürfel dazugeben und 1 Minute mitdünsten. 200 ml Wasser, den Wein, die Orangenschale und die Zimtstange hinzufügen. Alles mit Salz, Pfeffer und Honig würzen; 10 Minuten köcheln lassen, bis der Kürbis noch bissfest ist.

5 Die gegarten Kartoffeln je nach Größe halbieren oder vierteln. Die Kürbiswürfel mit einem Schaumlöffel aus dem Topf heben und abtropfen lassen. Den Sud im Topf mit dem Walnussessig sowie Salz und Pfeffer zu einer Marinade verrühren. Kürbiswürfel und Kartoffeln unter die Marinade mischen; mindestens 1 Stunde zugedeckt durchziehen lassen.

6 Anschließend die Pinienkerne in einer Pfanne ohne Fett goldbraun rösten. Die Petersilie waschen und trocken schütteln. Die Blättchen abzupfen und fein hacken; mit den Pinienkernen unter den Gemüsesalat heben.

7 Die angefrorenen Hummerschwänze aus den Folien wickeln und mit einem sehr scharfen Messer hauchdünn aufschneiden. Die Scheiben fächerartig auf Teller legen und den Gemüsesalat dazu anrichten.

Tipp Gegarte und ausgelöste Hummerschwänze bekommen Sie beim Fischhändler und im Feinkostladen. Verwenden Sie keine TK-Ware, da die Hummer nochmals eingefroren werden. Sie können auch 2 lebende Hummer (je 800 g) kaufen und diese selbst garen, wie auf Seite 114 beschrieben; das Auslösen des Hummerschwanzes wird auf Seite 118 gezeigt.

Hummer-Sepia-Gröstl

600 g neue kleine Kartoffeln
Salz
6 küchenfertige mittelgroße Sepien (etwa 600 g)
1 EL Olivenöl
2 Hummer (je etwa 600 g), vom Fischhändler vorgaren, auslösen und die Hummerbeine mitgeben lassen
½ Bund Koriandergrün
4 EL Sonnenblumenöl
grobes Meersalz
frisch gemahlener Pfeffer
½ Zitrone

1 Die Kartoffeln gründlich waschen und in Salzwasser etwa 15 Minuten kochen, bis sie weich sind, aber nicht zerfallen. Abgießen und abkühlen lassen. Die Sepien kalt abwaschen, trocken tupfen und in je vier bis sechs Stücke teilen (je nach Größe).

2 Die Tintenfischstücke in einer sehr heißen Pfanne im Olivenöl nur 30 Sekunden anbraten; herausnehmen und beiseitestellen. Das Hummerfleisch in fingerdicke Stücke schneiden.

3 Die gegarten Kartoffeln mit Schale längs vierteln. Koriandergrün waschen und trocken schütteln, dann grob hacken. Das Sonnenblumenöl in einer Pfanne erhitzen und die Kartoffeln darin bei mittlerer Hitze braten, bis sie beginnen, Farbe anzunehmen. Die Pfanne dabei gelegentlich schwenken.

4 Das zerkleinerte Hummerfleisch, die Hummerbeine und die Sepiastücke zu den Kartoffeln geben und 5 Minuten mitbraten. Das Ganze mit wenig Meersalz und Pfeffer würzen. Koriander untermischen und das Ganze weitere 2 Minuten braten.

5 Das Gröstl auf vorgewärmte Teller verteilen, die Hummerbeine dabei am Tellerrand dekorativ anrichten. Das Gericht vor dem Servieren mit etwas Zitronensaft beträufeln. Dazu passt Feldsalat.

Gemüse-Hummer-Ragout

mit Weintraubensauce

2 gegarte Hummer (je 800 g)
4 Schalotten
2 Zucchini
2–3 Möhren
150 g dünne grüne Bohnen
Salz
4 EL Öl
frisch gemahlener weißer Pfeffer
2 TL gehackte Petersilie

Für die Sauce
4 Schalotten
150 ml trockener Weißwein
4 TL gehackte Zitronenmelisse
Salz
200 g Butter
etwa 20 Weintrauben

1 Die Hummer zerteilen und auslösen, wie auf den Seiten 114 und 115 gezeigt. Das Hummerfleisch in Scheiben schneiden. Das Scherenfleisch eventuell grob hacken.

2 Die Schalotten schälen und längs halbieren, dann in feine Streifen schneiden. Zucchini, Möhren und Bohnen putzen. Zucchini und Möhren in Streifen schneiden. Mit den grünen Bohnen kurz in sprudelnd kochendes Salzwasser geben, abgießen und sofort in Eiswasser abschrecken; gut abtropfen lassen.

3 Das Öl in einer Pfanne erhitzen und das Gemüse dazugeben. Mit wenig weißem Pfeffer würzen und die gehackte Petersilie untermischen. Das Gemüse nicht zu lange dünsten – es soll noch bissfest sein. Das Hummerfleisch (Scheiben und Scherenfleisch) zum Gemüse in die Pfanne geben, unterheben und zugedeckt warm werden lassen.

4 Für die Sauce die Schalotten schälen und fein würfeln. Den Wein mit den Schalotten in einer Kasserolle aufkochen und etwas einkochen lassen.

5 Die Zitronenmelisse untermischen und die Sauce salzen. Die Butter mit einem Schneebesen in kleinen Stückchen unter die Sauce schlagen, um diese zu binden.

6 Die Weintrauben häuten und in der Sauce erhitzen. Das Gemüse mit den Hummerstücken auf zwei Teller anrichten, mit der Sauce übergießen und sofort servieren.

Hummer Newburg

2 lebende weibliche Hummer (je etwa 800 g)
3 l Court-Bouillon (siehe Seite 104)
6 EL Olivenöl
Salz
frisch gemahlener weißer Pfeffer
40 ml Weinbrand
50 ml trockener Sherry
250 g Sahne
200 ml reduzierter Fischfond
2 EL Butter
2 EL Mehl

1 Die Hummer säubern. Um die Hummer zu töten, die Court-Bouillon in einem ausreichend großen Topf sprudelnd aufkochen. Den ersten Hummer mit dem Kopf voran hineingeben, nach 3 Minuten aus dem Topf heben. Den zweiten Hummer erst in die Bouillon legen, sobald sie wieder sprudelnd kocht.

2 Beide Hummer mit einem stabilen, scharfen Messer in grobe Stücke teilen und die Därme entfernen. Corail und Leber herausnehmen und aufbewahren (siehe Seite 114/115).

3 Das Olivenöl in einem Topf erhitzen. Die Hummerstücke darin unter ständigem Wenden kurz braten; mit Salz und Pfeffer würzen. Die Hummerstücke aus dem Topf nehmen. Das Fleisch aus den Schalen lösen, in eine Schüssel geben und warm stellen.

4 Das Öl aus dem Topf gießen. Weinbrand und Sherry in den Topf geben und aufkochen, dann um zwei Drittel einkochen lassen. Den Topf vom Herd nehmen. Die Sahne und reduzierten Fischfond unter die Reduktion rühren. Die Sauce bei schwacher Hitze zugedeckt etwa 15 Minuten köcheln lassen.

5 Die Butter mit den Corails, den Hummerlebern und dem Mehl zu einer glatten Masse verarbeiten. Diese portionsweise mit dem Schneebesen unter die Sauce schlagen.

6 Die Sauce noch mindestens 10 Minuten köcheln lassen, bis sie cremig ist; anschließend durch ein Sieb passieren. Die Hummerstücke auf Teller verteilen und mit der Sauce überziehen. Dazu passen Bandnudeln.

Tipp Sie benötigen weibliche Hummer für dieses Rezept, da nur diese Corail (Rogen) haben. Falls Sie keine bekommen, ersetzen Sie für die Sauce Butter, Corail und Leber durch fertige Hummerbutter.

RÖSLE

Geschmorter Hummer

Für 2 Portionen
1 lebender Hummer (etwa 1 kg)
Salz
frisch gemahlener Pfeffer
2 Schalotten
1 Knoblauchzehe
1 Möhre
1 Stange Sellerie
1 kleine Stange Lauch
200 g Tomaten
60 ml Öl
150 ml Weißwein
200 ml Fischfond
1 EL gehackter Estragon
1 EL gehackte Petersilie
2 EL stark konzentrierter Fischfond
20 g weiche Butter
100 g Sahne
Estragon zum Garnieren

1 Den Hummer mit dem Kopf voran in einen großen Topf mit sprudelnd kochendem Wasser geben und 4 Minuten darin ziehen lassen. Herausheben und sofort in Eiswasser abschrecken.

2 Die Scheren abdrehen. Nur den Kopfteil längs halbieren, den Panzer etwas ablösen und den Magensack entfernen. Leber und (falls vorhanden) Corail aus dem Kopfteil heben. Den Hummerschwanz mit einem scharfen Messer vom Kopfteil trennen. Die Beine mit leichtem Messerdruck von beiden Körperhälften abschneiden.

3 Die beiden unteren Gelenke der Hummerscheren jeweils längs halbieren und erst dann von den Scheren abtrennen. Die harten Panzer des dicken Scherenteils mit einem kräftigen Messerschlag seitlich anschneiden, die Scheren entweder quer halbieren oder mit dem Messerrücken aufklopfen.

4 Mit einem scharfen Messer die Hummerschwänze mitsamt Schale gleichmäßig in etwa 2 cm dicke Scheiben schneiden; das geht relativ leicht, weil der Panzer hier dünner ist als an den Scheren. Alle Hummerteile salzen und pfeffern.

5 Schalotten, Knoblauch und Möhre schälen, Sellerie und Lauch putzen. Schalotten und Möhre fein würfeln und den Knoblauch fein hacken. Die Selleriestange in Scheiben und den Lauch in Ringe schneiden. Die Tomaten überbrühen, abschrecken und häuten. Von Stielansätzen und Samen befreien und klein würfeln.

6 Das Öl erhitzen, Hummerteile hineinlegen und unter häufigem Wenden 3–4 Minuten kräftig anbraten. Schalotten mit Knoblauch, Sellerie, Lauch und Möhren unterrühren und glasig dünsten. Alles mit dem Wein ablöschen und den Fischfond dazugießen. Tomaten, Kräuter und den konzentrierten Fischfond unterrühren; salzen und pfeffern. Zugedeckt bei schwacher Hitze etwa 6 Minuten ziehen lassen.

7 Die Schwanzstücke herausnehmen, die restlichen Hummerteile noch 4–5 Minuten garen; ebenfalls herausnehmen und alle Hummerstücke warm stellen. Garsud etwas einkochen lassen.

8 Inzwischen die Butter mit der Leber und eventuell dem Corail in einer Schüssel glatt rühren; durch ein feines Sieb streichen. Die Mischung löffelweise in den eingekochten Garsud geben und diesen glatt rühren. Sahne dazugießen; die Sauce einige Minuten köcheln lassen. Durch ein Sieb passieren, mit Salz und Pfeffer abschmecken. Einen Saucenspiegel auf zwei Teller gießen und die Hummerstücke darauf anrichten. Mit Estragon garnieren; sofort servieren.

Krebsküchlein

150 g Weißbrot (vom Vortag)
400 g ausgelöstes Krebsfleisch (von 4 großen gekochten Taschenkrebsen)
1 Zwiebel
1 Knoblauchzehe
4 EL Butter
2 Zweige Thymian
½ TL Cayennepfeffer
½ Bund Petersilie
Salz

Außerdem
Zitronensaft
1 Bio-Zitrone, in Achtel geschnitten

1 Vom Weißbrot die Rinde entfernen. Das Brot mit etwas Wasser anfeuchten, auseinanderpflücken und in eine Schüssel geben. Das Krebsfleisch hinzufügen.

2 Zwiebel und Knoblauchzehe schälen. Die Zwiebel fein würfeln und den Knoblauch hacken. 1 EL Butter in einer Pfanne erhitzen. Die Zwiebelwürfel mit dem Knoblauch darin glasig dünsten.

3 Die Thymianblättchen von Zweigen streifen. Die Blättchen mit dem Cayennepfeffer zur Zwiebelmischung in die Pfanne geben. Das Krebsfleisch und das zerflückte Weißbrot hinzufügen und untermischen.

4 Die Petersilie waschen und trocken tupfen. Die Blättchen abzupfen und hacken. Ebenfalls zur Mischung in der Pfanne geben und unterrühren. Alles mit Salz abschmecken.

5 Die Krebsfleischmischung in eine Schüssel umfüllen. Gründlich mischen und dann mit angefeuchteten Händen aus der Krebsfleischmasse 12 Küchlein von je etwa 5 cm Ø formen.

6 Die restliche Butter (3 EL) in einer großen Pfanne erhitzen. Die Krebsküchlein darin, falls nötig, portionsweise in 8–10 Minuten auf beiden Seiten goldbraun braten.

7 Die Küchlein nach Belieben mit etwas Zitronensaft beträufeln und mit Zitronenachteln servieren. Dazu passt Chilisauce, Senf oder Mayonnaise.

Tipp Die knusprigen Küchlein können Sie auch mit Garnelenfleisch statt mit Krebsfleisch zubereiten.

Zucchiniblüten mit Krebsfüllung

8 Zucchiniblüten mit Fruchtansätzen
32 ausgelöste gegarte Flusskrebsschwänze (etwa 200 g)
je 1 kleine grüne und gelbe Zucchini
1 rote Paprikaschote
2 TL Butter
2 Scheiben Brioche (je ½ cm dick; ersatzweise Weißbrot)
1 Eiweiß
1–2 EL Crème double
1 EL gehackte Estragonblättchen
Salz
frisch gemahlener Pfeffer
50 ml Krebsfond
1 EL Butter

Außerdem
1 Spritzbeutel mit beliebiger Tülle
Butter für die Form

1 Die Zucchiniblüten waschen und die Stempel entfernen. Die Fruchtansätze längs im Abstand von 1–2 mm einschneiden, wie im Bild unten links gezeigt.

2 Die Hälfte der Flusskrebsschwänze in ½ cm große Würfel schneiden. Zucchini und Paprikaschote putzen, die Paprika mit dem Sparschäler schälen. Das Gemüse fein würfeln.

3 In einer Pfanne 1 TL Butter erhitzen und die Gemüsewürfel darin kurz dünsten; herausnehmen und abkühlen lassen. Die Briochescheiben in ½ cm große Würfel schneiden und in der restlichen Butter goldbraun rösten; ebenfalls abkühlen lassen.

4 Das Eiweiß halb steif schlagen und den Eischnee mit der Crème double mischen. Das gewürfelte Krebsfleisch, die kalten Gemüse- und Briochewürfel sowie den Estragon unter die Eischneemischung ziehen. Die Masse mit Salz und Pfeffer würzen und in den Spritzbeutel füllen.

5 Den Backofen auf 180 °C vorheizen. Die Zucchiniblüten mit der Masse füllen (siehe Bild unten links). Zum Verschließen der Blüten die Spitzen der Blütenblätter fest zusammendrehen. Die gefüllten Blüten in eine gebutterte ofenfeste Form setzen.

6 Den Krebsfond angießen, die Form mit Alufolie verschließen und die Zucchiniblüten im Ofen (Mitte) 15–20 Minuten garen. Die Blüten aus der Form nehmen, 4 quer halbieren. Die Butter in den Fond rühren; die restlichen Krebsschwänze darin erwärmen. Je 2 halbierte mit 1 ganzen Blüte, etwas Fond und 4 Krebsschwänzen anrichten.

Die zarten Fruchtansätze der Zucchini mit einem scharfen kleinen Messer von unten nach oben (also zur Blüte hin) alle 1–2 mm einschneiden, sodass sie sich auffächern lassen.

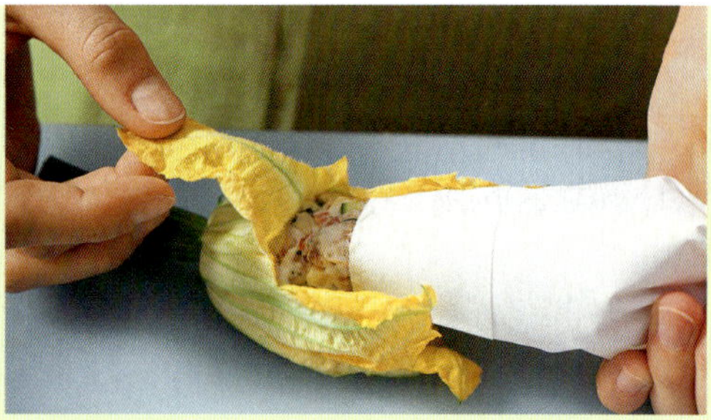

Die Krebsfüllung am besten mit einem Spritzbeutel in die Blüten geben. Anschließend die Blüten durch Zusammendrehen der Blütenblätter verschließen.

Tipps Zucchiniblüten lassen sich nicht nur wie im Rezept links beschrieben mit Krebsfleisch, sondern auch gut mit Muscheln, beispielsweise mit Miesmuscheln, füllen. Dafür ausgelöstes Muschelfleisch im Ganzen unter die Eischneemischung ziehen (Schritt 4) und die Zucchiniblüten mit der Muschelmasse füllen. Zum Angießen möglichst Muschelfond statt Krebsfond verwenden. Die restlichen Zutaten bleiben dieselben. Ein besondere Note, erhält die Füllung (egal welche) so: In einige blanchierte große Spinatblätter 1 ausgelöste, mit Pfeffer und Salz gewürzte Jakobsmuschel wickeln. Dieses Päckchen in die Mitte einer mit Farce gefüllten Zucchiniblüte drücken. Die Blüten, wie im Rezept angegeben, garen.

Gebratene Languste

mit Tonkabohnenjus

Für Langusten und Tonkabohnenjus
2 lebende Langusten (je etwa 700 g)
Salz
1 Gemüsezwiebel
2 Möhren
2 Stangen Sellerie
3 EL Olivenöl
2 EL Tomatenmark
50 ml Weinbrand
100 ml Weißwein
500 ml Fischfond
2 Lorbeerblätter
10 weiße Pfefferkörner
1 Thymianzweig
1 Tonkabohne (ersatzweise das Mark von 1 Vanilleschote)
80 g kalte Butter in Würfeln

Für Auberginen und Spinat
1 Aubergine
Salz
500 g Blattspinat
frisch gemahlener Pfeffer
etwas Mehl zum Wenden
2 Eier
150 g Semmelbrösel
etwa 50 ml Olivenöl zum Ausbacken
2 EL gehackte Kräuter (Petersilie, Thymian, Basilikum)
20 g Butter
frisch geriebene Muskatnuss

1 Die Langusten in sprudelndem Salzwasser 10 Minuten kochen. Herausnehmen und sofort kalt abschrecken. Jeweils den Schwanz wie bei einem Hummer abdrehen (siehe Seite 118). Die Köpfe ausspülen und die Karkassen klein schneiden.

2 Für den Tonkabohnenjus Zwiebel, Möhren und Sellerie putzen und zerkleinern. Karkassen in 3 EL Olivenöl anrösten, dann das Gemüse 5 Minuten mitbraten. Tomatenmark mitrösten, bis alles Farbe bekommt. Das Ganze mit Weinbrand und Wein ablöschen. Den Fischfond dazugießen; Lorbeer, Pfefferkörner und Thymian hinzufügen und alles 20 Minuten kochen lassen. Währenddessen die Aubergine waschen und in 12 etwa 1 cm dicke Scheiben schneiden; leicht salzen und 15 Minuten ziehen lassen. Spinat waschen, putzen.

3 Anschließend den Gemüsesud durch ein feines Sieb gießen und auf etwa 150 ml einkochen lassen. Die Tonkabohne gut zur Hälfte in die Sauce reiben (Muskatreibe). Alles 5 Minuten köcheln lassen. 50 g Butterwürfel in die Sauce schlagen. Warm halten.

4 Die Langustenschwänze längs halbieren und die Innereien herausnehmen. Langustenfleisch salzen und in 30 g Butter auf der Fleischseite 2 Minuten anbraten, bis es etwas Farbe angenommen hat. Auf der Schalenseite weitere 4 Minuten braten; warm halten.

Für den Tonkabohnenjus werden Gemüse, Karkassen und Tomatenmark angeröstet. Dann wird alles mit Weinbrand, Wein und Fischfond abgelöscht.

5 Die Auberginenscheiben pfeffern. Zum Panieren jeweils in Mehl, verquirlten Eiern und Semmelbröseln wälzen. Im Olivenöl von allen Seiten goldbraun braten, dann die gehackten Kräuter dazugeben. Die Butter in einem Topf erhitzen und den Spinat darin zusammenfallen lassen. Mit Salz, Pfeffer und Muskat abschmecken.

6 Zum Servieren die Langustenschwänze mit Auberginen, Spinat und etwas Tonkabohnenjus auf vorgewärmten Tellern dekorativ anrichten.

Panierte Austern

mit Gemüse und Speck

12 Austern
2 Eier
100 g Semmelbrösel

Für Gemüse und Speck
8 Scheiben Bacon
100 g Zwiebeln
8 Kirschtomaten
40 g Butter
3 Eier
30 g Sahne
30 g frisch geriebener Parmesan
Salz
1 EL gehackte Petersilie

Außerdem
1 EL gehackte Petersilie zum Bestreuen
frisch gemahlener Pfeffer

1 Die Austern, wie auf Seite 76 beschrieben, auslösen. Zum Panieren des Austernfleischs die Eier in einer Schüssel verschlagen und die Semmelbrösel auf einen Teller geben. Das Austernfleisch zuerst in das verschlagene Ei tauchen, dann in den Semmelbröseln wenden, überschüssige Brösel abklopfen.

2 Die Baconscheiben, falls nötig, von Schwarte und Knorpeln befreien, dann quer in Stücke schneiden. Die Zwiebeln schälen und in Ringe schneiden. Die Tomaten halbieren und die Stielansätze entfernen.

3 Die Butter in einer Pfanne zerlassen und den Speck darin knusprig braten. Herausnehmen und auf Küchenpapier abtropfen lassen. Die Zwiebelringe in die Pfanne geben und 1 Minute braten. Die panierten Austern hinzufügen und auf jeder Seite 1 Minute braten, dann die halbierten Tomaten und den gebratenen Speck dazugeben.

4 Die Eier und das restliche verschlagene Ei der Panierung sowie die Sahne, den Parmesan, das Salz und die Petersilie in einer Schüssel verquirlen.

5 Die Eimischung zu den Austern in die Pfanne gießen und erhitzen, bis die Eier zu stocken beginnen. Dabei nicht umrühren. Den Backofengrill vorheizen. Die Pfanne mit der Austernmischung kurz darunterstellen, bis die Mischung hell gratiniert ist.

6 Das Gericht mit der gehackten Petersilie bestreuen; mit Salz und Pfeffer abschmecken und mit Baguette servieren.

Muscheln in Tomatensauce

700 g Miesmuscheln
700 g Venusmuscheln
1 Zwiebel, 1 keine Möhre
30 g Lauch
1 Stange Sellerie
1 EL Olivenöl
100 ml Weißwein
1 Lorbeerblatt
2 Zweige Thymian
2 Stängel Petersilien

Für die Tomatensauce
800 g reife Flaschentomaten
100 g Zwiebeln
2 Knoblauchzehen
2 kleine Chilischoten
2 EL Olivenöl
frisch gemahlener Pfeffer, Salz
2 EL gehackte Kräuter (Petersilie, Thymian)
Zesten von ½ Bio-Zitrone

1 Die Muscheln unter fließendem kaltem Wasser waschen und abbürsten. Die Bärte von den Muscheln entfernen. Offene Muscheln wegwerfen. Zwiebel und Möhre schälen, Lauch und Sellerie putzen und alles in etwa ½ cm große Würfel schneiden.

2 Das Öl in einem Topf erhitzen. Die Zwiebel mit den Gemüsewürfeln darin glasig dünsten. Die Muscheln hinzufügen und den Wein dazugießen. Lorbeerblatt, Thymian und Petersilie hinzufügen. Die Muscheln zugedeckt 6–8 Minuten dämpfen.

3 Die gedämpften Muscheln in ein Sieb schütten, dabei den Sud auffangen. 200 ml Sud abmessen und beiseitestellen. Muscheln, die sich nicht geöffnet haben, aussortieren und wegwerfen.

4 Für die Sauce die Tomaten überbrühen, abschrecken und häuten. Von Stielansätzen und Samen befreien und in Stückchen schneiden bzw. hacken. Die Samen durch ein Sieb passieren, dabei den Saft auffangen.

5 Zwiebeln und Knoblauch schälen, fein würfeln. Die Chilis halbieren und entkernen. Das Fruchtfleisch fein hacken. Die Zwiebel mit Knoblauch im Öl glasig dünsten. Tomatenstückchen und Chili kurz mitdünsten. Den aufgefangenen Tomatensaft und den Muschelsud dazugießen. Alles mit Pfeffer und Salz würzen. Kräuter und die Hälfte der Zitronenzesten hineinstreuen und die Sauce bei schwacher Hitze 20 Minuten köcheln lassen.

6 Die Muscheln in der Tomatensauce erwärmen; die Sauce mit Salz und Pfeffer abschmecken. Das Gericht auf tiefe Teller verteilen, mit den übrigen Zitronenzesten bestreuen und servieren. Dazu passt knuspriges Baguette.

Tipp Denken Sie daran, ausreichend Papierservietten und möglichst noch Fingerschälchen mit auf den Tisch zu stellen.

Kräutermuscheln

3 kg Venusmuscheln (Vongole)
3 Knoblauchzehen
2 rote Zwiebeln
1 Petersilienwurzel
2 Stangen Sellerie mit Grün
je 1 Zweig Salbei und Rosmarin
2 Zweige Thymian
3 EL Olivenöl
400 ml Weißwein
200 ml Fischfond
je 1 Bund glatte Petersilie und Schnittlauch

1 Die Muscheln unter fließendem kalten Wasser gründlich abbürsten und bereits geöffnete Exemplare aussortieren.

2 Die Knoblauchzehen nicht schälen, sondern nur andrücken. Die Zwiebeln schälen und fein hacken. Die Petersilienwurzel und die Selleriestangen schälen bzw. putzen und in Würfel bzw. Scheiben schneiden. Die Kräuter und die Sellerieblätter zu einem Sträußchen zusammenbinden.

3 Das Öl in einem Topf erhitzen und die Ziwebeln darin glasig dünsten. Das Gemüse hinzufügen und kurz mitdünsten. Die Muscheln in den Topf geben und den Wein angießen. Knoblauch und Kräutersträußchen zu den Muscheln in den Topf geben und alles 15–20 Minuten dämpfen. Nach 10 Minuten den Fischfond dazugießen.

4 Petersilie und Schnittlauch waschen und trocken schütteln; die Blätter bzw. Halme fein zerkleinern. Das Kräutersträußchen aus dem Topf nehmen und die gehackten Kräuter unter die Muscheln mischen.

5 Die Muscheln samt Sud auf Tellern servieren. Muscheln, die sich nicht geöffnet haben, dürfen nicht gegessen werden. Dazu passt frisches Weißbrot.

Jakobsmuscheln

mit Zitrus-Chili-Dressing

Für die Vinaigrette
1 Chilischote
1 rote Zwiebel
1 Orange
1 rosa Grapefruit
1 Limette
1 Zitrone
3 EL Traubenkernöl
3–4 EL Olivenöl
2 EL gehackter Estragon
2 EL gehacktes Koriandergrün
1 EL Honig
Salz, frisch gemahlener Pfeffer

Für die Muscheln
8 Jakobsmuscheln in der Schale
Saft von ½ Zitrone
Salz
frisch gemahlener Pfeffer
2 EL Olivenöl

Außerdem
4 Bambusspießchen

1 Für die Vinaigrette die Chili längs halbieren und quer in feine Streifen schneiden. Zwiebel schälen und fein würfeln.

2 Die Zitrusfrüchte so dick schälen, dass die weiße Haut mit entfernt wird und die Fruchtfilets auslösen. Den austretenden Saft in einer Schüssel auffangen.

3 Die Zitrusfruchtfilets klein würfeln. Mit Chili, Zwiebel, den Ölen und Kräutern in die Schüssel geben. Die Vinaigrette mit Honig, Salz und Pfeffer würzen.

4 Die Muscheln kalt abwaschen. Zum Öffnen die Muscheln mit der gewölbten Schalenhälfte in eine Handfläche legen. Mit einem kurzen Messer am Schalenrand entlangfahren, dabei den Schließmuskel durchtrennen, dann die obere Schale abheben. Das Muschelinnere mit dem Messer von der unteren Schalenhälfte lösen, dann das weiße Muskelfleisch vom orangeroten Rogen (Corail) trennen. Den grauen Rand entfernen (siehe Seite 132/133).

5 Das weiße Muschelfleisch und den Rogen kalt abwaschen, trocken tupfen und mit Zitronensaft beträufeln. Leicht salzen und pfeffern und auf Küchenpapier legen.

6 Das Muschelfleisch mit etwas Olivenöl bestreichen und jeweils 2 Muscheln abwechselnd mit 2 Stücken Corail auf die Spieße stecken. Eine Grillpfanne mit dem restlichen Olivenöl fetten und erhitzen. Die Spieße darin auf jeder Seite 1–2 Minuten grillen. Auf Tellern anrichten und mit der Vinaigrette beträufeln; sofort servieren. Dazu passt Brot.

Jakobsmuscheln

auf Vanillepüree und Karamelläpfeln

Für das Vanille-Kartoffelpüree
500 g mehligkochende Kartoffeln
Salz, 2 Zweige Thymian
etwa 200 g Sahne, 50 g Butter
2 Vanilleschoten

Für die Karamelläpfel
2 feste, süßsäuerliche Äpfel (z. B. Gravensteiner, Elstar)
4 EL Zucker, etwas Zitronensaft

Für die gebratenen Muscheln
16 ausgelöste Jakobsmuscheln
2 EL Mehl zum Wenden
3 EL Walnussöl, Meersalz
Petersilie zum Garnieren

Außerdem
Spritzbeutel

1 Für das Püree die Kartoffeln schälen und in wenig Salzwasser in etwa 20 Minuten weich dämpfen. Thymian mit Sahne, Butter und etwas Salz in einen Topf geben. Vanilleschoten längs aufschneiden, das Mark auskratzen und mit den Schoten in den Topf geben. Alles aufkochen; 5 Minuten ziehen lassen. Vanilleschoten und Thymian herausnehmen.

2 Die Kartoffeln abgießen, ausdampfen lassen, pellen. Sahnemischung erneut aufkochen lassen, die Kartoffeln durch die Presse dazudrücken, alles durchrühren und mit Salz abschmecken. Sollte das Püree zu fest sein, noch etwas Sahne unterrühren.

3 Die Äpfel waschen, vierteln und entkernen. Die Viertel in je drei gleichmäßige Spalten schneiden. Den Zucker in einer Pfanne karamellisieren lassen. Die Apfelspalten in den Karamell legen und mit einem Holzlöffel wenden. Mit einem Spritzer Zitronensaft ablöschen und kurz ziehen lassen. Die Äpfel aus der Pfanne nehmen und warm halten. Den Karamell-Bratsatz mit 3 EL Wasser kurz aufkochen lassen; ebenfalls warm halten.

4 Das Muschelfleisch kalt abwaschen und trocken tupfen. Auf beiden Seiten in Mehl wenden. In einer großen Pfanne das Walnussöl stark erhitzen und das Muschelfleisch darin auf jeder Seite 1–1 ½ Minuten braten; im Inneren dürfen die Muscheln noch leicht glasig sein. Mit Meersalz würzen.

5 Das Vanillepüree in einen Spritzbeutel füllen und auf vorgewärmte Teller spritzen. Die Apfelspalten dazu anrichten. Die Jakobsmuscheln auf das Püree legen und mit Petersilie und nach Belieben feinen Vanilleschotenstreifchen garnieren.

Spezielle Geräte erleichtern nicht nur Profis die Vorbereitung von Fischen und Meeresfrüchten. Mit einem Fischentschupper (linkes Bild) lassen sich beispielsweise die Schuppen von Fischen einfach entfernen und mit einer Spitzzange (rechtes Bild) kann man u. a. problemlos das Fleisch aus Hummerscheren herausziehen.

Geräte in der Seafoodküche

Küchenwerkzeug für Fisch und Meeresfrüchte

Ob Schuppen, Ausnehmen, Filetieren und Häuten von Fisch oder das Öffnen von Muscheln oder das Schälen von Krustentieren – mit den richtigen Gerätschaften gelingt dies leichter und vor allem auch sicherer. Im Folgenden sind Spezialgeräte aufgeführt, die für die Vor- und Zubereitung von Fisch und Meeresfrüchten hilfreich sind. Achten Sie bei allen Geräten, die einen Griff haben, darauf, dass dieser rutschfest ist und gut in der Hand liegt. Nehmen Sie sich beim Kauf neuer Werkzeuge Zeit, um sie im Laden, so gut es geht, auszuprobieren.

Fischentschupper
Ein Fischentschupper sollte eine kleine enge Zahnung haben, damit er auch feine Schuppen erfasst und schwierige Stellen des Fischs erreicht. Achten Sie darauf, dass Sie beim Schuppen des Fisches seine Haut nicht verletzen.

Fischheber
Um einen gegarten Fisch beispielsweise aus dem Sud zu heben, ist ein spezieller Fischheber mit breiter, geschwungener Schaufel hilfreich. So kann der Fisch beim Herausheben nicht abrutschen.

Fischbackschaufel
Sie eignet sich gut zum Anheben und Wenden von Fisch, speziell beim Braten. Durch die Schlitze im Blatt kann Fett oder Flüssigkeit ablaufen.

Grätenzange
Ein unentbehrliches Utensil zum perfekten Entgräten von Fischfilets. Eine breite Greiffläche ermöglicht das Greifen von großen und kleinen feinen Gräten. Alternativ können Sie auch eine kleine Zange aus dem Baumarkt verwenden. Eine herkömmliche Pinzette ist hingegen völlig ungeeignet.

Grätenpinzette
Sie kann eine Alternative zur Grätenzange sein. Entscheidend bei der Pinzette (genauso wie bei der Zange) ist, dass die Enden, mit denen die Gräten gefasst werden, gut zusammenkneifen und kein Herausrutschen der Gräten möglich ist.

Fischzange
Mit diesem Gerät können Sie mithilfe der Rillen der breiten Arbeitsfläche den Fisch greifen, ohne dass er dabei zerfällt.

Küchenschere
Eine gute Küchenschere benötigen Sie in der Seafood-Küche zum Beispiel zum Abschneiden von Flossen und Kiemen oder zum Vorbereiten von Garnelen und anderen Meeresfrüchten.

Spitzzange
Ein hilfreiches Gerät bei der Zubereitung von Krusten- und Schalentieren, zum Beispiel zum Herauslösen von Hummerfleisch aus den Scheren.

Austernbrecher
Achten Sie beim Kauf eines Austernbrechers darauf, dass er aus stabilem Edelstahl ist. Damit lassen sich Austern und Muscheln einfach öffnen.

Austernmesser
Eine Alternative zum Austernbrecher ist ein Spezialmesser mit einer Edelstahlklinge, die spitz zuläuft, sodass man damit in die harte Austernschale einstechen kann.

Messer
Sie gehören in eine gut ausgestattete Fischküche: Ein großes, stabiles Kochmesser kann zum Schuppen verwendet werden und zum Durchtrennen fester Gräten und Mittelgräten. Mit einem kurzen stabilen Sägemesser lässt sich der Fischkopf gut abtrennen. Zum Filetieren und Häuten von Fischen brauchen Sie dagegen ein scharfes Messer mit flexibler Klinge. Ein Lachsfilet lässt sich mit einem Lachsmesser besonders leicht in hauchdünne Scheiben schneiden.

Filets sollten möglichst grätenfrei sein – so entsprechen sie den Wünschen der meisten Genießer. Mithilfe einer Grätenzange lassen sich feine Gräten aus dem Filet entfernen (linkes Bild).
In der Seafood-Küche ist eine Küchenschere unentbehrlich, mit ihr lassen sich z. B. leicht Flossen abschneiden (rechtes Bild).

Jakobsmuscheln

im Knuspermantel

Für die Muscheln
20 ausgelöste Jakobsmuscheln mit Rogen
250 g Krupuk (Garnelenchips), ungebacken
2 Eier
Mehl zum Panieren
Salz
500 ml Sonnenblumenöl zum Frittieren

Für das Püree
1 Schalotte
400 g Möhren
150 g Kartoffeln
2 EL Sonnenblumenöl
1 Stück in Sirup eingelegter Ingwer (4 cm)
Salz, frisch gemahlener Pfeffer
Zucker
200–250 ml Geflügelfond
etwa 100 g Sahne

Für die Kaviarbuttersauce
2 Schalotten
1 TL Butter
50 ml Weißwein
30 ml Weißweinessig
100 ml Fischfond
2 EL Crème fraîche
175 g kalte Butter in kleinen Würfeln
Salz
frisch gemahlener Pfeffer
100 g Kaviar (z. B. Forellenkaviar)

1 Das Muschelfleisch kalt abwaschen und trocken tupfen. Krupuk im Blitzhacker zu grobem Pulver verarbeiten, das Pulver auf einen flachen Teller geben. Die Eier in einem tiefen Teller verschlagen. Das Mehl auf einen weiteren Teller geben.

2 Für das Püree die Schalotte schälen und fein würfeln. Die Möhren und die Kartoffeln schälen und in ½ cm große Würfel schneiden. Alles in 2 EL Sonnenblumenöl andünsten. Den Ingwer klein schneiden und dazugeben. Mit Salz, Pfeffer und 1 Prise Zucker würzen. 200 ml Geflügelfond angießen und aufkochen lassen.

3 Die Möhrenmischung 10–15 Minuten köcheln lassen, bis alles weich ist, falls nötig, mehr Fond dazugießen. Die Möhrenmischung durch ein Sieb streichen und so viel Sahne unterrühren, bis das Püree locker, aber nicht zu weich ist. Das Möhren-Ingwer-Püree abschmecken und warm halten.

Für die Kaviarbutter den Weißwein, den Essig und den Fischfond zu den Schalotten gießen; aufkochen und auf die Hälfte einkochen lassen.

Reduktion durch ein Sieb passieren. Die Crème fraîche, dann die Butter nach und nach einrühren. Die Sauce mit Salz und Pfeffer abschmecken.

Erst kurz vor dem Servieren die Hälfte des Kaviars vorsichtig in die Buttersauce rühren.

4 Für die Kaviarbutter die Schalotten schälen und fein würfeln; in der Butter glasig dünsten. De Kaviarbutter weiter zubereiten, wie in der Bildreihe auf Seite 392 unten beschrieben.

5 Das Öl zum Frittieren der Muscheln in einer Fritteuse oder in einem Topf auf 170 °C erhitzen. Jakobsmuskelfleisch und Rogen (Corail) salzen; nacheinander panieren. Dafür immer ein Stück auf eine Gabel stecken und dieses in Mehl, Eiern und Krupuk panieren. Die Muscheln im heißen Öl hellbraun ausbacken. Nicht zu viele auf einmal backen, sonst wird die Panierung nicht knusprig. Die Muscheln mit einem Sieblöffel herausheben, auf Küchenpapier abtropfen lassen und leicht salzen.

6 Das Möhren-Ingwer-Püree auf einem Spiegel von Kaviarbutter anrichten. Verteilen Sie die Hälfte des Kaviars darauf. Die Muscheln um Püree und Kaviarbuttersauce verteilen.

Scampispieß

in Orangen-Pfeffer-Butter

Für die Safrannudeln
100 g Mehl
50 g Hartweizengrieß
0,1 g gemahlener Safran
3 EL Olivenöl
1 Eigelb
1 Ei
Salz

Für die Spieße
1 kleine Zucchini (15 cm lang)
16 Scampischwänze (Kaisergranatschwänze; geschält, mit Schwanzfächer)
4 Flaschentomaten oder feste kleine Strauchtomaten
Salz
frisch gemahlener Pfeffer
2 EL Olivenöl

Für die Orangen-Pfeffer-Butter
1 Schalotte
150–180 g kalte Butter in kleinen Würfeln
100 ml Orangensaft
50 ml trockener Weißwein
2 EL Crème fraîche
2 EL grüner Pfeffer (aus dem Glas)

Außerdem
4 lange Holzspieße

1 Für die Nudeln aus Mehl, Grieß, Safran, 1 EL Olivenöl, Eigelb, Ei, 1 EL Wasser und ½ TL Salz einen festen Nudelteig herstellen. Diesen in Frischhaltefolie wickeln und für etwa 2 Stunden in den Kühlschrank legen.

2 Für die Spieße gegen Ende der Kühlzeit die Zucchini waschen und von Stiel- und Blütenansatz befreien. Die Frucht in 12 etwa 1 cm dicke Scheiben schneiden und diese abwechselnd mit den Scampischwänzen auf die Holzspieße stecken. Tomaten waschen, von den Stielansätzen befreien und quer in etwa 2 cm dicke Scheiben schneiden.

3 Den Nudelteig dünn ausrollen – am besten mit der Nudelmaschine – und in etwa ½ cm breite Streifen schneiden.

4 Für die Sauce die Schalotte schälen und fein würfeln. Etwas Butter in einem Topf erhitzen und die Schalotte darin glasig dünsten. Orangensaft und Weißwein angießen und die Flüssigkeit auf etwa die Hälfte einkochen lassen.

5 Die Saucenreduktion durch ein feinmaschiges Sieb passieren. Bei schwacher Hitze zuerst die Crème fraîche und dann die restliche Butter nach und nach einrühren. Den grünen Pfeffer dazugeben und die Orangen-Pfeffer-Buttersauce mit Salz abschmecken; warm halten.

6 Die Scampispieße mit Salz und Pfeffer würzen. In einer großen Pfanne im Olivenöl auf beiden Seiten scharf anbraten. Tomatenscheiben dazugeben. Die Pfanne noch 3 Minuten auf dem ausgeschalteten Herd oder bei schwächster Hitze stehen lassen, bis die Scampi durchgegart und die Tomaten heiß sind.

7 Inzwischen in einem großen Topf reichlich Salzwasser für die Safrannudeln aufkochen. Die Nudeln darin etwa 1 Minute garen. Abgießen, in eine Schüssel füllen und 2 EL Olivenöl darübergeben, damit sie nicht zusammenkleben. Die Nudeln auf Tellern verteilen und die Orangen-Pfeffer-Butter darüberlöffeln. Die Scampispieße anrichten.

Tipp Damit Sie den Nudelteig gut mit einem Rollholz von Hand ausrollen können, müssen Sie ihn etwas weicher zubereiten als für das Auswalzen mit der Maschine. Außerdem darf der Teig ohne Weiteres länger im Kühlschrank ruhen, auch das macht ihn leichter ausrollbar.

Tintenfisch

mit Ziegenkäse-Risotto

Für den Tintenfisch
1 küchenfertiger Krake (etwa 450 g)
Salz, frisch gemahlener Pfeffer
1 Scheibe magerer Räucherspeck
je 1 Stück Möhre, Stangensellerie und Lauch (je etwa 20 g)
1 Schalotte
1 EL Olivenöl zum Dünsten
½ EL Tomatenmark
500 ml Rotwein
2 Tomaten
1 angedrückte Knoblauchzehe
1 Zweig Thymian

Für den Risotto
1 Schalotte
50 g Butter
150 g Risottoreis (z. B. Carnaroli)
Salz
50 ml trockener Weißwein
1 l heiße Geflügelbrühe
60 g Ziegenfrischkäse
2 EL frisch geriebener Parmesan
frisch gemahlener Pfeffer

Außerdem
Basilikum oder Thymian zum Garnieren

1 Den Kraken waschen, trocken tupfen, mit wenig Salz und Pfeffer würzen. Den Speck sehr fein würfeln. Möhre, Sellerie und Lauch waschen. Schalotte und Möhre schälen und das gesamte Gemüse sehr fein würfeln.

2 Das Olivenöl in einem flachen breiten, ofenfesten Topf oder in einem Bräter erhitzen. Die Speckwürfel mit den Gemüse- und Schalottenwürfeln darin anbraten. Das Tomatenmark unterrühren, dann mit so viel Rotwein ablöschen, dass der Topfboden bedeckt ist. Die Flüssigkeit einkochen lassen und diesen Vorgang zwei- bis dreimal wiederholen, bis der ganze Wein vollständig eingekocht ist.

3 Den Backofen auf 160 °C vorheizen. Tomaten waschen und in mittelgroße Würfel schneiden. Tomatenwürfel, Knoblauch, Thymianzweig und den Kraken in den Topf geben. So viel Wasser angießen, bis der Krake etwa bis zur Hälfte mit Flüssigkeit bedeckt ist. Zugedeckt im Ofen etwa 1 Stunde schmoren. Während der ersten Hälfte der Garzeit immer wieder mit dem Fond übergießen.

4 Etwa 30 Minuten vor Ende der Garzeit für den Risotto die Schalotte schälen und sehr fein würfeln. In einem Topf 1 EL Butter erhitzen und die Schalotte darin glasig dünsten. Den Reis hinzufügen und leicht salzen. Mit Weißwein ablöschen und die Flüssigkeit bei mittlerer Hitze unter Rühren einkochen lassen. Etwas heiße Geflügelbrühe dazugießen und köcheln lassen, bis der Reis sie aufgesogen hat. Den Vorgang so oft wiederholen, bis der Reis weich, aber noch körnig ist.

5 Den Kraken aus dem Topf nehmen und ruhen lassen. Den Fond durch ein Sieb in einen Topf passieren und um gut zwei Drittel einkochen lassen. Ziegenkäse, Parmesan und die restliche Butter unter den Risotto mischen. Mit Salz und Pfeffer abschmecken.

6 Den Kraken in 3 cm große Stücke schneiden, diese in dem reduzierten Fond wenden. Den Risotto auf Tellern anrichten. Die Krakenstücke mit einer Gabel aus dem Fond heben und auf dem Reis anrichten. Mit Basilikum oder Thymian garnieren.

Tintenfische mit Tomaten

250 ml trockener Weißwein
20 g getrocknete Steinpilze
1 kg küchenfertige kleine Tintenfische (Sepien)
500 g Tomaten
2 Zwiebeln
2 Knoblauchzehen
100 ml Olivenöl
Salz
frisch gemahlener Pfeffer
100–125 ml Fischfond

Außerdem
1 Bund glatte Petersilie
½ Bund Basilikum

1 Den Wein erwärmen und die getrockneten Pilze darin einweichen. Inzwischen die Tintenfische abspülen, trocken tupfen und in kleine Stücke schneiden.

2 Die Tomaten blanchieren und häuten. Von Stielansätzen und Samen befreien und klein schneiden. Zwiebeln und Knoblauch schälen, die Zwiebeln fein würfeln, den Knoblauch hacken.

3 Das Öl in einer großen Pfanne erhitzen. Zwiebeln und Knoblauch darin andünsten. Die Pilze aus dem Wein nehmen und ausdrücken, den Wein auffangen. Die Pilze hacken, in die Pfanne geben und kurz mitbraten. Die Tomaten und den Wein-Pilz-Sud dazugeben. Alles mit Salz und Pfeffer würzen und etwa 10 Minuten bei schwacher Hitze garen.

4 Die Tintenfische dazugeben und zugedeckt etwa 50 Minuten schmoren, dabei nach und nach den Fischfond dazugießen und gut unterrühren.

5 Petersilie und Basilikum waschen und trocken schütteln. Die Blätter abzupfen und klein schneiden. Das Gericht auf tiefe Teller verteilen, mit den Kräutern bestreuen und servieren. Dazu passt Weißbrot.

Gefüllte Kalmare

Für die Füllung
100 g Langkorn-Naturreis
3 EL Olivenöl
250 ml Fischfond
Salz
300 g Miesmuscheln
30 g Zwiebel
1 angedrückte Knoblauchzehe
2 Zweige Thymian
80 ml Weißwein
100 g Zucchini
80 g rote Paprikaschote
50 g Lauch
300 g Tomaten
frisch gemahlener schwarzer Pfeffer

Für die Kalmare
500 g küchenfertige kleinere Kalmare
40 g Butter
2 EL Olivenöl

Außerdem
Spritzbeutel
etwa 150 g Pesto

1 Den Reis für die Füllung waschen und über Nacht in kaltem Wasser einweichen.

2 Am nächsten Tag den Reis abgießen und in einem Sieb gut abtropfen lassen. Die Tuben (Beutel) der Kalmare innen und außen gut ausspülen. In einem Topf 1 EL Olivenöl erhitzen und den gut abgetropften Reis darin glasig dünsten. Den Fischfond angießen, leicht salzen und aufkochen lassen. Die Hitze reduzieren und den Reis etwa 20 Minuten köcheln lassen, bis er etwa halbweich ist.

3 Inzwischen die Miesmuscheln gründlich säubern und die Bärte abziehen. Bereits geöffnete Muscheln wegwerfen. Die Zwiebel schälen und würfeln. Die Zwiebelwürfel mit der Knoblauchzehe in 1 EL heißem Olivenöl glasig dünsten. Muscheln und Thymian hinzufügen. Mit dem Weißwein ablöschen und die Muscheln dämpfen, bis sie sich geöffnet haben. Nicht geöffnete Exemplare wegwerfen. Die Muscheln aus den Schalen lösen; beiseitestellen.

4 Zucchini, Paprika und Lauch waschen, putzen und klein würfeln. Die Tomaten überbrühen, abschrecken und häuten. Von Stielansätzen und Samen befreien und würfeln. In einem Topf 1 EL Öl erhitzen. Zucchini, Paprika und Lauch darin 2 Minuten dünsten, die Tomaten und den Reis untermischen. Die Mischung mit Salz und Pfeffer würzen. Köcheln lassen, bis die Flüssigkeit verdampft ist; auskühlen lassen.

5 Das ausgelöste Muschelfleisch unter die Reismischung heben. Die Masse mit einem Spritzbeutel mit großer Lochtülle in die Kalmare füllen – nicht zu prall, sie dehnt sich beim Garen noch etwas aus. Die Tentakel in die Öffnung stecken.

6 Den Backofen auf 180 °C vorheizen. Die Butter mit dem Olivenöl in einer großen Pfanne mit ofenfestem Griff erhitzen. Die gefüllten Kalmare darin rundherum anbraten. Die Pfanne in den Ofen Mitte) stellen und die Kalmare in 10–12 Minuten fertig garen. Mit etwas Pesto auf Tellern anrichten. Dazu passt eine Tomatensauce, die man nach Belieben noch mit Muschelfleisch verfeinern kann.

Scharfer Tintenfisch

aus dem Wok

600 g küchenfertige kleine Tintenfische (z. B. Calamaretti)
1 Zwiebel
2 Knoblauchzehen
15 g frische Ingwerwurzel
2 rote Chilischoten
1 Frühlingszwiebel
¼ Bund Thai-Basilikum
3 EL Palm- oder Sonnenblumenöl
3 EL Reiswein
2 EL Fischsauce
2 EL Austernsauce
Salz
frisch gemahlener Pfeffer
1 Prise Zucker

1 Die Tintenfische unter fließendem kaltem Wasser waschen und mit Küchenpapier trocken tupfen. Die Fangarme abschneiden und ganz lassen.

2 Die Tuben (Beutel) längs aufschneiden und mit einem scharfen Messer auf einer Seite rautenförmig einritzen, damit sie sich beim Garen nicht wölben. Die Tuben in Stücke schneiden.

3 Die Zwiebel, den Knoblauch und den Ingwer schälen und fein würfeln. Die Chilischoten entkernen, waschen und fein hacken. Die Frühlingszwiebel putzen, waschen und mit dem Grün in feine Ringe schneiden. Das Thai-Basilikum waschen und trocken schütteln. Blättchen abzupfen und fein zerkleinern.

4 Den Wok heiß werden lassen, dann das Öl hineingießen und erhitzen. Zwiebel und Knoblauch darin kurz anbraten. Die Tintenfische dazugeben und maximal 2 Minuten bei starker Hitze mitbraten. Die Tintenfische an den Wokrand schieben.

5 Die Chilis, den Ingwer und die Frühlingszwiebel sowie Reiswein, Fischsauce und Austernsauce in den Wok geben. Alles aufkochen, dann einkochen lassen. Tintenfische untermischen und nochmal kurz erwärmen.

6 Das Gericht mit Salz, Pfeffer, Zucker und Thai-Basilikum würzen; sofort servieren. Dazu passt Duftreis, gebratener Reis oder schmale Reisnudeln, die man noch mit Sesamöl vermischen kann.

Tintenfische

mit Kaninchenfüllung

16 kleine Tintenfische (Calamaretti; nicht ausgenommen, je etwa 20 g)
16 Holzspießchen

Für die Füllung
1 Möhre
1 Knoblauchzehe
1 Zwiebel
2 Kaninchenkeulen (je 200 g)
8 EL Olivenöl
1 EL Tomatenmark
150 ml Rotwein
5 EL Aceto balsamico
Meersalz
frisch gemahlener schwarzer Pfeffer
4 getrocknete Pflaumen
2 getrocknete Aprikosen
1 Schalotte
1 EL Rosinen
1 Lorbeerblatt
2 Zweige Thymian
2 Tropfen Trüffelöl

1 Die Tintenfische vorbereiten wie auf Seite 124/125 beschrieben, ohne die Tuben aufzuschneiden. Die Tuben (Beutel) und Fangarme trocken tupfen und zugedeckt kalt stellen.

2 Für die Füllung die Möhre putzen und schälen. Die Knoblauchzehe und die Zwiebel schälen und fein würfeln. Die Kaninchenkeulen waschen und trocken tupfen. 2 EL Öl in einem Topf erhitzen, die Kaninchenkeulen darin rundherum anbraten. Das vorbereitete Gemüse hinzufügen und kurz mitbraten. Das Tomatenmark dazugeben und 1 Minute mitbraten.

3 Das Fleisch und die Gemüsemischung mit dem Wein ablöschen, dann 2 EL Aceto balsamico sowie 400 ml Wasser hinzufügen. Den Flüssigkeit mit Salz und Pfeffer würzen und die Kaninchenkeulen etwa 45 Minuten darin schmoren.

4 Die Kaninchenkeulen aus dem Schmorsud heben und abkühlen lassen. Den Sud durch ein feinmaschiges Sieb passieren und auf die Hälfte einkochen lassen. Die getrockneten Früchte klein schneiden. Die Schalotte schälen und würfeln. Das Fleisch von den Kaninchenkeulen lösen und fein zerkleinern.

5 In einer Pfanne 2 EL Olivenöl erhitzen. Die Schalotten darin glasig dünsten. Fleisch, Pflaumen, Aprikosen und Rosinen hinzufügen. 3 EL reduzierten Sud und 3 EL Aceto balsamico unterrühren. Lorbeerblatt und Thymian dazugeben und alles 3 Minuten bei schwacher Hitze köcheln lassen. Die Mischung mit Salz, schwarzem Pfeffer und dem Trüffelöl abschmecken. Lorbeerblatt und Thymianzweige entfernen und die Mischung etwas abkühlen lassen.

6 Die Kaninchenmasse mithilfe eines Löffels in die Tintenfischtuben (Beutel) füllen. Die Öffnungen mit je einem Holzspießchen verschließen und die gefüllten Tintenfische mit den Fangarmen in einer Pfanne in heißem Öl rundherum braten.

7 Mit dem eingekochten Schmorsud auf Tellern anrichten; sofort servieren. Dazu passt ein Pinienkernrisotto und/oder ein gemischter Salat.

Ananasreis mit Meeresfrüchten

1 mittelgroße Ananas
100 g küchenfertiger Tintenfisch
300 g rohe Garnelen, geschält und entdarmt
750 g Miesmuscheln, Venusmuscheln oder Herzmuscheln
80 g Crabmeat (siehe Seite 36)
4 Knoblauchzehen
1 kleine Zwiebel
2 Frühlingsziebeln
5 Zweige Koriandergrün
30 g Cashewkerne
250 ml Öl
½ TL gemahlene Kurkuma
200 g gegarter Duftreis vom Vortag
2 EL Fischsauce
frisch gemahlener weißer Pfeffer
1 EL Limettensaft

1 Die Ananas durch den Schopf halbieren. Das Ananasfleisch kreuz und quer einschneiden und bis auf einen 1 cm breiten Rand aus den beiden Hälften lösen. 300 g Fruchtfleisch in etwa 2 cm große Würfel schneiden.

2 Den Tintenfisch in Streifen oder Ringe schneiden. Die Muscheln waschen, falls nötig, die Bärte entfernen; Exemplare, die sich nicht schließen, wegwerfen. Die geschlossenen Muscheln in wenig Wasser zugedeckt 2–3 Minuten dämpfen, bis sie sich öffnen. Abtropfen lassen und aus den Schalen lösen. (Exemplare, die sich nicht geöffnet haben aussortieren und wegwerfen.) Crabmeat in Stücke schneiden.

3 Die Knoblauchzehen und die Zwiebel schälen. 1 Knoblauchzehe fein hacken, die restlichen in dünne Scheiben schneiden. Die Zwiebel halbieren und in feine Streifen schneiden. Die Frühlingszwiebeln putzen und in Ringe oder in etwa 5 cm lange Stücke schneiden, letztere längs vierteln. Koriander waschen und trocken schütteln. Die Blättchen abzupfen, 1 EL davon beiseitelegen, die restlichen grob hacken.

4 Den Wok erhitzen und die Cashewkerne darin unter Rühren rösten. Herausnehmen. Das Öl in den Wok geben und erhitzen. Knoblauchscheiben und Korianderblätter darin goldgelb frittieren, herausheben und auf Küchenpapier abtropfen lassen. Das Öl bis auf 2–3 EL aus dem Wok gießen. Den gehackten Knoblauch in dem verbliebenem Öl hellbraun braten. Garnelen und Tintenfisch kurz mitbraten, dann Muscheln und Crabmeat hinzufügen.

5 Kurkuma, Zwiebel, Reis und Ananaswürfel in den Wok geben und kurz mitbraten. Frühlingszwiebeln, Cashewkerne und den gehackten Koriander untermischen. Reismischung mit Fischsauce, Pfeffer und Limettensaft abschmecken. In die ausgehöhlten Ananashälften füllen. Mit geröstetem Koriander und Knoblauch bestreuen und servieren.

Tipp Den Reis nicht in der halben Ananas anrichten, sondern stattdessen aus einer Ananashälfte dickere Schnitze schneiden und eine Servierschale damit auskleiden. Den Ananas-Meeresfrüchte-Reis darauf anrichten.

Register
Fachbegriffe und Rezepte

Küchenpraxisregister

Warenkunde zu Fisch und Meeresfrüchten finden Sie im A–Z-Teil (Seite 8 bis 73).

Rezeptregister

Grundrezepte sind mit einem (G) gekennzeichnet.

Impressum

Lizenzausgabe für die Büchergilde Gutenberg,
Frankfurt am Main, Wien und Zürich

TEUBNER ist ein Unternehmen des Verlagshauses Gräfe und Unzer, Ganske Verlagsgruppe
Teubner-Leserservice@graefe-und-unzer.de

PROJEKTLEITUNG Claudia Bruckmann
REDAKTION Redaktionsbüro Cornelia Klaeger, München
TEXT Claudia Bruckmann, Cornelia Klaeger
TITELFOTO Matthias Hoffmanns, Frauke Koops (Styling)
Jakobsmuscheln S. 151
LAYOUT/DTP h3a GmbH, München
HERSTELLUNG Susanne Mühldorfer
REPRODUKTION Repro Mayer, Reutlingen
DRUCK aprinta, Wemding
BINDUNG m.appl, Wemding
Printed in Germany 2011

www.buechergilde.de

FOTOGRAFIE
Dorothee Gödert, Daria Höfler-Lai (Styling): 2, 6, 15/2, 17, 22, 29, 32/1, 33, 35/2, 39/1/2, 41, 43/2, 45, 49/1, 51, 55, 59/2, 63, 65/2, 66-69, 72/2, 74, 77, 81, 82, 91, 96, 98, 103, 105, 106, 113, 134, 136, 142, 144, 146, 147, 159, 163, 174 ,175, 182, 183, 188–191, 198, 199, 200, 204, 217, 224, 227, 233, 234, 235, 243, 244, 256–259, 265, 270, 276, 278/2, 285, 287, 288, 296-298, 300, 303, 322, 323, 333, 337, 340, 347, 348, 351, 357, 375, 376, 379, 390, 391, 395, 397, 398, 406

FoodPhotographyEising (Martina Görlach):10, 184, 218, 220, 289, 324, 342, 343, 359, 380, 381, 401, 404

Matthias Hoffmann, Frauke Koops (Styling): 151, 155, 156, 164, 166, 168, 170, 171, 176, 185, 186, 192-197, 203, 205, 207–213, 219, 222, 236–241, 247–255, 260–263, 266, 271, 272, 279, 301, 304, 306, 309, 312–321, 326–330, 335, 344, 346, 355, 360–365, 368, 370, 372, 382, 383, 388, 389, 392, 393, 396, 402

Teubner Foodfoto: 8–16, 18–21, 24–28, 30–32, 34–38, 39–40, 42–44, 46–48, 50, 52–54, 56–62, 64, 65, 70–73, 76, 78–80, 83–90, 92–95, 97, 99–101, 104, 107–112, 114–133, 135, 137–141, 143, 148, 149, 152, 158, 160–162, 167, 169, 172, 173, 178–181, 201, 206, 214–216, 221, 223, 225, 228–232, 242, 245, 264, 268, 269, 273–275, 277, 278/1, 281–284, 291, 294, 295, 299, 325, 332, 334, 336, 338, 339, 349, 350, 352, 353, 356, 367, 373, 374, 378, 384, 386, 387

Westermann Studios GbR: 280, 286, 290, 292, 293, 307, 310, 311

Syndication: www.jalag-syndication.de

ISBN 978-3-7632-6408-7